国有企业管理层激励调整机制研究

—— 基于差异化薪酬管制视角

The Adjust Mechanism of State-owned Enterprise's Management Incentive

Based on the Differential Regulation of Emolument Perspective

汪瑞 著

西南财经大学出版社
Southwestern University of Finance & Economics Press

图书在版编目(CIP)数据

国有企业管理层激励调整机制研究:基于差异化薪酬管制视角/汪瑞著.—成都:西南财经大学出版社,2017.12

ISBN 978-7-5504-3201-7

Ⅰ.①国…　Ⅱ.①汪…　Ⅲ.①国有企业—管理人员—工资管理—研究—中国　Ⅳ.①F279.241

中国版本图书馆 CIP 数据核字(2017)第 219538 号

国有企业管理层激励调整机制研究:基于差异化薪酬管制视角

GUOYOU QIYE GUANLICENG JILI TIAOZHENG JIZHI YANJIU:JIYU CHAYIHUA XINCHOU GUANZHI SHIJIAO

汪瑞　著

责任编辑:邓克虎

助理编辑:陈佩妮

封面设计:杨红鹰　张姗姗

责任印制:封俊川

出版发行	西南财经大学出版社(四川省成都市光华村街 55 号)
网　址	http://www.bookcj.com
电子邮件	bookcj@foxmail.com
邮政编码	610074
电　话	028-87353785　87352368
照　排	四川胜翔数码印务设计有限公司
印　刷	四川五洲彩印有限责任公司
成品尺寸	170mm×240mm
印　张	13.75
字　数	235 千字
版　次	2017 年 12 月第 1 版
印　次	2017 年 12 月第 1 次印刷
书　号	ISBN 978-7-5504-3201-7
定　价	88.00 元

中文摘要

管理层激励制度安排是公司治理问题的核心内容。近年来，管理层薪酬的不断攀升和天价薪酬的不断涌现尤其引人注目，迫于国际经济的严峻形势以及公众的压力，加强对国有企业管理层激励的监督和管制是发达国家经济体的主要趋势。与国外较少薪酬管制不同，政府管制贯穿我国国有企业薪酬制度改革，在薪酬管制的目标、实现形式、具体手段、管理机构和管理模式等方面，我国与欧美经济体也存在着显著的差异。薪酬管制作为一项能直接影响管理层激励发生变动的政策，其影响力十分巨大，所以其相关问题非常值得研究，如政府应该采取哪些手段和方式进行管制，管制的程度如何，政府的薪酬管制政策最终是否达到了预期的效果。目前，我国学术界对以上问题仍存在争议，且缺乏系统和具体的实证检验结果。

经验表明，国外政府在对国有企业管理层薪酬的具体管理方式上，普遍会根据国有企业所有权、功能定位和垄断地位等的不同，实施差异化的薪酬管制模式。在我国，2003 年 11 月，国有资产监督管理委员会颁布的《中央企业负责人经营业绩考核暂行办法》指出，国有企业管理层的考核原则应为“依法考核、分类考核、约束和激励机制相结合”，对国有企业管理层实施分类考核的思想已被提及。2014 年 8 月，中共中央政治局审议通过了《中央管理企业负责人薪酬制度改革方案》，其中最核心的内容是明确了下一步中央国有企业负责人薪酬将采取差异化的薪酬管制模式。十八届三中全会后，深化国有企业改革“1+N”顶层设计系列文件逐步构建完成。2016 年 12 月，国有资产监督管理委员会颁布了《中央企业负责人经营业绩考核办法》，指出应基于企业功能定位实行分类考核，增强中央企业负责人业绩考核的科学性和针对性。那么，我国政府根据国有企业的功能定位、对国有企业的控制程度以及控制层级所实施的差异化薪酬管制措施会对管理层激励的调整和相关经济后果造成怎样的影响，值得我们关注。

本书基于委托代理理论、最优契约理论、管理层权力理论和激励理论，通过构建理论框架和实证模型，从政府差异化薪酬管制的视角系统研究了我国国有企业管理层激励的相应调整机制及其经济后果。具体的，我们将薪酬管制政策对管理层激励的水平、方向、速度和结构等方面的调整以及对企业管理层薪酬业绩的敏感性、薪酬粘性、企业业绩的影响融入一个有机的分析框架中，进行全面、系统的研究，同时考虑政府的差异化管制模式在管理层激励调整过程中发挥的作用，力图从一个综合的视角检验我国政府薪酬管制政策的有效性，提出相关的政策建议，从而有利于政策制定者全面、清晰地了解相关情况。

本书研究发现，政府的薪酬管制程度会随着国有企业负责人薪酬管理相关政策的出台而发生变动，并且政府会根据国有企业的功能定位、对国有企业的控制程度以及控制层级实施差异化的薪酬管制措施。政府实施薪酬管制的动因主要包括了地方市场化程度、财政收入、就业水平、贫富差距、经济增长等因素。在国有企业管理层激励调整方面，政府的薪酬管制政策并没有促使国有企业管理层激励在水平、方向、速度和结构等方面进行预期的调整。在薪酬管制的相关经济后果方面，虽然政府的薪酬管制行为能在一定程度上缩小管理层对薪酬进行自我裁定的空间，降低管理层的薪酬粘性，但政府的薪酬管制同时也会导致管理层薪酬业绩敏感性下降和企业未来业绩下降。以上结果表明，我国政府目前的薪酬管制政策整体效率不高，效果有限。我们进一步研究发现，对于主业处于非充分竞争性行业的国有企业、政府直接持股的国有企业以及中央国有企业，政府薪酬管制的上述负向效应显著减弱或消失。

因此，我国政府应根据国有企业的功能定位、对国有企业的控制程度以及控制层级对国有企业管理层薪酬实施差异化的管制模式，对主业处于非充分竞争性行业的国有企业、政府直接持股的国有企业、中央国有企业的管理层薪酬，政府应加强管制；而对主业处于充分竞争性行业的国有企业、政府间接持股的国有企业、地方国有企业的管理层薪酬，政府应放松管制。这种差异化的薪酬管制模式将有利于国有企业目标和价值的实现。本书的研究结论将进一步拓展学术界对于政府干预的认识，促进国有企业管理层激励制度的改革。

关键词： 差异化薪酬管制，国有企业，管理层激励，动态调整，结构调整，调整效果

Abstract

Management incentive arrangement is the core content of corporate governance. In the face of the international economic situation is not optimistic, and the pressure from the public, to strengthen the supervision and regulation of state-owned enterprise management incentive is the main trend in developed economies. Different with foreign country, government regulation run through the reform of state-owned enterprise compensation institution in our country. The regulation of emolument (ROE) have significant differences in goal, the realization form, specific means, management organization and the management pattern between our country and others. ROE as a policy can directly affect management incentive change, what means should be taken to regulate, the level of control, whether these policy is achieve the desired effect? At present the above question dispute among our academic, and lack of system and specific empirical test results.

Empirical evidence shows that foreign governments, general will according to the ownership of state-owned enterprises, the different function orientation and monopoly status adopting differential compensation regulation mode. In November 2003, "the central enterprise operating performance evaluation" issued by the state-owned assets supervision and administration commission mentioned the classified appraisal of state-owned enterprise management. In August 2014, "central management enterprise compensation institution reform" pointed out that the central state-owned enterprises pay will adopt differential ROE mode. After the third Plenary Session of the 18th CPC Central Committee, the "1+N" state-owned enterprises reform series documents was gradually completed. In December 2016, "Management performance appraisal method of the central enterprise" issued by the State Council cleared that should according to the different function orientation of state-owned enterprises implementing different standard of appraisal for improving the scientificity and pertinence. Therefore, how the Chinese government according to the function orientation of state-owned enterprises, degree and level of government control adopting differential ROE impact on the management incentive adjustments and related economic consequences? These are worth our attention.

Our study found that the degree of ROE will change with the related policies of state-owned enterprise management compensation implementing. The government will depend on the function orientation of state-owned enterprises, and the degree or level of government's control adopting differential ROE measures. The government motivation of implementing the ROE mainly includes local marketization degree, financial income, employment level, the gap between rich and poor, growth factors. From the aspect of management incentive adjust, the government ROE policies do not push state-owned enterprises management incentive adjust in its desired direction, level, speed and structure. From the aspect of economic consequences, while the government ROE actions can reduce the space of management compensation self-decision in a certain extent, lower the management compensation stickiness, but the government ROE at the same time also led to a decline in the executive compensation performance sensitivity and enterprise future performance. The above results show that our country government ROE policy may be invalid. We further study found that the state-owned enterprises main business in unsufficient competitive industries, the government direct control of state-owned enterprises and the central state-owned enterprises, the negative effect of the government ROE significantly reduced or disappeared. This suggests that the main business in unsufficient competitive industries, the government direct control of state-owned enterprises and the central state-owned enterprises, the government should strengthen the regulation. And for the others, the government should deregulate. The government differential ROE model will be good for the state-owned enterprises. The research conclusion of this book will further expand the academic understanding of government intervention, promoting the reform of state-owned enterprise management incentive system.

Key words: differential regulation of emolument (ROE), state-owned enterprises, management incentive, structural adjustment, the adjustment effect

目 录

1 绪论

1.1 研究背景与研究意义

1.1.1 研究背景

管理层激励制度安排是公司治理问题的核心内容。近年来，管理层薪酬的不断攀升和天价薪酬的不断涌现尤其引人注目，迫于国际经济的严峻形势以及公众的压力，加强对国有企业管理层激励的监督和管制是发达国家经济体的主要趋势。经过长期的探索和实践，发达国家已建立了一套较为完善的针对国有企业管理层薪酬管制的机制。

1993 年美国税务局推出了“百万美元税收法案”，将企业管理层薪酬中基础薪酬超过 100 万美元的部分定义为不合理的管理层薪酬，不允许管理层的这部分薪酬作为企业的成本费用在应纳税所得额中扣除。金融危机爆发以后，美国政府采取了一系列的积极应对措施。2009 年 2 月，美国财政部根据《紧急经济稳定法案》（EESA），对接受联邦政府经济救助的企业的管理层薪酬进行约束，规定基于“普遍可用”资本程序并接受联邦政府经济救助的机构或需要“特殊救助”的机构，其管理层的薪酬上限为 50 万美元。除此之外，2009 年作为经济刺激法案的《美国复苏和再投资法案》（ARRA）要求国会通过对参与问题资产救助计划（TRAP）的企业的管理层薪酬进行额外限制，并且把管理层福利支付限制在年度薪酬总额的三分之一以内。2010 年 7 月，奥巴马政府签署了《多德-弗兰克华尔街改革和消费者保护法案》，虽然该法案的重点是在金融系统中保护消费者，但也通过了一项针对管理层薪酬和企业管理的彻底改革，美联储将对企业的管理层薪酬进行监督，确保企业管理层薪酬制度不会导致管理层对风险的过度追求，一旦发现企业管理层为获取高额薪酬而追求高风险业务，则美联储有权加以干预和阻止。同时《多德-弗兰克华尔街改革和消费者保护法案》对上市公司推出了一系列关于管理层薪酬的重大规定，包括薪酬话语权、追回利益、附加公开原则规定、薪酬委员会独立性等。肖婷婷（2015）在对国外国有企业管理层薪酬管制政策进行梳理时发现，国外政府在对国有企业管理层薪酬的具体管理方式上，普遍会根据国有企业所有权、功能定位和垄断地位等的不同，实施差异化的薪酬管制模式。

与国外较少薪酬管制不同，政府管制贯穿我国国有企业薪酬制度改革，我国与欧美经济体在薪酬管制的目标、实现形式、具体手段、管理机构和管理模式等方面也存在显著的差异。国有资产监督管理委员会2003年11月颁布的《中央企业负责人经营业绩考核暂行办法》和2004年11月颁布的《中央企业负责人薪酬管理暂行办法》，明确将年薪制作为国有企业负责人薪酬激励制度的主要方式，经营者收入与企业业绩挂钩的模式也使得国有企业经营者的收入大幅度提升。但与此同时，国有企业经营者的薪酬水平与管理者的自身能力以及其工作努力程度不符、国有企业经营者的薪酬具有向下的刚性、国有企业经营者与普通员工的收入差距过大等现象，都伴随着国有企业管理层薪酬水平的持续上升，引发了社会公众的质疑和强烈不满；而金融危机成为再次诱发政府加强对国有企业管理层薪酬管制的导火索。2009年2月财政部下发了《金融类国有及国有控股企业负责人薪酬管理办法（征求意见稿）》，规定国有金融企业负责人的最高年薪不得超过280万元，以避免收入分配的不均。2009年9月，人力资源和社会保障部、中央组织部、监察部、财政部、审计署、国有资产监督管理委员会联合下发了《关于进一步规范中央企业负责人薪酬管理的指导意见》（以下简称“限薪令”），规定中央国有企业管理层薪酬上限不得超过上年度中央国有企业在岗职工平均工资的30倍。从历年政府对国有企业管理层薪酬激励的管制办法来看，将企业管理层薪酬与本企业普通职工薪酬挂钩是政府对国有企业管理层薪酬进行管制的主要方式。

然而，目前我国学术界对政府薪酬干预措施的有效性存在争议。陈信元等（2009）发现对于不同地方的国有企业，地方财政赤字、失业率状况等政府的施政约束条件能够缩小企业内部的薪酬差距。方军雄（2011）从薪酬尺蠖效应视角解释了为什么在政府多次修订并颁布限薪规定的情况下，企业高管与普通员工之间的薪酬差距不减反增。祁怀锦和邹燕（2014）认为我国国有企业高管薪酬分配的公平性趋势逐年恶化，即政府的薪酬干预措施并没有发挥应有的效果。2009年政府颁布“限薪令”后，学者们针对该政策的有效性展开了热烈的讨论。许海晏和曹键（2010）通过对金融行业的样本分析发现，在颁布“限薪令”后，大部分金融行业的管理层薪酬水平显著降低。陈菊花等（2011）认为政府的薪酬管制行为并未降低国有企业管理层的激励效率，薪酬管制政策在低效率市场的国家中具有一定的合理性。张泽南（2014）发现“限薪令”在一定程度上抑制了国有企业管理层超额薪酬的增加，并且降低了薪酬粘性，表明政府的薪酬制度改革取得了一定的成果。但是，部分学者也提出了不同的观点，冀志罡（2009）认为国有企业由于是由政府投资的，那么其就应以公共利益为主，不应太看重经济利润，而“限薪令”却将利润作为国有企业管理层考核的重点，背离了国有企业的经营目标。沈艺峰和李培功（2010）发现2009年政府颁布“限薪令”后，国有企业高管的薪酬水平不但没有降低，反而显著提升，认为解决国有企业管理层薪酬效率问题不能仅依靠外部的行政力量，应坚持完善内部公司治理与外部政府立法监管并重的方式。易定红（2010）认为“限薪令”的政治意义大于实际效果，“限薪令”的实施导致了诸多问题的产生。

国有企业管理层激励机制的变迁内生于国有企业改革，随着国有企业改革目标的变动而进行着不断地调整。在国有企业改革方面，2013年11月党的十八届三中全会通过了《中共中央关于全面深化改革若干重大问题的决定》，提出在企业制度方面，推动和完善国有企业现代企业制度，准确界定不同国有企业功能，加大国有资本对公益性企业的投入，继续对自然垄断行业实施控股。2016年12月，国有资产监督管理委员会颁布了《中央企业负责人经营业绩考核办法》，指出应基于企业功能定位实行分类考核，增强中央企业负责人业绩考核的科学性和针对性，以贯彻党中央、国务院关于深化国有企业改革和中央企业负责人薪酬制度改革的重大部署。在国有企业管理层激励机制变革方面，2003年11月，国有资产监督管理委员会颁布的《中央企业负责人经营业绩考核暂行办法》指出，对国有企业管理层的考核原则应为“依法考核、分类考核、约束和激励机制相结合”，对国有企业管理层分类考核的思想被提及。2014年8月，中共中央政治局审议通过了《中央管理企业负责人薪酬制度改革方案》，其中最核心的内容是明确了下一步中央国有企业负责人薪酬将采取差异化的薪酬管制模式。那么，我国政府根据国有企业的功能定位、对国有企业的控制程度以及控制层级所实施的差异化薪酬管制措施会对管理层激励的调整和相关经济后果造成怎样的影响，值得我们关注。

总体上，本书拟通过系统研究我国差异化薪酬管制背景下国有企业管理层激励的相应调整机制及其经济后果回答以下问题：我国薪酬管制的主要手段是什么，薪酬管制具有哪些特征，政府实施薪酬管制的主要动机是什么？薪酬管制作为一项能直接影响管理层激励发生变动的政策，是否促使国有企业管理层激励在水平、方向、速度和结构等方面进行了预期的调整？在经济后果方面，我国薪酬管制政策又会对国有企业管理层薪酬业绩敏感性、薪酬粘性以及激励效果等方面造成怎样的影响？同时，政府根据国有企业的功能定位、对国有企业的控制程度以及控制层级所实施的差异化管制模式又会在管理层激励调整过程中发挥怎样的作用？对这些问题的研究有利于我们从一个综合的视角检验我国政府薪酬管制政策的有效性，便于政策制定者全面清晰地了解相关情况。

1.1.2 研究意义

1.1.2.1 理论意义

首先，政府管制贯穿我国国有企业薪酬制度改革，薪酬管制作为一项能直接影响管理层激励发生变动的政策，政府应该采取哪些手段进行管制，管制的程度如何，政府的薪酬管制政策是否达到了预期的效果，目前我国学术界对以上问题仍存在争议，且缺乏系统和具体的实证检验结果。本书将从政府差异化薪酬管制的角度系统研究我国国有企业管理层激励的相应调整机制及其经济后果。具体的，我们将薪酬管制政策对管理层激励的水平、方向、速度、结构等方面的调整以及企业管理层薪酬业绩的敏感性、薪酬粘性、企业业绩的影响融入一个有机的分析框架中，进行全面系统的研究，同时考虑了政府根据国有企业功能定位、对国有企业的控制程度以及控制层级所实施的差异化管制模式在管理层激励调整过程中发挥的作用，力图从一个综合的视角检验我国政府薪酬管制政策的有效性，提出相关的政策建议，从而有利于政策制定者全面清晰地了解相关情况。

其次，有助于正确认识政府针对国有企业管理层所实施的差异化薪酬管制模式。在书中我们将按照国有企业的功能定位、政府对国有企业的控制程度以及控制层级对国有企业进行分类，以检验我国差异化薪酬管制模式对国有企业管理层激励调整的影响和相关经济后果。

再次，国内学者在研究管理层激励时多数只考虑了货币薪酬，在职消费和股权激励的方式常常被忽略，因而无法对管理层激励薪酬总额进行准确衡量，更无法检验不同激励方式调整的差异。本书的管理层激励既包括管理层的货币薪酬，还包括在职消费和股权激励两项激励方式，以求对管理层激励的调整机制有一个全面的认识。

最后，已有文献多从静态视角研究薪酬管制对管理层激励水平和结构调整的影响，但我国的薪酬管制主要依靠政府的行政命令实现，当政府薪酬管制强度发生变动时，管理层激励在调整幅度上的变动情况以及薪酬管制政策对管理层激励调整速度的影响，本书也将进行相应的动态考察。

1.1.2.2 现实意义

一是紧跟热点，揭示了我国薪酬管制政策在执行过程中遇到的主要矛盾和难点问题；二是可以通过该研究检验政府针对国有企业的薪酬干预行为的有效性，为我国各级国有资产监督管理委员会及政府相关部门的管理决策提供参考和借鉴；三是可以通过该研究厘清和探索国有企业管理层激励机制内部的调整规律，为我国国有企业优化治理提供科学的方法和借鉴。

1.2 研究思路与研究方法

1.2.1 研究思路

本书基于委托代理论、最优契约理论、管理层权力理论和激励理论，通过构建理论框架和实证模型，从政府差异化薪酬管制的角度系统研究了我国国有企业管理层激励的相应调整机制及其经济后果。

本书主要从以下五个方面进行探索：①对国内外管理层激励调整和政府薪酬管制的相关研究进行回顾和梳理，并进行简要的评价；②将研究视角回归国内，重点分析我国国有企业管理层激励的制度背景，描述我国国有企业管理层激励的现状以及相关突出问题；③基于我国特殊的制度背景，实证分析我国政府薪酬管制政策的特征以及政府实施薪酬管制的动因；④运用实证的方法，检验政府薪酬管制对国有企业管理层激励调整机制的影响，具体包括管理层激励在水平、方向、速度和结构方面的调整，同时考察政府差异化的薪酬管制模式在以上调整过程中所发挥的作用；⑤运用实证的方法，从国有企业管理层薪酬业绩敏感性、薪酬粘性以及激励效果三个方面检验我国差异化薪酬管制政策的有效性。本书的主要研究思路如图 1-1 所示。

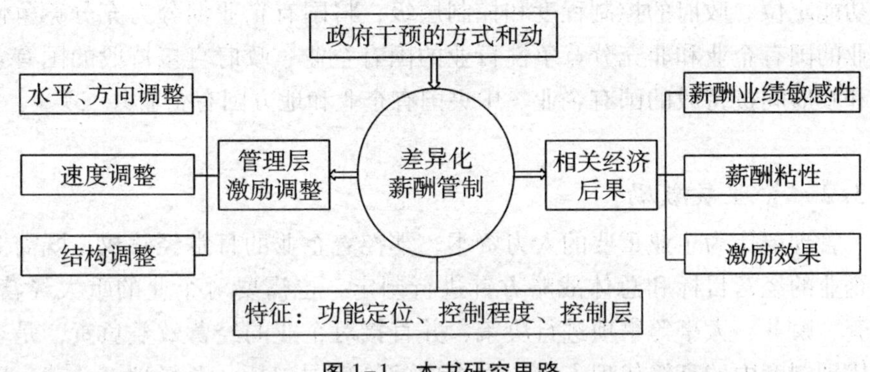

图 1-1　本书研究思路

1.2.2　研究方法

在研究方法上，本书主要采用了规范分析法和实证研究法。首先，管理层激励理论、政府管制理论、公司财务理论等相关研究成果将被充分吸收和运用，理论推演遵循科学严谨的研究范式，规范分析了政府差异化薪酬管制模式对国有企业管理层激励调整机制和相关经济后果的影响，力图从一个综合的视角检验我国政府薪酬管制政策的有效性。其次，基于我国上市公司的相关数据，充分利用描述性统计、均值检验和中值检验、相关性分析、多元回归分析等方法，对政府差异化薪酬管制背景下国有企业管理层在水平、方向、速度、结构等方面的调整以及企业管理层薪酬业绩敏感性、薪酬粘性、企业业绩受到的影响进行了深入、全面的考察和验证。全书数据的处理主要用到了 Stata14 和 Excel2010 等专业统计软件。

1.3　研究概念的界定

1.3.1　国有企业

一般概念上的国有企业主要是指中央政府或联邦政府全资所有或控股的企业，而我国的国有企业还包括地方政府全资所有或控股的企业。政府的社会性目标和经济性目标决定了国有企业的各方面行为。本书主要根据上市公司最终控制人的类型判断其是否属于国有企业，同时按照国有企业的功能定位、政府的控制程度和控制层级，将国有企业划分为充分竞争性行业的国有企业和非充分竞争性行业的国有企业、政府直接持股的国有企业和政府间接持股的国有企业、中央国有企业和地方国有企业共三类。

1.3.2 管理层激励

管理层作为企业重要的人力资本，掌控着企业的日常经营权，既需要对企业的经营目标和总体战略方针进行制定，也需要对企业的重大经营、投资、财务、人事等事项进行决策，并直接对企业的经营效益负责，是委托代理制度中的高级代理人员。本书中的管理层包括：总经理、总裁、副总经理、副总裁、董事会秘书和年报上公布的其他管理人员。

一般来讲，管理层激励包括了经济性激励和非经济性激励两大类。经济性激励可以分为三种：一是货币薪酬。这包括基本薪酬和业绩薪酬两部分，基本薪酬为管理层的固定收益，与企业业绩无关，而业绩薪酬与企业的经营绩效挂钩。二是股权激励。为了使管理层利益与企业长期发展目标保持一致，需要设立诸如限制性股票、股票期权、股票增值权等长期激励措施。三是在职消费。这属于非货币性薪酬，包括办公费、差旅费、企业招待费、通信费、出国培训费、董事会费、交通费和会议费等。非经济性激励主要包括：工作环境、工作条件、个人价值实现、同事关系、社会地位、家属福利等。由于非经济性激励无法准确衡量，所以本书的管理层激励主要是指经济性激励。

1.3.3 差异化薪酬管制

薪酬管制主要是指政府依靠自身的行政权力对国有企业管理层的薪酬实施直接的管制。本书对我国政府薪酬管制的差异化管制特征进行了描述性统计分析，发现我国政府根据国有企业的功能定位、对国有企业的控制程度以及控制层级实施差异化的薪酬管制，所以本书薪酬管制的差异性主要体现在对上述三类国有企业管理层的薪酬管制强度方面。

1.4 主要研究内容与研究框架

1.4.1 主要研究内容

为了系统地展开政府差异化薪酬管制政策对我国国有企业管理层激励的相应调整机制的影响及相关经济后果的研究，本书分为九章。第一章为绪论，说明本书的研究内容和意义。第二章为理论基础和文献综述，对管理层激励调整和政府薪酬管制的相关文献进行梳理。第三章为制度背景分析，重点对我国国有企业管理层薪酬的制度背景进行分析。第四章至第八章为实证。首先，第四章为差异化薪酬管制特征和政府干预动因的分析，具体研究了政府薪酬管制的特征、手段、程度以及动因；其次，为了考察我国薪酬管制政策下国有企业管理层激励的相应调整情况，我们研究了管理层激励在水平、方向、速度、结构等方面的调整，由此检验薪酬管制政策的执行情况是否符合预期，第五章、第六章、第七章分别对以上调整的相关内容予以研究；最后，为了检验我国的薪酬管制政策是否达到了预期效果，我们将从企业管理层薪酬业绩的敏感性、薪酬粘性、企业业绩三个方面实证检验政府差异化薪酬管制政策的有效性。在第四章至第八章的研究中，我们充分考虑了国有企业的功能定位、政府的控制程度以及控制层级等差异化因素对上述问题的影响。第八章为研究结论与建议。本书具体内容安排如下：

第一章，绪论。主要介绍了本书的研究背景、研究意义、研究思路、研究方法、研究概念的界定、研究内容和框架，以及研究的特色和可能的创新之处。

第二章，理论基础与文献综述。本章对管理层激励调整和政府薪酬管制的相关文献进行了梳理，具体包括管理层激励的相关理论基础、管理层激励调整的相关文献、薪酬管制的相关文献，最后对现有文献进行简要评价。

第三章，制度背景分析。重点对我国国有企业管理层薪酬的制度背景进行了分析，首先对我国国有企业管理层激励制度的变迁过程进行了梳理，其次对我国国有企业管理层激励的现状进行了分析，并提出了我国国有企业管理层激励制度中可能存在的突出问题。

第四章，利用2003—2014年沪深两市A股上市公司的相关数据，结合我国自身的制度背景和特点，对我国国有企业的薪酬管制程度进行了衡量，并对政府薪酬管制的差异化管控特征进行了描述性统计分析，同时，我们从区域层面和企业层面两个角度实证检验了政府干预因素对薪酬管制效果的影响。研究发现：①薪酬管制程度随着国有企业负责人薪酬管理相关政策的出台而发生相应的变动，如2009年颁布的《关于进一步规范中央企业负责人薪酬管理的指导意见》和2014年颁布的《中央管理企业负责人薪酬制度改革方案》都会导致对应年度国有企业管理层薪酬管制程度的增强。②通过进一步的描述性统计分析，我们发现政府会根据国有企业的功能定位、对国有企业的控制程度以及控制层级实施差异化的薪酬管制措施。主业处于非充分竞争性行业的国有企业管理层所受到的薪酬管制程度高于主业处于充分竞争性行业的国有企业，政府直接持股的国有企业管理层所受到的薪酬管制程度高于政府间接持股的国有企业，中央国有企业管理层受到的薪酬管制程度高于地方国有企业。③从区域层面的政府干预因素来看，市场化程度越高、贫富差距越大的地区，薪酬管制的效果越差；财政赤字率越高、失业率越高、GDP增长率越高的地区，薪酬管制的效果越好。④从企业层面的政府干预因素来看，对地方财政贡献程度越大的国有企业，其所受到的薪酬管制程度越高；对地方就业贡献程度越大的国有企业，其所受到的薪酬管制程度越低。

第五章，研究了政府薪酬管制政策对管理层激励水平和方向的调整，具体考察了当政府薪酬管制程度上升或下降时，包括货币薪酬、在职消费、股权激励在内的三种管理层激励方式的变动情况。研究发现：①政府对国有企业管理层薪酬时而增强管制、时而放松管制的动态干预，会引发管理层激励的非对称性调整，具体体现在管理层货币薪酬和在职消费的非对称变动。我们发现，政府薪酬管制程度增强时管理层货币薪酬下降的幅度会显著小于薪酬管制程度放松时管理层货币薪酬上升的幅度，政府薪酬管制程度增强时管理层在职消费程度上升的幅度会显著大于薪酬管制程度放松时管理层在职消费程度上升的幅度。表明在薪酬管制强度上升时，管理层货币薪酬虽然降低了，但其调整幅度并没有达到政策的预期，作为隐性替代激励的在职消费此时会大幅增加。但并没有显著的证据表明国有企业管理层股权激励随政府薪酬管制程度的变动进行非对称性的调整。②政府根据国有企业的功能定位、对国有企业的控制程度和控制层级对国有企业及其管理层实施分类管理和干预时，主业处于非充分竞争性行业的国有企业、政府直接持股的国有企业、中央国有企业的管理层激励变动的非对称性程度会更低，政府薪酬管制的效果更好。

第六章，研究了政府薪酬管制政策对管理层激励动态调整的影响。从过程和结果两个方面考察了政府薪酬管制程度对管理层激励的调整速度和实际管理层激励偏离目标管理层激励程度的影响。研究发现：①在调整速度方面，政府薪酬管制程度的上升，会降低国有企业管理层货币薪酬向最优水平的调整速度，此时在职消费作为替代性激励方式，其调整速度提升了；另外，仅有极少的证据表明政府薪酬管制程度的上升降低了国有企业管理层股权激励向最优水平调整的速度。②在调整结果方面，政府薪酬管制的增加，扩大了管理层实际货币薪酬偏离其最优水平的程度，同时缩小了管理层实际在职消费偏离其最优水平的程度。③由于非充分竞争性行业的国有企业、政府直接持股的国有企业、中央国有企业的管理层受到了政府更严格的监督和管制，因此这些国有企业管理层的货币薪酬和在职消费实际值与最优水平的偏离程度都更低。

第七章，重点考察了政府薪酬管制程度对管理层激励结构以及不同激励方式之间替代性关系的影响。研究发现：①在政府薪酬管制程度越高时，国有企业管理层激励的总体水平会受到抑制，其货币薪酬和股权激励在总激励中所占的比例也会显著降低。②虽然作为替代性激励方式的在职消费在总激励中的占比会显著增加，但由于薪酬管理办法在规范中央国有企业管理层薪酬的同时，也对管理层的在职消费行为进行了专门的规定，因而当政府出台薪酬管制政策时，管理层在职消费的使用权限也会受到一定程度的约束，货币薪酬和股权激励对在职消费的替代性会减弱，导致在职消费的边际效用降低。③由于非充分竞争性行业的国有企业、政府直接持股的国有企业和中央国有企业的管理层受到了政府严格的监督和管制，因此这些国有企业管理层的在职消费的边际效用下降得更为显著，扩大了其与显性激励间的效用差异。

第八章，从国有企业管理层薪酬业绩敏感性、薪酬粘性以及激励效果三个方面对我国差异化薪酬管制政策的有效性进行了实证检验。研究发现：①无论是用会计业绩指标替代企业业绩，还是用市场业绩指标替代企业业绩，我国国有企业管理层薪酬业绩敏感性都显著存在，但政府的薪酬管制行为会显著削弱薪酬业绩的敏感性。由于非充分竞争性行业的国有企业、政府直接持股的国有企业和中央国有企业的管理层受到了政府严格的监督和管制，因此这些国有企业管理层薪酬业绩敏感性被削弱的程度不明显。②无论业绩上升还是下降，政府的薪酬管制行为都能在一定程度上缩小管理层对薪酬进行自我裁定的空间，从而降低了国有企业管理层薪酬因业绩改变而产生的不对称性变动。③政府的薪酬管制导致管理层的行为并非是出于企业价值最大化的目的，而是为了满足其自身利益的需要，从而损害了企业的未来业绩。但由于非充分竞争性行业的国有企业、政府直接持股的国有企业和中央国有企业的管理层受到了政府严格的监督和管制，其企业管理层激励制度安排更为合理，因此薪酬管制对这些国有企业管理层激励效果的负向影响减弱了。

第九章，为全书结论、相关政策建议和研究不足之处。我们认为，政府的薪酬管制程度会随着国有企业负责人薪酬管理相关政策的出台而发生变动，并且政府会根据国有企业的功能定位、对国有企业的控制程度以及控制层级实施差异化的薪酬管制措施，政府实施薪酬管制的动因主要包括了地方市场化程度、财政收入、就业水平、贫富差距、经济增长等因素。在国有企业管理层激励调整方面，政府的薪酬管制政策并没有促使国有企业管理层激励在水平、方向、速度和结构等方面进行预期的调整。在薪酬管制的相关经济后果方面，虽然政府的薪酬管制行为能在一定程度上缩小管理层对薪酬进行自我裁定的空间，降低管理层的薪酬粘性，但政府的薪酬管制同时也会导致管理层薪酬业绩敏感性的下降和企业未来业绩的下降。以上结果表明，我国政府目前的薪酬管制政策整体效率不高，效果有限。我们进一步研究发现，对主业处于非充分竞争性行业的国有企业、政府直接持股的国有企业以及中央国有企业，政府薪酬管制的上述负向效应显著减弱或消失。

1.4.2 研究框架

本书的逻辑框架如图 1-2 所示。

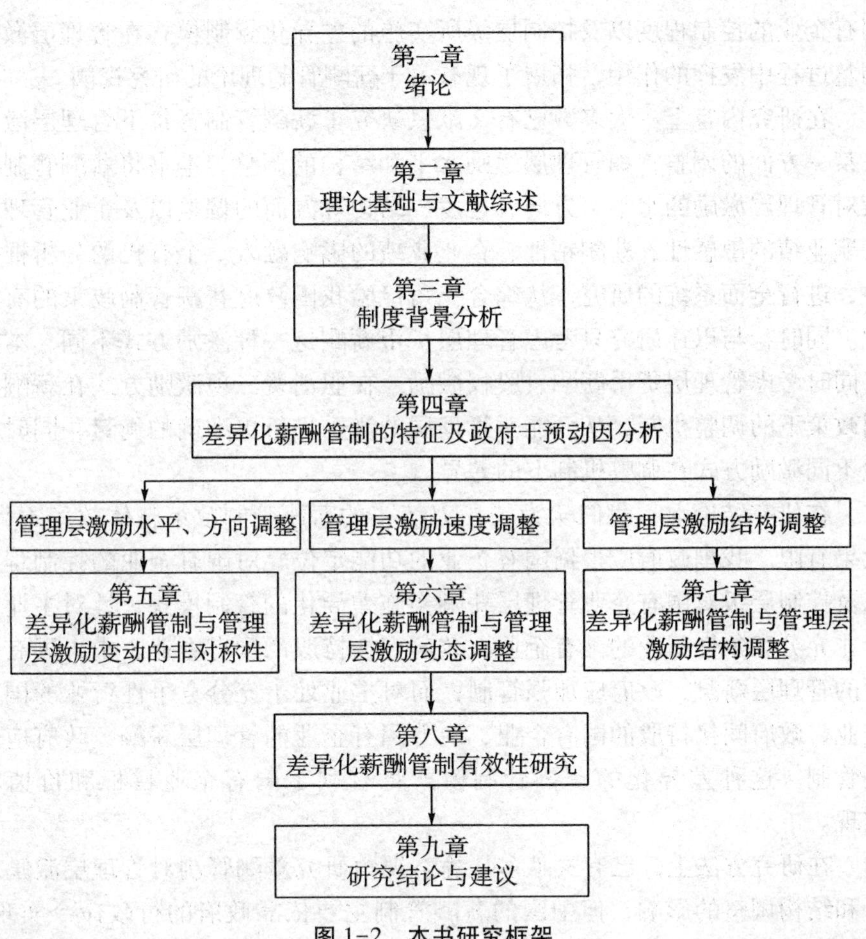

图 1-2　本书研究框架

1.5　研究的创新之处

在研究视角上，多数已有文献探讨了企业业绩、管理层权力、市场化进程、产权性质等因素对管理层激励水平和结构调整的影响。另外，对国有企业进行功能界定并实施分类管理的思路已成为现阶段国有企业改革的指导性思想。本书不仅系统实证检验了政府薪酬管制政策对管理层激励调整机制的影响和相关经济后果，还考虑了政府根据国有企业功能定位、对国有企业的控制程度以及控制层级所实施的差异化管制模式在管理层激励调整过程中发挥的作用，拓展了现有关于薪酬管制理论的研究视阈。

在研究内容上，大多数已有文献只研究了薪酬管制背景下管理层激励在某一方面的调整，如管理层激励水平和结构的调整。本书将薪酬管制政策对管理层激励的水平、方向、速度、结构等方面的调整以及企业管理层薪酬业绩的敏感性、薪酬粘性、企业业绩的影响融入一个有机的分析框架中，进行全面系统的研究，从综合视角检验我国政府薪酬管制政策的有效性。同时，与以往研究只考虑管理层货币薪酬这一种激励方式不同，本书将同时考虑管理层货币薪酬、股权激励、在职消费三项激励方式在薪酬管制政策下的调整机制，从而能对管理层的激励进行更准确的衡量，同时检验不同激励方式在调整机制上的差异。

在研究结论上，我们认为“一刀切”的薪酬管制政策整体效率不高，效果有限。我国政府应根据国有企业的功能定位、对国有企业的控制程度以及控制层级对国有企业管理层薪酬实施差异化的管制模式，针对主业处于非充分竞争性行业的国有企业、政府直接持股的国有企业、中央国有企业的管理层薪酬，政府应加强管制；而对主业处于充分竞争性行业的国有企业、政府间接持股的国有企业、地方国有企业的管理层薪酬，政府应放松管制。这种差异化的薪酬管制模式将有利于国有企业目标和价值的实现。

在研究方法上，已有文献多从静态视角研究薪酬管制对管理层激励水平和结构调整的影响，但中国的薪酬管制主要依靠政府的行政命令实现。本书将从动态视角考察当政府薪酬管制强度发生变动时，管理层激励在调整幅度上的变动情况，以及薪酬管制政策对管理层激励调整速度的影响。

2　理论基础与文献综述

本章将对管理层激励调整和政府薪酬管制的相关文献进行梳理，分为三个部分：第一，梳理与管理层激励相关的理论基础，包括委托代理理论、最优契约理论、管理层权力理论、激励理论；第二，梳理与管理层激励调整的相关文献，包括产权性质与管理层激励、管理层货币薪酬的调整、管理层股权激励的调整、管理层在职消费的调整、管理层激励结构的调整；第三，梳理与薪酬管制相关的文献，包括薪酬管制的起因、薪酬管制的计量、薪酬管制的效果。

2.1 管理层激励研究的理论基础

2.1.1 委托代理理论

随着社会生产力的发展和规模化生产的出现，企业内部的分工逐渐细化，致使企业的所有者不再具备充足的精力和能力兼顾所有者和经营者的角色，同时社会分工的专业化产生了一大批具有专业能力的管理人才，能够替代企业的所有者完成企业日常经营的职责，因而企业逐步实现了所有权和经营权的分离，企业的所有者与经营管理者也因此产生了委托代理关系。Berle and Means（1932）认为企业经营权和所有权的分离会导致作为代理人的经营者与作为委托人的所有者之间的利益摩擦，这引起了学术界对代理问题的关注。Jensen and Meckling（1976）进一步指出，委托代理关系是一种契约关系，它是指一个或多个行为主体构成的委托人与代理人于事前签订一份契约，契约中规定了代理人需要履行的职责，并授予代理人一定的企业经营权，最后依据代理人的工作完成情况给予相应的酬劳。20世纪60年代后期，Ross（1973）、Mirrlees（1976）、Holmstrom（1979）、Fama and Jesen（1983）等学者也开始运用实证的方法探析公司制企业内部的代理关系，主要从信息不对称条件下契约的形成过程出发，研究委托人如何才能设计出一个最优的契约机制，督促代理人为委托人的利益最大化目标服务。

环境的不确定性、契约的不完备性、信息分布的不对称性导致了委托代理问题的产生（朱敏等，2014）。委托人和代理人都是“理性的经济人”，双方都期望通过成本最小化的行为实现自身利益的最大化，但两者的目标并不一致。作为委托人的企业所有者期望经营者能够实现企业价值的最大化，但经营者并非企业的完全所有人，其通过努力为企业创造巨额的财富，并承担了较大的风险，但最终获得的报酬只占企业利润的小部分。而同时，经营者通过过度的在职消费却可以以较小的成本获得较大的收益，这就会削弱企业经营者工作的动力，增强其通过在职消费谋取私人收益的倾向。除此之外，委托人与代理人之间存在严重的信息不对称问题，委托人并不能直接观测出代理人的行为。因此，这两方面的原因导致了代理成本的产生，这里的代理成本主要包括以下三种：一是监督成本，是指企业所有者为了监督经营者是否会通过在职消费、利益侵占、权力寻租等行为损害企业价值所产生的支出；二是保证费用，是指企业经营者为了实现企业价值最大化而对自己的行为进行约束所支付的成本；三是剩余损失，是指委托人和代理人由于目标不一致产生的摩擦而导致的其他相关损失。

委托代理关系主要会导致两类问题的产生：①事前信息不对称所导致的“逆向选择”问题。在签约前，企业所有者只能通过收集经营者以往的个人经历、教育背景和已获成绩等历史信息对经营者的能力做出评价，而无法近距离的观测经营者的行为能力，这样就无法避免经营者通过过度自我包装和提供虚假信息的方式获取高额报酬，从而产生“逆向选择”问题。②事后信息的不对称导致的“道德风险”问题。在签约后的日常经营过程中，企业经营者拥有更多的权力，而企业所有者不直接参与企业经营，只能通过企业的财务报表或其他渠道间接了解经营者所付出的努力程度，这就可能导致经营者通过职务消费、利益侵占和权力寻租等隐蔽的方式谋取私人收益，损害企业价值。

宋晶等（2013）指出，就中国国有企业而言，其内部存在多层次的委托代理关系。在这条冗长的委托代理链条中，链条的起点即最初委托人是全体公民，链条的终点即最终代理人是国有企业的经营者，他们之间的中间人为国家。本书主要研究的是国家与国有企业经营者间的委托代理关系，委托人和代理人间的利益协调问题也可以转化为代理人激励机制的设计问题。那么，如何搭建公平、合理、有效的国有企业管理层激励制度是解决国有企业内部委托代理问题的关键。

委托代理理论主要研究了在信息不对称的情况下，如何设计一套完善的机制来激励和约束企业经营者的行为，从而实现所有权和经营权分离状况下企业价值的最大化。在此基础上，学术界形成了两类不同的观点，分别是“最优契约理论”和“管理层权力理论”。

2.1.2 最优契约理论

最优契约理论是委托代理理论的拓展。在委托代理理论下，企业所有者和经营者都有各自最优的效用函数，双方的利益目标并不一致，为了降低由于信息不对称所带来的利益冲突和代理成本，就需要设计一套良好的管理层激励契约机制以实现股东目标和管理层目标的兼容。20 世纪 90 年代前被视为公司治理问题的管理层激励，也被重新诠释为股东与管理层之间的利益失调问题（罗宏，2014）。与代理理论不同，最优契约理论不仅只寻求企业和股东财富的最大化，而且也关注管理层的个人激励问题，从而鼓励管理层去实现股东价值的最大化，使管理层与股东成为利益共同体，达到双赢的目标。最优契约理论认为实现股东利益和管理层利益一致的最好方法就是制定一套最优激励契约，把管理层的激励水平与企业业绩最大程度地绑定起来，这样就可以避免由于激励不足或过度激励产生的效用损失，两者的敏感性越高，则管理层与股东的利益越趋于一致。

Jensen and Murphy（1990a）指出，1974—1988 年的 1 400 多家上市公司的管理层薪酬与公司业绩的变化并不对称，对于 250 家大型公司的管理者来讲，公司价值每变化 1 000 美元，公司管理者的薪酬总额仅仅提升了 6.7 美分；当管理层薪酬总额中加入权益性薪酬激励后，公司价值每变化 1 000 美元，公司管理者的薪酬总额提升了 2.59 美元。这表明管理层薪酬激励水平与股东财富之间的相关性较小，管理层的薪酬业绩敏感性也逐年降低，因此 Jensen and Murphy（1990b）认为管理层超额的薪酬问题并不是公司治理的最大问题，如何将管理层薪酬与企业业绩有效地关联起来才是协调股东和管理层之间利益冲突的关键，即“管理层薪酬问题不是给多少，而是应该怎样给的问题”。这一开创性的文章也引起了学界对管理层激励契约有效性的关注，之后基于契约有效理论的实证文章大量涌现，并长期占据着高管薪酬研究的主流地位。

Holmstrom and Milgrom（1987）认为在最优契约理论中，管理层的薪酬与企业绩效应为线性关系，管理层的个人背景和风险承受能力也会导致股东对管理层激励模式和结构设计的不同。Lambert and Larcker（1987）发现，以货币薪酬计量的管理层激励与公司会计业绩指标（净资产收益率）的敏感性要显著高于其与权益业绩指标（股票回报率）的敏感性。Mehran（1995）以 1979—1980 年的 153 家美国制造业公司为研究样本，发现在年薪、奖金和股权三种激励方式下，股权激励的方式与企业业绩的敏感性更高，这表明激励结构比激励水平更能缓解股东与管理层利益不一致的程度。Brain and Jeffrey（1998）和 Core et al.（1999）发现，管理层的股权激励机制有利于强化股东与管理层之间的利益共享和风险共担，在管理层薪酬中考虑了股权激励后，管理层薪酬业绩敏感性更高。其中，Brain and Jeffrey（1998）计算出的管理层薪酬敏感性远高于 Jensen and Murphy（1990a）的计算结果，他们认为这是由于加入管理层持股和股票期权后能够更精确地估算薪酬业绩敏感性。Aggarwal and Samwick（1999）发现企业财富每增加 1 000 美元，企业 CEO 的薪酬会增加 14. 53 美元，而其他管理层人员的薪酬会增加 3. 3 美元，企业业绩的波动性越高，管理层的薪酬业绩敏感性就越低。Ang et al.（2000）研究了治理结构对薪酬业绩敏感性的影响，发现大股东持股量越高，管理层的薪酬业绩敏感性越高，有效地降低了代理成本。Almazan et al.（2005）发现管理层薪酬业绩敏感性越高，则股东对管理层的监督成本越低。Jackson et al.（2008）发现业绩型激励契约能够在实现股东财富最大化的同时促使管理层个人报酬最大化。现有的外文文献基本上都认同管理层薪酬与公司业绩存在显著正相关的关系。

在中国各种经理人市场和管理层薪酬都面临管制的大背景下，学术界对中国企业管理层薪酬契约的有效性存在争议。魏刚（2000）发现，20 世纪 90 年代末我国上市公司管理层薪酬与企业业绩无显著关联，激励结果不甚合理并且激励总体水平也偏低。李增泉（2000）也发现我国上市公司管理层的货币薪酬以及股权激励与企业业绩无显著关系。Firth et al.（2006）指出国有企业管理层薪酬与企业业绩的敏感性很低。但随着中国市场化进程的推进，我国企业市场化特征逐步显现，管理层的薪酬激励体系逐步完善，管理层薪酬主要由基础薪酬、业绩薪酬和中长期激励多部分共同构成，激励手段更为丰富，管理层的薪酬业绩敏感性也被逐渐建立起来。方军雄（2009）发现随着我国薪酬制度市场化改革的深入，我国上市公司管理层薪酬的业绩敏感性已被显著建立起来。辛清泉和谭伟强（2009）认为，随着市场化改革进程的推进显著提升了我国国有企业管理层薪酬业绩敏感性，不过受保护行业的管理层薪酬业绩敏感性显著低于竞争型性行业，中央国有企业管理层薪酬业绩敏感性显著低于地方国有企业。姜付秀等（2014）认为，由于国有企业管理层具有更高的显性业绩要求、会受到更强的社会监督、具有更弱的掏空动机、非国有企业管理层身份特殊，这四点原因致使相较于非国有企业，国有企业的管理层更重视企业的业绩，具有更高的薪酬业绩敏感性。从上面的文献可以看出，目前我国市场化进程的推进使国有企业管理层的激励契约更看重企业绩效，但政府的薪酬管制政策，仍会弱化管理层薪酬与企业业绩之间的关系（罗宏，2014）。那么，国有企业管理层薪酬差异化的管理模式又会对管理层薪酬契约的有效性造成怎样的影响，亟待后续的研究。

2.1.3 管理层权力理论

一般观点认为，在与管理层的薪酬契约谈判和签订过程中，董事会成员会按照成本收益最优原则设计薪酬安排，在合约双方实力均等的情况下通过自由谈判的方式找到均衡点，实现帕累托最优，签订最优薪酬契约，实现股东价值最大化。20 世纪 90 年代末，美国管理层薪酬奇高，CEO 薪酬由 1992 年的 350 万美元猛增至 2000 年的 1 470 万美元，CEO 与普通员工的薪酬差距也从 1991 年的 140 倍激增至 2003 年的 500 倍（Bebchuk and Fried，2004），管理层薪酬问题成为人们关注的焦点。2001 年后，美国安然、世通、美林、默克等公司发生的一系列财务造假丑闻，使人们对董事会工作的有效性产生了怀疑，并开始关注管理层薪酬契约机制可能存在的缺陷。一般来讲，最优契约的实现需要董事会和管理层具有平等的谈判地位，但现实中由于董事会出于自身利益并不能进行有效谈判，同时外部市场约束力不足，这导致管理层在谈判过程中具有一定的优势，管理层手中不断扩大的权力致使先前制定的薪酬契约的激励效用被大大削弱，管理层薪酬反而成为了代理问题的一部分。以委托代理理论为基础，Bebchuk and Fried（2002、2003、2004）通过一系列文章讨论了与最优契约理论相对应的管理层权力理论，管理层拥有的权力越大，就越有可能自定薪酬获取超额收益，从而降低了薪酬契约的有效性。Bebchuk 和 Fried 认为导致管理层权力不断膨胀的原因主要有两点，一是董事会无效，二是外部市场约束不足。

Bebchuk and Fried（2003）认为管理层能够通过控制董事会和薪酬委员会自定薪酬，从而导致管理层超额薪酬现象的发生。那么董事会是如何被管理层俘获的呢？管理层薪酬契约的谈判往往是由董事会代替股东与管理层签订薪酬契约，而董事会成员，即使是独立董事也会有自身利益最大化的目标，这就造成契约双方的委托代理关系和利益冲突更加复杂化。管理层在提名本届董事入选下一届董事会的过程中具有相当重要的投票权，同时管理层也会参与董事的薪酬制定，而入选董事会能为董事带来丰厚的薪酬、社会地位和人脉资源，因此在位的董事都有强烈的动机讨好管理层为自己投票从而入围下一届董事会名单，一旦某位董事与管理层形成了相互对抗的形势，那么其将很难获得进入下一届董事会的机会。除此之外，即使董事满怀理想，时间和资源上的限制也会使该董事无法适当地做好薪酬制定工作（卢锐，2008）。因此，董事们通常会在管理层的薪酬契约制定过程中表现得十分暧昧，易于妥协。

在外部市场约束方面，Bebchuk and Fried（2004）分析认为，诸如控制权市场、产品市场、资本市场以及经理人市场等外部市场可能对保持管理层激励契约有效性施加了一定的作用，但并不严格。比如在控制权市场，当上市公司业绩较差，股价大跌，企业面临被收购的情况下，如果这时股东强行解聘管理层，由于事前签订的合约能对管理层施加有效的保护，那么公司不得不向高管们支付巨额的遣散费用，同时向外界发出企业境况岌岌可危的信号，而这些是股东不能接受的。因此，在这种情况下，股东往往会和管理层保持同一阵线，制定方案共同抵御敌对企业的收购行为，管理层的既得利益将很难被撼动，管理层权力无法被削弱，管理层的个人报酬也可能不降反升。又如，在产品竞争市场，即使企业在激烈的竞争中趋于弱势地位，企业业绩下滑，但管理层的薪酬只占企业总利润的较小部分，不会对企业的日常经营产生较大的冲击，因此管理层仍然具有强烈的动机谋取超额的薪酬。因而我们可以看到，只要管理层激励契约的有效性不被严重的扭曲，发生较大的偏移，那么外部市场对管理层的约束是有限的。

虽然董事会和外部市场的约束力量是有限的，但多多少少也会起到一定的效用。那么在面临约束的情况下，董事会是否会批准有利于管理层的激励契约方案，将主要由该方案实施后其利益相关者们所做出的反应决定，这种反应所产生的成本被称为“愤怒成本”，即如果其他利益相关者对管理层获取超额薪酬的反对声越大，那么该薪酬契约方案通过的可能性则越低。在这种情况下，企业的管理层通常会采用“伪装”的手段使该薪酬契约方案看起来更加适当。在实践中，基于管理层权力理论，管理层的“伪装”手段通常有两种：一是通过隐藏薪酬或“操纵”业绩使薪酬看起来与业绩高度相关，那么该薪酬方案则会被视为合理、正当；二是利用信息披露的不规范增加隐性薪酬在薪酬总额中的比例，由于信息不对称，这往往难以被其他利益相关者发现和监督（郭淑娟，2013）。

面对 Bebchuk and Fried（2002、2003、2004）所提出的管理层权力理论对最优契约理论的冲击和质疑，Jensen and Murphy（2004）对近 30 年来

的管理层激励问题进行了全面系统的回顾、梳理和展望，对从薪酬激励框架的构建到薪酬契约的签订、执行以及外部市场的协调等问题进行了系统综合的分析，并对管理者权力理论的拥护者所提出的针对最优契约理论的各项缺陷问题进行了逐一的辩解，并将管理者权利理论融合到了最优契约理论的分析框架中，促使现代薪酬理论的研究更加完善。其实，我们也可以看出，最优契约理论与管理层权力理论两者并非相互独立，非此即彼的，两者存在互补共存的关系。最优契约理论强调在股东和管理层地位平等的基础上，通过构建有效的管理层薪酬激励契约机制，实现双方各自效用的最大化，缓解委托代理问题。而管理层权力理论则弥补了最优契约理论可能存在的不足，使人们可以从管理者视角、公司治理角度以及外部市场角度对管理层薪酬契约制定实施后最终的有效性进行辨证的看待，这样有助于股东对管理层行为的分析和思考，从而制定出更有效的激励契约，促使公司实现企业价值的最大化。

2.1.4 激励理论

激励理论来源于行为科学的发展，企业激励问题主要涉及企业业绩创造和利润分配的问题，有效的激励机制能够最大化地激发企业管理层的自身能动性，创造企业财富。一般来讲，可以将激励理论分为激励的需求理论和激励的过程理论。

激励的需求理论包括：马斯洛的需求层次理论（Maslow's Hierarchy of Needs）、ERG（Existence-Relatedness-Growth）理论、赫茨伯格的双因素理论（Two Factor Theory）。

马斯洛（1943）[①] 提出的需求层次理论被认为是最经典的激励基础理论。该理论认为，人类的发展与需求的满足有着密切的关联，同时人类的需求按一定的层次由低到高依次排列，包括了生理需求、安全需求、社交需求、自尊需求以及自我实现需求五个层次。首先，人类会在寻求低层次满足的过程中受到刺激，一旦该层次的需求获得满足，则下一层次的需求才会成为主导需求，低层次的需求不再具有激励作用，人类会受到更高层次的需求激励，这样依次向上。其次，各层次需求满足的途径具有差异，前三个层次的需求需要外在的激励获得满足，而后两个层次的需求主要依

① A. H. Maslow. Motivation and Personality [M]. New York: R. Donnelley and Sons Company, 1943.

靠自我激励来满足。因此，对于企业管理层的激励需要针对管理层的需求结构做具体分析，各个管理者间的需求可能会有差异，首先要明确管理层的需求层次，再有针对性地实施激励计划。

20 世纪 50 年代末期，赫茨伯格①提出的双因素理论认为，不是所有需求得到满足都能够激励员工积极的工作。使员工感到满意的基本上都是工作本身的因素，包括工作的成就感、同事的赞赏、责任感等激励因素；而使员工不满意的基本上都是工作环境、条件等外部因素，包括公司管理、同事关系、薪酬激励等保健因素。只有激励因素的需求得到满足时，才能调动员工的积极性，而保健因素的满足未必能带来强烈的激励作用，但其不会导致员工的强烈不满。因此，在对管理层进行激励时，针对不同的需求应区别对待。

奥尔德弗提出了 ERG 理论，该理论是对马斯洛的需求层次理论和赫茨伯格的双因素理论的重组，他认为人类的核心需求是：存在需求、关系需求和成长需求，三项需求之间的界限并不明晰，可以同时间共存。与马斯洛的观点不同，该理论证实了人类的需求并不是阶梯式的关系，它可以越级，也可以因为较高层次的需求无法满足而倒退，重新追求低层次的需求满足。因此，应根据管理层的需求和其自身的条件设置合理的目标，从而达到激励目的。

需求的过程理论包括：弗鲁姆提出的期望理论（Expectancy Theory）和亚当斯提出的公平理论（Equity Theory）。

1964 年弗鲁姆在其《工作与激励》一书中提出了期望理论，该理论激励的水平取决于员工通过努力达到目标效果的可能性以及目标达成后对个人需求满足的意义。其可以用公式表示为：

$$M = \sum E \times V$$

M 表示最终的激励效果；E 为期望值，是个人根据经验判断达到目标的把握程度；V 为效价，是指达到目标对个人需求满足的价值。个人越有把握实现目标，并且对目标实现的期望程度越高，则最终的激励效果越好。

亚当斯在其著作《社会交换中的不公平》提出了公平理论，也称为社会比较理论。该理论认为员工会通过种种比较，来确定自己是否获得了公平的薪酬分配，而不仅仅只关注自己实际获得的薪酬水平。上述比较一般

① 赫茨伯格. 赫茨伯格双因素理论［M］. 张湛，译. 北京：中国人民大学出版社，2016.

分为两种：一是横向比较，即用自己获得的薪酬水平与其他单位员工获得的薪酬水平进行社会比较，来确认自己是否获得公平报酬，这里的报酬既包括工资、奖金、股权激励等经济性薪酬，也包括工作环境、晋升条件、学习环境、发展机会等非经济性薪酬。二是纵向比较，即用自己目前的薪酬和付出的比值同过去的薪酬和付出的比值进行比较，只有相等或超过该员工才会认为合理、公平。

因此，在管理层激励过程中，只有将管理层的基本薪酬、业绩薪酬、在职消费、股权激励等经济性薪酬激励与管理层所付出的努力，即企业业绩有效匹配，制定出符合企业短期目标、长期目标的激励制度，并根据管理层的个人特点完善激励的水平和结构，才能对企业管理层实施有效的激励。诸如"大锅饭"式的平均主义的薪酬分配方式，不仅达不到激励效果，反而会增大管理层谋取隐性薪酬的动机。

2.2 关于管理层激励调整机制的研究

2.2.1 关于产权性质与管理层激励的研究

经典的企业理论认为，现代股份制公司所有权和经营权的分离，以及信息在股东与管理层之间的不对称分布，引发了代理问题。企业的目标是股东价值最大化，代理问题引发的管理层卸责、建造个人帝国、增加雇员福利（Berle and Means，1932）、投资不足（Holmstrong and Weiss，1985）等行为都会造成股东财富的毁损。不过，委托人可以通过构建激励和监督机制限制代理人背离委托人利益的行为发生（Jensen and Meckling，1976）。事实上，随着 20 世纪 80 年代代理理论的兴起和广泛接受，管理层激励契约一直是经济学者感兴趣的话题。

然而，要建立和完善国有企业管理层激励制度，就必须结合中国特色的制度背景进行分析。一般来讲，无论国有企业和非国有企业在契约安排上有何不同，企业管理层的薪酬激励也不应脱离市场供求关系的影响。但是，中国国有企业对管理层的需求和供给以及由此决定的薪酬都与成熟市场经济体有差异（陈信元等，2009）。

在需求方面，转型经济体中的国有企业有一个主要问题是其承担了政府的多重目标，如经济发展、充分就业、社会养老、公平稳定等非利润化目标，由此导致了国有企业的政策性负担（Lin et al.，1998），因而国有企业的管理层除应具备出色的经营和管理才能外，还应满足官员多元化目标的特征。

在供给方面，中央政府的分权改革增加了地方政府在当地企业中的利益，就业、经济发展、社会稳定、财政盈余、国有商业银行贷款导向、个人晋升、寻租机会等因素都激发了地方政府对本地企业保持影响力的渴望（陈冬华，2003）。而政府对国有企业经理人市场的管制也就反映了政府的这种需求，刘小玄（2001）发现，尽管行政级别制度在国有企业管理层中已经逐步弱化，但是国有企业管理人员的来源仍多为中央和地方政府的行政任命或委派。

在薪酬价格方面，国有企业不仅数量和规模庞大，而且在控制层级、竞争程度、控股比例和经营目标方面都呈现日益复杂的趋势，国有企业的这些特点都导致国有资产监管部门处于信息劣势的地位，政府部门很难低成本的对国有企业管理层进行考察和谈判（陈冬华等，2010），因而政府很难与国有企业经营者签订有效的事前激励契约，也很难在事后对国有企业效率进行监督（陈冬华等，2005）。另外，非国有企业运营方式更为市场化，其管理层的薪酬多能反映其市场价值，而国有企业由于承担了较多的政策性负担，这也导致其高管身份的模糊，进一步扩大了国有企业与资产监管部门之间的信息不对称，因而实施整齐划一的薪酬管理体制几乎是政府作为股东的唯一解（陈冬华等，2005）。

从以上三方面来看，当国有企业面临多元化的社会目标以及经理人市场和高管薪酬定价双重管制时，完全基于企业业绩的货币薪酬并不能在国有企业中有效推行，显性激励不足与企业的高速增长之间的悖论一直存在（梁上坤等，2013），那么高管努力的动机是什么？陈信元等（2009）认为，当薪酬面临管制时，会被迫的形成多元化且不直接以货币为依归的报酬体系，其中既包括在职消费和政治晋升等隐形激励，也包括贪污、受贿、财产侵占等显性腐败。因此，大多数文献就管理层激励如何在货币薪酬、股权激励、在职消费、政治晋升等常见的激励手段中进行选择和调整做了深入的分析。

2.2.2 关于管理层货币薪酬调整的研究

综合大量相关文献资料，我们将直接影响管理层货币薪酬变动的因素大致分为三类：企业财务因素、企业内部治理因素和企业外部治理因素。

在企业财务因素方面，企业的业绩和规模是影响管理层薪酬变动的主要因素。随着代理理论被广泛接受，学者们针对管理层货币薪酬的研究也逐步兴起，设计良好的管理层薪酬契约被认为是缓解代理问题的一种重要的内部治理机制（Jensen and Meckling，1976；Jensen and Murphy，1990b）。而近期大量研究发现，基于业绩的货币薪酬契约能激励管理层在追求个人利益最大化的同时实现股东财富的最大化，管理层薪酬与企业业绩存在显著的正向相关关系（Leone et al.，2006；Jackson et al.，2008）。由于中国企业管理层货币薪酬水平整体偏低，未能达到激励效果，使得管理层货币薪酬与企业经营业绩无显著关联（魏刚，2000），但随着市场化进程的推进，国内学者也发现中国上市公司管理层货币薪酬与业绩的敏感性逐步提高（李维安，张国萍，2005；方军雄，2009；辛清泉，谭伟强，2009）。除了企业业绩指标外，管理层所在公司规模的大小也对其薪酬水平有较大的影响。Tosi et al.（2000）通过衡量企业销售额的变化来计算企业规模，研究发现总经理薪酬的变动中有高达40%的部分是由企业规模的变化所引起的。Gabaix and Landier（2008）的研究亦指出，在市场均衡状态下，管理层薪酬取决于其所任职公司规模和总公司规模。Fabrizi et al.（2014）发现，企业所承担的社会责任会削弱企业价值，从而降低管理层的薪酬水平。

在企业内部治理因素方面，Bebchuk and Fried（2002、2003、2004）通过一系列文章提出了与最优契约理论相对应的管理层权力理论，认为管理层俘获了董事会，管理层激励不再被看作是解决代理问题的工具，而成了代理问题的一部分，不断膨胀的管理层权力导致管理层的薪酬向着对其最有利的方向变动，即管理层可以自定薪酬。就中国国有企业的制度背景来看，随着市场化改革的推进，国有企业逐渐获得了包括生产经营、投资、融资和人事方面的自主权（Tenve et al.，2002），所有者缺位的产权特征使得国有企业内部人控制问题严重，加之董事会谈判能力有限、经理人声誉机制不健全，国有企业的管理层权力不断膨胀，权利强大的国有企业管理层并不需要满足董事会对业绩的特定要求，可以自设薪酬契约（权小锋等，2010）。随着国有企业管理层薪酬的增长，管理层与员工间薪酬差距的扩大，管理层薪酬乱象引发了中国公众对管理层权力适当性的强烈质疑，大量文献开始关注管理层权力与高管薪酬变动之间的关系。

方军雄（2009）发现，随着薪酬制度改革的深化，我国上市公司管理层薪酬业绩敏感性逐步建立，但管理层权力使得管理层薪酬随业绩的变动呈现非对称的特征，企业业绩上升时管理层薪酬增加的幅度要远远高于业绩下降时管理层薪酬减少的幅度，这种现象被称为薪酬粘性。吴育辉和吴世农（2010）发现管理层薪酬随着其控制权力的增加而显著提升，并且相较于国有企业，非国有企业的管理层更容易利用其自身的权力获得较高的薪酬，我国上市公司管理层在激励契约制定过程中存在明显的自利行为，薪酬的激励作用受到限制。权小锋等（2010）也有类似的发现，他们认为国有企业管理层权力越大，则其获取的私有收益也越大，但是中央国有企业管理层更倾向获取隐性的非货币性私有收益，而地方国有企业管理层更倾向获得显性的货币性私有收益。同时，刘运国等（2011）发现，如果一家 ST 上市公司的业绩信息异质性更强、管理层权力更大，则该公司管理层更有可能免于薪酬惩罚，即获得的报酬低于类似非 ST 上市公司管理层的薪酬水平。进一步，方军雄（2011）提出疑问，为什么我国国有企业管理层薪酬管制政策被不断地实施，但现实中管理层与普通员工的薪酬差距却不降反升呢？对此，方军雄提出了薪酬尺蠖效应的概念，由于管理层权力的存在，当业绩上升时，相较于普通员工，公司管理层获得了更高的薪酬增幅，当业绩下降时，管理层薪酬的增幅也没有显著低于普通员工。而从薪酬业绩敏感性的视角来看，当业绩上升时，管理层的薪酬业绩敏感性显著高于普通员工，当业绩下降时，管理层薪酬业绩敏感性下降的幅度又显著的高于普通员工薪酬业绩敏感性减少的幅度，这表明我国上市公司高管薪酬存在显著的向下刚性，即管理层薪酬只增不减。刘星和徐光伟（2012）也发现管理层会利用手中的权力影响薪酬的制定，致使管理层薪酬具有向下的刚性和向上的弹性。郑志刚等（2012）也发现任人唯亲的董事会文化会导致公司管理层超额薪酬的现象，并建议董事的薪酬应由股东发放而非上市公司发放，这将有助于打破目前董事会任人唯亲的现状，降低管理层权力。王新等（2015）发现当国有企业的管理层权力较大时，管理层更倾向获取货币薪酬，减少在职消费，而当非国有企业的管理层权力较大时，管理层的货币薪酬和在职消费水平会同时增加。当然，也有学者对管理层权力是否影响我国的管理层薪酬存在不同的看法。王雄元和何捷（2012）发现，非国有企业的管理层权力与管理层薪酬存在显著的正相关关系。而对于国有企业来讲，由于其管理层薪酬由国有资产监督管理委员会决定，因此管理层权力将无法影响到管理层薪酬的制定，管理层权力理论可能在国有企业中并不适用。

在企业外部治理方面，沈艺峰和李培功（2010）发现，2009 年政府颁布“限薪令”后，国有企业管理层薪酬水平不降反升，国有企业管理层运气薪酬的现象依旧存在，这表明政府的薪酬管制政策并没有达到预期的效果。刘星和徐光伟（2012）发现，在市场化程度较高的地区，政府会对当地的企业施加较少的干预，企业的治理结构也较为完善，市场化程度的推进减少了管理层薪酬刚性的现象。陆正飞等（2012）从产权性质的视角发现，国有企业管理层薪酬与非国有企业管理层薪酬之间并无显著差异，但中央国有企业的管理层薪酬水平显著的高于地方国有企业和非国有企业的管理层薪酬水平。杨德明和赵璨（2012）认为，管理层权力因素导致了“天价薪酬”现象的发生，而“零薪酬”可能意味着更严重的治理问题，有五个方面可能会导致“零薪酬”现象的发生：一是管理层为了避免小股东在股东大会上发难，而选择放弃领取薪酬。二是部分管理层由政府官员兼任，由于他们的人事档案留在政府部门，并从政府部门领取了薪酬，因此他们从上市公司分文不取。三是部分管理层来自上市公司的母公司，这部分管理层只在母公司领取薪酬。四是管理层本来就是企业的股东。五是上市公司真的没钱发给管理层。通过实证发现，媒体监督的确发挥了一定的监督职能，然而只有当政府部门介入时，媒体的监督才能发挥作用，促使管理层薪酬更加合理，单纯的媒体监督机制和声誉机制并不能发挥治理功效。马连福等（2013）认为，国有企业中党委会参与企业治理能够有效降低管理层薪酬水平，抑制管理层超额薪酬的现象，降低管理层与普通员工之间的薪酬差距。唐松和孙铮（2014）发现，在控制影响管理层薪酬的企业财务和公司治理因素后，无论是在国有企业还是非国有企业中，政治关联都会导致管理层获得较高的薪酬水平。邓建平和陈爱华（2015）发现，民营企业引入具有金融背景的管理层后，民营企业管理层的整体薪酬水平会有所提升。

2.2.3 关于管理层股权激励调整的研究

对高管的显性激励除了以工资、奖金为主的短期激励，还包括股票期权、限制性股票等中长期激励。那么，股权激励契约是如何影响企业价值的呢？公司资本结构理论中的代理成本模型、委托代理理论中的激励合约模型以及管理层持股信号传递模型，为我们展示了股权激励合约发挥效用的内在机理。

Jensen and Meckling（1976）指出，企业管理层并非企业的所有者，管理层努力工作为企业所有者赚取利润，但最终管理层只能分得企业利润的一小部分，而如果管理层进行在职消费，则可以获得很多好处并只用承担在职消费的部分成本，这必然导致管理层更倾向于在职消费而非努力工作。解决这一问题的有效方法是让管理层成为企业的完全所有者，这样管理层与企业的利益目标就会完全一致，但这会受到管理层自身财富的限制，显然是不可能实现的。债务融资突破了这一限制，债权人只期望企业到期还本付息，而企业管理层则有更强烈的意愿通过投资风险较大的项目获取风险收益，从而产生逆向选择问题，这就会产生债权的代理成本。因此，公司最优的资本结构需要在股权代理成本和债权代理成本之间进行权衡，通过管理层持股的方式可以让代理人成为企业部分剩余权益的所有者，从而减少代理成本并提升企业价值。

从委托人视角来看，企业所有权和经营权的分离造成了股东与企业管理层之间信息的不对称，股东无法直接观测到管理层的行为。Holmstom（1979）认为，如果将股票价格写入企业管理层的激励合约当中，有助于股东从资本市场获取关于企业管理层努力工作的信息，这降低了股东与管理层之间的信息不对称问题。

从代理人视角来看，逆向选择是信息不对称的另一种类型，由于管理层属于企业的内部人，掌握了比企业外部投资者更多的关于企业经营状况和未来发展动向的信息，因而管理层可能损害外部投资者的利益，为自己谋福利。Leland and Pyle（1977）认为，“柠檬问题”导致拥有优质项目的企业家退出市场，而企业家的股权投资可以发挥“质押担保”的功能，向企业外部投资者显示项目质量的积极信号。同理，企业管理层持股可以缓解这种信息不对称程度，向企业的外部投资者传递积极的信号，克服逆向选择进而增加企业价值。

综合以上观点可以看出，股权激励强化了股东与管理层之间的风险共担和利益共享机制，将管理层收益与市场业绩挂钩，减少了信息不对称程度（Holmstrom and Ricart，1986），同时也有助于吸引更具才能的管理层（Arya and Mittendorf，2005），避免临近退休的管理层的短视行为（Murphy and Zimmerman，1993）。Lefebvre and Vieider（2010）、Panousi and Papanikolaou（2012）认为，企业对管理层的股权激励措施能够缓解由于外部环境不确定所引发的管理层风险厌恶情绪，有助于企业投资水平的提升。Gong and Li（2013）发现，股权激励与未来经营现金流和不可操纵应计显著相关。Balsam et al.（2014）也发现，在实施股权激励后，企业管理层会加强内部控制的建设，从而降低内部控制缺陷对企业价值的负面影响。

然而国外的部分经验证据表明，股权激励也可能是企业管理层谋取自身福利的方式，成为代理成本的一部分。Healy（1985）指出，出于个人报酬的考虑，管理层可能会采用盈余管理或调整会计政策的手段使股价在一定期间内维持在较高水平，同时股权激励可能因锁定期和诸多不确定因素而弱化了对管理层的激励效果。Chauvin and Shenoy（2001）发现，公司管理层会在期权授予日前，通过一定的方式打压股价，再低价授予自己股票。Beneish and Vargus（2002）发现，在 CEO 出售股票前，企业的应计项目可行度降低，表明 CEO 可能为了高价出售股票进行盈余管理行为。Cheng and Warfield（2005）发现当公司当期盈余过高时，为了避免企业未来盈余大幅下降，股权激励较多的企业 CEO 会对当期盈余进行向下的盈余管理。Peng and Roell（2008）也发现股权激励占薪酬比重较大的企业的盈余管理程度更高。并且，公司采用股权激励还可能是出于非激励原因，如较少现金流支出（Core and Guay，1999）、减少高管税务负担（Holland and Lewellen，1962）、降低财务报告成本（Scholes and Wolfson，1992）等。

中国学术界对于股权激励的最终效果同样存在争议。吕长江和张海平（2011）发现，相较于没有推出股权激励计划的公司，推出激励计划方案的上市公司缓解了管理层与股东的利益冲突，抑制了管理层的过度投资行为，并改善了投资不足的问题。徐倩（2014）发现，上市公司实施股权激励计划有助于降低管理层的风险厌恶程度，抑制由环境不确定所导致的管理层非效率投资行为。胡国强和盖地（2014）以中国民营上市公司为研究样本，发现公司股权激励程度越高，公司获取的贷款越多，尤其是短期贷款，相较于管理层持股，发放股票期权和限制性股票的公司能够获得更多的短期借款，相较于激励型股权激励公司，福利型股权激励公司能够获得更多的短期借款。以上证据表明，公司实施股权激励能够有效缓解银行信贷歧视问题。逯东等（2014）发现，中国上市公司 CEO 股权激励有助于企业提高内部控制的有效性，但具有行政经历的 CEO 会降低股权激励对企业内部控制有效性的提升作用。

另外，也有学者认为上市公司的股权激励措施会成为管理层代理问题的一部分。苏冬蔚和林大庞（2010）认为，股权激励计划有负面的治理作用，在股权分置改革后，对于未提出股权激励的上市公司，其 CEO 的股权激励总额占总薪酬比率与盈余管理行为呈现负相关关系，而对于提出股权激励计划的公司，这种关系不再显著，并且盈余管理会加大 CEO 的行权概率。吕长江等（2011）则认为，企业对人力资本的需求、公司不完善的治理环境以及管理层的福利动机都会成为上市公司选择股权激励计划的原因。辛宇和吕长江（2012）以泸州老窖公司2006年的股权激励计划为案例，发现泸州老窖公司的股权激励计划兼具激励、福利和奖励的性质。同时，吕长江和张海平（2012）也发现部分实施股权激励计划的公司管理层会通过股利政策为自己谋福利。肖星和陈婵（2013）发现国有企业的股权激励计划符合“管理层权力理论”，其成为了管理层谋取自身福利的工具，而民营企业的股权激励计划符合“最优契约理论”，股权激励计划能够起到相应的激励作用。王新等（2014）认为，对中国的国际化经营企业的管理层的激励，并不适合采用股权激励的方法，而国有企业和非国有企业股权激励计划失效的原因并不相同，国有企业股权激励失效是因为国际化增加了股价信息含量的“噪音”，而非国有企业股权激励失效的原因是由于其股权激励计划多为管理层的自利行为。

胡国强和盖地（2014）发现，中国A股市场只有少部分上市公司公布了股权激励计划，且大部分为民营企业，这表明以股票期权、限制性股票和股票增值权为主的股权激励形式在中国并不普遍。王烨和孙慧倩（2014）指出，国有企业所面临的政策性负担削弱了代理人的努力程度与公司利润和公司股价之间的关系，使国有企业的收益更加不确定，从而降低了股权激励的效果，同时国有企业管理层的行政任命制度也与股权激励方案存在一定的矛盾，这些原因共同导致股权激励计划在中国国有企业中并不常见。邵帅等（2014）认为，由于政策对国有企业管理层激励比例和激励收益的限制，导致其激励不足，并且国有企业普遍存在的内部控制问题，也导致其针对管理层的股权激励措施更倾向于是一种福利行为。按理说，管理层薪酬应该包括现金薪酬和股权激励两个部分，但在中国学者们的研究中我们通常可以看到，由于现金薪酬占管理层薪酬总额的比例较大，而中国上市公司管理层零持股和低持股的现象较为普遍，国有企业的股权激励也不多，因此大多数文献都采用现金薪酬衡量管理层薪酬，而忽略了股权激励的作用。

2.2.4 关于管理层在职消费调整的研究

近年来，越来越多的学者将目光移向管理层隐性激励契约领域，在职消费作为激励契约的不完备性产物，其存在具有一定的合理性。首先，在中国制度背景下，国有企业不仅数量和规模庞大，而且在控制层级、竞争程度、控股比例和经营目标方面都呈现日益复杂的趋势，国有企业的这些特点都导致国有资产监管部门对管理层行为的监督处于信息劣势的地位，滞后并且刚性的薪酬管制使在职消费成为国有企业管理层显性薪酬激励的替代性选择（陈冬华等，2005）。其次，国有企业承担的多重社会目标，如经济发展、充分就业、社会养老、公平稳定等非利润化目标，这些目标具有较多的不可预测因素，致使完全的显性激励契约可能面临反复调整的困境，因而在职消费和货币薪酬的同时存在可以更有效地激励管理层服务于政府目标（Chen et a1.，2010）。最后，与商业伙伴以及政府官员建立友好的"关系"对于商业成功至关重要，管理层需要通过诸如宴请、旅游消费、礼物馈赠等形式的费用化支出维护与相关利益方的"关系"，当然，维护关系过程中也可能会有一部分花费转变成为管理层的私有收益（Ai，2006）。因此，在职消费既可能成为代理成本的一部分，毁损企业价值，也可能成为一种激励管理层努力工作的方式，提升企业经营效率。由此，对在职消费的使用问题便形成了"代理成本观"和"效率观"两种对立的观点。

"代理成本观"认为，企业所有权和经营权的分离导致企业所有者和经营者都有各自最优的效用函数，所有者期望企业管理者为企业价值最大化付出努力，而企业的管理者则期望以最小的付出获取最大的报酬，因此，在职消费这种隐蔽的管理层私有权益获取方式便成为了管理层显性薪酬激励的一种替代。如果在职消费超额使用所形成的成本超过了其所带来的经济效益增量，则会对公司业绩造成显著的负面影响（Hart，2001）。Yermack（2006）发现，当公司 CEO 配备私人专机这一特权在职消费信息被披露后，市场会做出负面的反应，公司股价下跌的损失远远超过了该项费用支出本身。罗宏和黄文华（2008）利用上市公司数据发现，上市公司的现金分红政策的实施能够显著降低管理层的在职消费金额，同时管理层的在职消费水平与公司业绩负相关。

"效率观"认为，在职消费对管理层能够起到正面激励作用。Alchian and Demsetz（1972）认为，杜绝管理层机会主义所消耗的成本可能高于由此带来的收益，因此，允许员工享有"特权、额外津贴和福利"，即在职消费在一定范围内是可以接受的。Fama（1980）指出，当事后薪酬调整足以弥补在职消费所消耗的企业资源时，在职消费不属于代理成本。Rajan and Wulf（2006）发现，在职消费能够强化管理层的权威和声望，有助于企业组织效率的提升，从而增加了企业的价值。Adithipyangkul et al.（2011）也发现，在职消费能够提升企业的资产回报率。在中国的制度背景下，国有企业面临薪酬管制和多重政策性负担，在显性激励不足的情况下，在职消费作为一种替代性隐性激励方式被广泛接受（陈冬华等，2005；Chen et al.，2010）。所以，问题的关键在于如何找到在职消费的合理使用区间。

影响在职消费的因素有很多，目前文献主要从自由现金流假说、管理层权力论和外部制度环境三个方面阐释了对在职消费的影响。

在自由现金流假说方面，Jensen（1986）指出当公司存在大量的现金流时，股利发放政策能够降低公司管理层可以支配的自由现金流，从而减少过度投资行为的发生；降低管理层可以控制的资源，从而减少与公司规模正相关的在职消费。谢军（2006）认为企业的财务杠杆能够降低企业的自由现金流，减少管理层在职消费的使用，从而提升企业价值。罗宏和黄文华（2008）则认为国有企业现金股利的发放可以降低管理层可控的自由现金流，从而抑制管理层的在职消费水平。

在管理层权力方面，卢锐（2008）发现以董事长和总经理二职兼任、股权分散度以及高管任期构建的管理层权力指标与在职消费水平呈正相关关系，管理层权力越大的企业，其管理层的在职消费程度越高，并且非国有企业的管理层权力更大，因而非国有企业的在职消费水平更高。权小锋等（2010）也有类似的发现，他们认为国有企业管理层权力越高，则其获取的私有收益也越高，并且中央国有企业管理层更倾向获取隐性的非货币性私有收益。Gul et al.（2011）发现高水平的会计师事务所能够有效提升企业财务报告的质量，从而削弱在职消费与股价信息含量之间的负相关关系。Cai et al.（2011）认为在公司治理较弱的企业中，管理层会利用内部治理的缺陷进行在职消费行为。张铁铸和沙曼（2014）研究发现，能力越强的管理层越少通过在职消费获取私有收益，而权力越大的管理层在职消费的水平越高。王新（2015）则发现，当管理层权力较大时，在职消费在一定程度上能够促使公司与管理层的利益保持一致，从而提升企业业绩，但当管理层权力越大，并且货币薪酬对在职消费的替代作用越强时，管理层可能滥用在职消费，降低企业业绩。廖歆欣和刘运国（2016）认为，企业激进的避税活动会导致信息不对称程度增加，从而为管理层的在职消费行为提供天然的庇护。

在外部制度环境方面，辛清泉和谭伟强（2009）发现市场化进程除了可以提升国有企业管理层激励契约的有效性外，还能降低国有企业的在职消费水平。陈冬华等（2010）也发现，在市场化进程较高的地区，管理层的货币薪酬和在职消费水平都较高，但在职消费的增加程度显著小于货币薪酬的增加，市场化进程能够显著提升显性激励契约的有效性。翟胜宝等（2015）则发现媒体能够有效监督国有企业管理层的在职消费行为。

2.2.5 关于管理层激励结构调整的研究

关于不同激励契约之间的相互调整，目前主要集中于“显性—隐性”激励契约和“隐性—隐性”激励契约两种研究范式。

关于“显性—隐性”激励契约相互调整的文献较多。陈冬华等（2005）、Kato and Long（2006）、Lin et al.（2011）研究表明由于薪酬管制的存在，在职消费成为国有企业管理层的替代性选择。陈冬华等（2010）从契约成本的视角，研究发现当市场化程度较高时，虽然货币薪酬和在职消费的绝对额都会增加，但是相较于在职消费契约成本，货币薪酬契约成本下降的幅度更高，因而货币薪酬在契约组合中获得了更多的运用，表明货币薪酬契约更多的替代了在职消费契约，不过受保护行业会显著抑制这一替代关系。张敏等（2013）发现，国有企业所承担的诸如冗员负担等社会性责任会显著削弱管理层薪酬与业绩之间的敏感性，同时允许国有企业管理层较高的在职消费水平，以弥补其货币薪酬激励的不足。王新等（2015）发现管理层权力越大，则越倾向于使用更多的货币薪酬替代在职消费，并且在进一步研究薪酬结构对企业业绩影响时发现，管理层权力较大时，在职消费能在一定程度上保持公司和管理层利益的一致，提升企业业绩，但当管理层权力越大并且货币薪酬对在职消费的替代作用更强时，管理层可能滥用在职消费，降低企业业绩。王烨和孙慧倩（2014）研究了在职消费与股权激励之间的替代效应，发现在国有资产控股公司中，在职消费对股权激励计划的选择行为有显著的替代效应，即在职消费越高的企业，越不倾向于选择股权激励。并且股权制衡度低、董事会独立性差、所处地区市场化越低的企业，其在职消费对股权激励计划的替代性越高，这些因素导致股权激励的有效性在初始的选择环节就受到了一定程度的抑制。

关于“隐性—隐性”激励契约相互调整关系方面。王曾等（2014）利用上市公司面板数据探讨了 CEO 政治晋升与在职消费的关系，研究发现 CEO 的政治晋升可能性越高，则其在职消费水平越低。进一步研究发现，政治晋升对在职消费的影响有两个途径：一是管理层的政治晋升直接抑制在职消费水平；二是政治晋升能够提升企业业绩，相应的也会提升在职消费。综合来看，政治晋升对在职消费的抑制作用大于提升效应。

可以看到，学术界对管理层激励方面的研究非常丰富，不过目前关于管理层激励调整机制的研究仍存在一定的不足。首先，在研究管理层薪酬时，按理说管理层的经济薪酬应同时包括货币薪酬、股权激励和在职消费三个部分，但我们以往的研究通常会因为中国上市公司管理层零持股和低持股的现象较普遍，就把股权激励薪酬从管理层激励中剔除，只研究货币薪酬和在职消费方面的激励问题，通过这种方式衡量出的管理层薪酬水平是不准确的。其次，在研究管理层激励的调整机制方面，以往文献通常仅关注了某一种管理层激励方式在某一方面的调整，如货币薪酬和在职消费的大小调整，或是货币薪酬与在职消费的替换关系，亦或在职消费与股权激励的替换关系，等等，而对管理层激励的水平、方向、速度、结构等方面调整，以及不同管理层激励方式在调整上的差异性缺乏综合深入的研究。最后，多数文献研究了企业财务业绩、市场业绩、管理层权力、市场化进程等因素对管理层激励的影响，而薪酬管制作为一项直接影响管理层激励的宏观政策，它会导致管理层激励发生怎样的调整，以及该项政策最终是否发挥了应有的效果，学术界缺乏相应的实证检验。

2.3 关于薪酬管制的研究

2.3.1 关于薪酬管制起因的研究

关于政府管制的起因，已有文献主要从公众利益理论和利益集团理论两个竞争性的理论去解释政府对企业经济活动进行管制的原因。公众利益理论是早期管制经济学的主流观点，其认为政府管制是为了解决市场失效问题，能够减少或者消除因市场失效而产生的无效率，主要集中于成本与垄断的研究（Locklin，1933）。然而实证分析方法的广泛应用对该理论造成了较大的冲击，Averch and Johnson（1962）以电话和电报行业为例，发现政府管制非但不能最小化社会成本，反而滋生了垄断，随之利益集团理论逐步形成。利益集团理论认为某些利益集团具有通过公共资源和公共权力提升其经济地位的需求，而政府掌握社会资源的终极分配权，因而政府可能被利益集团俘获，并参与集团的利润分配（Stigler，1971），该理论对政府管制的合理性和范围提出了挑战。

虽然薪酬管制属于政府管制的一种，西方学者对该领域的研究却较少。陈信元（2009）认为这可能与四个方面的原因有关：首先，西方国家国有企业的数量较少，在经济总量中的占比较轻，导致难以获取足够的研究数据，无法引起西方学者的兴趣。其次，西方主流学术以研究产业管制为主，薪酬管制的研究对象为企业的管理者，这方面没有文献积累，研究的难度上升。再次，政府对企业管理层薪酬管制的起因，是出于市场的失效、政治的诉求还是国有化政策的附属物一直缺乏研究。最后，石油、农产品等行业的企业管理层的定价较为复杂，因此政府实施薪酬管制政策后这些行业的企业管理层薪酬偏离市场定价的程度不易衡量。

王新（2009）认为，尽管美国政府针对上市公司中薪酬过高的管理层实施了相应的限制措施，但这些措施应更多的被视为降低美国公众和低收入群体对管理层超额薪酬愤怒的一剂烟雾弹，薪酬管制政策最终的实施效果都不太明朗，这主要是因为管理层的股权激励是决定企业业绩的重要因素，对管理层激励的管制会降低他们工作的积极性，从而影响企业绩效，损害股东利益，对社会造成负面影响，这是美国政府和公众无法接受的。

肖婷婷（2015）通过对国外国有企业管理层薪酬的研究发现，欧美国家普遍会按照国有企业所有权性质、功能定位和垄断地位的不同，实施差异化薪酬管制模式。这些国家国有企业管理层的薪酬水平是对其进行管制结果的反应，往往与企业的功能定位、政府对企业的控制程度以及企业家本身的人力资本有密切的关系。总体而言，西方国家国有企业管理层的薪酬大致分为三类：一是执行公务员工资水平；二是参照公务员工资水平，提高 1~2 倍；三是参照市场化的薪酬水平。

从我国关于薪酬管制的文献看来，中国特色制度背景所衍生出的诸多隐性规则会导致中国政府对企业管理人员实施的薪酬干预特征显著异于其他国家。首先，动机方面，国有企业在国民经济中占比较重，其特定的产权性质决定了薪酬安排不能完全按照市场定价，而中国的文化习俗和社会传统强调集体主义，因此转型期政府对国有企业的收入分配具有强烈的公平偏好，即政府有“不患寡而患不均”的心理（黄再胜、王玉，2009；黎文靖、胡玉明，2012）。同时，作为大股东的政府会迫使国有企业承担诸如维系社会公平、增加地方就业、缓解财政赤字等多重社会责任，而企业管理层所面临的薪酬管制也就源于社会目标多元化下的政府干预（陈信元等，2009）。其次，可行性方面，国有企业承担了较重的政策性负担（Lin et al.，1998），因而国有企业的管理层除应具备出色的经营和管理才能外，还应满足官员多元化目标的特征。同时，中央政府的分权改革增加了地方政府在当地企业中的利益，杨瑞龙等（2013）发现，尽管中央大力推行国有企业去行政化改革，但国有企业领导职位的行政级别依旧存在。国有企业管理层这种“亦官亦商”的身份反映了政府对国有企业经理人市场的干预，进而使政府对国有企业管理层的薪酬干预成为可能。最后，干预方式方面，国有企业体量较大，并且在控制层级、竞争程度、控股比例和经营目标方面也都呈现日益复杂的趋势，国有企业的这些特点都导致国有资产监管部门处于信息劣势的地位，政府部门很难低成本的对国有企业经理人进行考察和谈判，因而政府很难与国有企业经营者签订有效的事前激励契约（陈冬华等，2010）。同时，国有企业承担的较多政策性负担又进一步模糊了高管努力与企业业绩之间的关系（陈冬华等，2005），因而政府更愿意采用“一刀切”的薪酬管制措施对国有企业高管薪酬进行管理。

2.3.2 关于薪酬管制计量的研究

在薪酬管制的手段上，各个国家的方法并不一致。通常情况下，美国政府对企业管理层的薪酬管制措施都是通过税收立法的形式实现的，但在金融危机后，美国政府实施了薪酬上限的管制措施，强制要求那些需要政府注资的金融机构管理层的薪酬不得超过50万美元，而额外薪酬需要以限制性股票的形式发放，直到企业偿还政府的救助款项后才能进行兑付（王新，2009；张泽南，2014）。2012年6月，法国政府的国有企业“薪酬框架管理”政策对法国国有企业的高管薪酬实施了封顶限制，相当于最低工资的26.7倍①，最终出台的《国家限制国有企业高管薪酬》法令则规定，国有企业和某些经济性、社会性目的机构管理层年薪总额不得超过45万欧元（肖婷婷，2015）。而我国薪酬管制的方式通常是将管理层薪酬与职工薪酬挂钩，各地区和各部门会依据各自统计的实际情况制定不同的薪酬管制规定，因而我国薪酬管制的计量方法应符合中国自身的制度背景和特点。但总体来说，我国薪酬管制的计量方法应具备以下两方面的特征：

一是薪酬管制指标应体现企业管理层与普通员工之间的薪酬差距。罗宏（2014）对我国国有企业薪酬管制的政策进行了回顾，发现我国政府实施的薪酬管制措施的主要方法是将管理层薪酬与员工薪酬关联起来。陈冬华等（2015）发现，对企业管理层和普通员工的激励都会对企业未来绩效

---

① 当年法国最低工资水平为1 400欧元/月。

产生积极的影响，并且普通员工对企业未来绩效的影响可能高于管理层，两者薪酬之间存在互动关系。而陈冬华等（2005）、陈信元等（2009）以及罗宏（2014）都是采用管理层薪酬与普通员工薪酬的比值所形成的相对薪酬来做为薪酬管制程度的衡量指标。

二是薪酬管制指标应体现市场水平与实际水平之间的差异。辛清泉等（2007）首先使用民营企业样本对薪酬的决定模型进行估计，得到模型的回归系数，然后带入薪酬的各项决定因素值乘以对应的系数，得到不同公司各年度管理层薪酬的预期水平，管理层的实际薪酬水平与预期薪酬水平的差值作为非预期的管理层薪酬水平，非预期薪酬值越小意味着管理层薪酬受到的管制程度越严重。王新（2009）认为，虽然国有企业和非国有企业都逐渐采用市场化的配置方法对劳动力进行配置，但非国有企业更能代表市场的预期标准，同时由于我国政府薪酬管制的主要方式是将管理层薪酬与普通员工薪酬进行挂钩，因而王新（2009）首先以企业业绩表现、公司规模、企业发展机会、企业内外部治理以及行业特征五个方面对管理层的期望相对薪酬模型进行设定，同样运用非国有企业样本对模型进行回归，估计出模型的系数，接着使用该模型分年分行业估计出国有企业管理层的期望相对薪酬，期望值与实际值之间的差值则代表了薪酬管制程度，差值正向数值越大，表明企业受到的薪酬管制程度越高。

2.3.3 关于薪酬管制效果的研究

随着近年来企业管理层薪酬的不断攀升，社会贫富差距的拉大，针对管理层薪酬合理性的质疑愈发强烈，各项关于管理层薪酬管制的政策也纷纷出台，但最终薪酬管制政策的效果如何，如薪酬管制对管理层薪酬水平、薪酬业绩敏感性、企业业绩等方面的影响，学者们存在不同的观点。

关于薪酬水平方面，Joskow et al.（1993）发现在电力行业中，受到薪酬管制的企业与不受薪酬管制的企业，其管理层之间的薪酬差距可以达到30%~50%，因而认为针对管理层的薪酬管制是有效的。1993 年美国预算法案新增了限制管理层薪酬的“百万美元税”条款，针对该项法规的实施效果，Hall and Liebman（2000）、Perry and Zimmer（2001）都发现该政策实施后，管理层的工资增长率降低了，并认为管理层薪酬水平的上升主要是受股票期权的影响。Alissa（2009）利用英国上市公司的相关研究样本发现，政府实施的“薪酬话语权”规定与高管异常薪酬的降低存在显著的关联。但也有学者对薪酬管制有效性提出了质疑。Rose and Wolfram

(2002) 认为“百万美元税”的法规无法起到限制管理层薪酬整体水平和增长速度的作用。Conyon and Sadler (2010) 则认为“薪酬话语权”规定作用不大，其并不能从根本上改变目前薪酬的设计和水平。Dittmann et al. (2011) 认为薪酬管制的施政成本较高，会导致管理层质量的下降，进而导致平均薪酬水平的上升和业绩的下降。

陈信元等 (2009) 发现对于不同地方的国有企业，地方财政赤字、失业率状况等政府的施政约束条件能够缩小企业内部的薪酬差距。但方军雄 (2011) 从薪酬尺蠖效应视角解释了为什么在政府多次修订并颁布限薪规定的情况下，企业高管与普通员工之间的薪酬差距不减反增。祁怀锦和邹燕 (2014) 认为中国高管薪酬分配的公平性趋势逐年恶化，即政府的薪酬干预措施并没有发挥应有效果。2009 年政府颁布“限薪令”后，学者们针对该政策的有效性展开了热烈的讨论。许海晏和曹键 (2010) 通过对金融行业的样本分析发现，在“限薪令”颁布过后，大部分金融行业的管理层薪酬水平显著降低。张泽南 (2014) 发现“限薪令”在一定程度上抑制了国有企业管理层超额薪酬的增加，并且降低了薪酬粘性，表明政府的薪酬制度改革取得了一定的成果。但是，部分学者也提出了不同的观点。冀志罡 (2009) 认为国有企业由于是由政府投资的，那么其就应以公共利益为主，不应太看重经济利润，而“限薪令”却将利润作为国有企业管理层考核的重点，背离了国有企业的经营目标。沈艺峰和李培功 (2010) 发现 2009 年政府“限薪令”颁布后，国有企业高管薪酬水平不但没有降低，反而显著提升，这说明解决国有企业管理层薪酬效率问题不能仅依靠外部的行政力量，应坚持完善内部公司治理与外部政府立法监管并重的方式。易定红 (2010) 认为“限薪令”的政治意义大于实际效果，“限薪令”的实施导致了诸多问题的产生。

关于管理层薪酬业绩敏感性的研究方面，Perry and Zimmer (2001) 发现 1992—1993 年实施的税法改革和信息披露准则要求提高了管理层的薪酬业绩敏感性。John et al. (2006) 也认为管制者的外部监督提升了管理层的业绩敏感性。但多数学者持不同的观点，Kole et al. (1992) 发现 1978 年航空业管制取消后，管理层薪酬业绩敏感性增强。Hubbard and Palia (1995) 发现解除对洲际银行的管制后，其管理层的薪酬业绩敏感性增强了。Rose and Wolfram (2002) 认为“百万美元税”的法规并不能增强薪酬业绩之间的敏感性。Fahlenbrach and Stulz (2009) 发现金融危机后，不论公司是否接受了政府的救助计划，其总经理薪酬与企业业绩之间并无显著差异，表明薪酬管制可能误导了市场，降低了管理层薪酬业绩的敏感性。Verret（2009）也认为管理层薪酬可能并不是导致金融危机的原因。Gu and Wang（2010）则认为政府管制会显著导致国有企业管理层薪酬业绩敏感性的下降。蔡地和王迪昉（2012）发现，地方政府的干预降低了地方国有企业管理层薪酬业绩的敏感度，但对中央国有企业管理层的薪酬业绩敏感性无显著影响。刘星和徐光伟（2012）认为管制政策显著降低了管理层薪酬业绩敏感性。罗宏（2014）也认为薪酬管制会降低国有上市公司管理层的业绩敏感性，并且薪酬管制政策会降低企业未来的业绩，削弱管理层薪酬的激励效果。

辛清泉等（2007）发现薪酬管制导致管理层的显性激励不足，地方国有企业存在由于薪酬契约失效而产生的过度投资现象。王新（2009）认为国有企业管理层会通过盈余管理行为来影响上级主管部门对其的业绩评价和薪酬设定，并且中央国有企业的管理层更易通过盈余平滑的方式，减弱利润在不同年间的波动。陈信元（2009）也认为薪酬管制会导致管理层腐败发生概率的增加。谢睿和刘银国（2011）、王晓文和魏建（2014）认为薪酬管制政策导致国有企业管理层腐败和在职消费泛滥等问题的发生，显著降低了企业的绩效。徐细雄和刘星（2013）认为政府的薪酬管制措施恶化了企业管理层的腐败行为，但市场化改革有利于缓解这一现象。与以上观点不同，陈菊花等（2011）认为政府的薪酬管制行为并未降低国有企业管理层的激励效率，薪酬管制政策在低效率市场的国家中具有一定的合理性。张泽南（2014）发现 2009 年“限薪令”能够显著抑制管理层的应计盈余管理和真实盈余管理两种行为。

3 制度背景分析

本章将研究视角回归国内，重点对我国国有企业管理层薪酬的制度背景进行了分析，主要分为两部分：一是对我国国有企业管理层激励制度的变迁进行了梳理，包括国有企业改革与管理层激励制度调整的总体概况、国有企业管理层股权激励制度调整概况、国有企业管理层在职消费制度调整概况；二是对我国国有企业管理层激励的现状进行了分析，包括国有企业管理层货币薪酬现状、国有企业管理层股权激励现状、国有企业管理层在职消费现状、国有企业管理层激励制度的突出问题。

3.1 中国国有企业管理层激励制度的变迁

3.1.1 国有企业改革与管理层激励制度调整的总体概况

国有企业管理层激励机制的变迁内生于国有企业改革，随着国有企业改革目标的变动而进行着不断地调整。按照目前多数文献对国有企业改革阶段的划分，我们将国有企业管理层激励制度的调整分为发展、规范、完善三个主要阶段。

3.1.1.1 发展阶段（1978—1992 年）

1978 年 12 月至 1984 年 9 月是以政府“放权让利”为特征的扩大企业自主权阶段。1978 年 12 月召开的十一届三中全会提出了“要认真解决政企不分、以党代政、以政代企的现象，调整国家和企业之间的关系，让企业在经营过程中具有更多的自主权，增强企业活力”。1984 年 5 月国务院颁布的《关于进一步扩大国营工业企业自主权的暂行规定》，主要通过利润留存、经济责任制、利改税等具体办法对企业进一步放权，在对国家保证固有上缴数量的同时，保证企业具有一定的财力和自主权，对企业经营者和员工实施物质激励，起到短期激励的作用。当然，该阶段整体的激励机制仍带有浓厚的行政色彩，精神激励作用弱，晋升激励作用强。

1984 年 10 月至 1992 年 12 月是以“两权分离”为特征的承包经营责任制阶段。1984 年 10 月十二届三中全会通过了《中共中央关于经济体制改革的决定》，提出了生产资料所有权与经营权分离的改革思路。从 1986 年起，大中型国有企业开始尝试承包经营责任制，在企业向国家上缴了固定数量的利润后，可以对剩余利润进行自由处置。企业能够利用留存利润对企业实施改造、推进技术进步、促进对企业经营者和员工的激励。1986

年 12 月国务院颁布的《关于深化企业改革增强企业活力的若干规定》鼓励企业实行厂长负责制、承包经营责任制，并规定企业经营者的工资可以高于本企业职工年平均收入的 1~3 倍，人力资本的价值开始显现。1988 年 2 月国务院颁布的《全民所有制工业企业承包经营责任制暂行条例》规定了当企业经营者的合同目标未达成时，经营者的收入的扣减幅度以及应承担的相关经济责任。1989 年党的十三届五中全会通过的《中共中央关于进一步治理整顿和深化改革的决定》指出，企业承包经营责任制有利于调动企业经营者和员工的生产积极性，应该继续坚持。因而，1989—1992 年国有企业改革的主导思路仍然是完善企业承包经营责任制。

从 1978—1992 年国有企业改革的发展历程来看，国有企业的所有权和经营权形成一定的分离，以企业承包经营责任制、租赁制、股份制为主的企业发展形式逐步建立，将企业留存利润交给企业自由处置的方式有效地激励了企业经营者和员工的积极性，企业职工的收入与企业利润挂钩，提升了企业的业绩，在承包经营责任制的思维下，我国经营者的激励机制开始形成。当然，我们可以注意到这一阶段政府和企业间的关系仍然十分紧密，企业的自主经营权仍无法充分落实，市场机制尚未形成，经营者薪酬与企业经营成果的相关度较弱，行政激励仍具有显著的作用。

3.1.1.2　规范阶段（1993—2002 年）

1992 年邓小平同志的南方谈话和十四大提出的关于建设社会主义市场经济体制的要求，标志着国有企业改革从放权让利、两权分离的阶段进入以建立现代企业制度和实施国有企业战略性改组为特征的新阶段。1993 年 11 月，党的十四届三中全会通过了《中共中央关于建立社会主义市场经济体制若干问题的决定》，首次提出了国有企业改革的目标和方向是建立“产权清晰、权责明确、政企分开、管理科学”的现代企业制度。在此背景下，多数国有企业已按照《中华人民共和国公司法》进行注册，国有企业从形式上形成了所有权和经营权分离的委托代理机制，股东大会、董事会和监事会等机构逐步建立，公司治理机制从行政化的治理模式逐步向市场化的治理模式转变，这表明了我国国有企业改革的全面展开。

1997 年 9 月召开的十五大强调要调整和完善所有制结构，探索公有制的多种实现形式，从战略上调整国有经济布局，对国有企业实施战略性改组。1999 年 9 月党的十五届四中全会通过了《中共中央关于国有企业改革和发展若干重大问题的决定》，提出国有企业应该有进有退，积极探索公有制的多种有效实现形式，大力发展股份制和混合所有制经济。这意味着国有企业公司化改制的要求进一步明确。

这一阶段国有企业激励制度也由承包经营责任制转变为年薪制，并向多元化发展。1992年，国务院和劳动部联合发布的《关于改进完善全民所有制企业经营者收入分配办法的意见》，提出应将企业经营者收入和企业绩效联系起来，并将国有企业资产保值增值作为管理层收入确定的重要依据。1992年6月，上海市轻工局决定在英雄金笔厂等4家企业率先实行经营者年薪制试点，将经营者的年薪确定为1万~2万元。1994年，劳动部制定了《企业经营者年薪制试行办法》，但因故没有颁布执行。同年，深圳、北京、江苏、广东、河南、辽宁、浙江、湖南、湖北等地也开展了关于企业经营者年薪制的试点工作。1995年，国有资产管理局开始实施国有资产保值增值考核，将新增绩效工资与资产的保值增值结合考察。同年，财政部根据国有企业监管要求和财务制度规定公布了企业经济效益评价指标体系，其中包括资本收益率、销售利润率、总资产报酬率等十项指标。1999年9月，党的十五届四中全会通过的《中共中央关于国有企业改革和发展若干重大问题的决定》，明确提出建立与现代企业制度相适应的收入分配制度，实行董事会、管理层成员按照各自职责和贡献获取报酬的办法，鼓励按劳分配，可适当拉开收入差距，允许资本、技术等生产要素参与收入分配。在此阶段，国有企业可以继续实施经营者年薪制度，并可同时引入经营人员持股等多重股权激励机制，极大地提高了经营者和员工的工作积极性。

该阶段年薪制的实施有利于提升企业经营者的工作效率，体现了企业经营者与企业利益共享、风险共担的思路，对企业经营者起到了极大的激励效果。但年薪制的试点也同时带来了一些问题。首先，年薪制的实施扩大了企业经营者与普通员工的收入差距，影响了普通员工的工作效率，从而不利于企业绩效。其次，企业经营者的年薪制定标准是以普通员工的工资收入为基础的，这也会导致经营者和员工之间难以形成平衡，激励不到位的现象时有发生。最后，年薪制的绩效考评体系也不完善，造成企业经营者过度重视企业的短期绩效，而忽视企业长期发展，从而造成经营者的短视行为。因此，年薪制的激励机制有待进一步完善。

3.1.1.3 完善阶段（2003年至今）

2002年，党的十六大报告提出“要建立中央政府和地方政府分别代表履行出资人职责，享有所有者权益，权力、义务和责任相统一，管资产和管人、管事相结合的国有资产管理体制[①]”。2003 年 3 月，国有资产监督管理委员会正式成立，随后各地方的国有资产监督管理委员会也逐步成立，中央政府和地方政府分级管理资产、人员和具体事务的两级国有资产管理体制逐步形成。2007 年，党的十七大报告指出“要深化国有企业公司制、股份制的改革，健全现代企业制度，优化国有企业经济布局和结构，增强国有经济活力、控制力、影响力。以现代产权制度为基础，发展混合所有制经济”。

2013 年 11 月，党的十八届三中全会通过了《中共中央关于全面深化改革若干重大问题的决定》，提出经济体制改革的重点是处理好政府和市场间的关系，使市场在资源配置过程中起到决定性作用；在企业制度方面，推动和完善国有企业现代企业制度，准确界定不同国有企业功能，加大国有资本对公益性企业的投入，继续对自然垄断行业实施控股。2015 年 9 月，中共中央、国务院印发了《关于深化国有企业改革的指导意见》，对深化国有企业改革做出重大部署，随后，深化国有企业改革“1+N”顶层设计系列文件逐步构建完成。2016 年 12 月，国有资产监督管理委员会印发了《中央企业负责人经营业绩考核办法》，指出应基于企业功能定位实行分类考核，提高中央企业负责人业绩考核的科学性和针对性，以贯彻党中央、国务院关于深化国有企业改革和中央企业负责人薪酬制度改革的重大部署。

在改革完善阶段，国有企业从建立现代企业制度、实施国有企业战略性改组，逐步到建立现代企业产权制度，可以说经历了一次与传统改革有根本区别的突破性变革，它是以产权为中心，克服了国有企业所有者缺位的弊端，从政企分开到政资分开，从单一的高度集中的产权模式到多元化的产权模式。现代企业制度的建立明晰了产权的关系，发挥了产权的激励和约束效用，有效地激励了职工的主观能动性。同时，对根据国有企业功能界定分类实施的改革、发展和监督，也符合现代企业多元化的发展需求。

在国有企业薪酬激励政策方面，2003 年 11 月，国有资产监督管理委员会颁布了《中央企业负责人经营业绩考核暂行办法》，指出会考虑中央不同国有企业在行业、规模、资产质量和发展基础上的差异性，制定共性要求和个性要求相结合的考核指标体系，将经营者的年薪和绩效挂钩，并

① 来源于《中国共产党第十六次全国代表大会报告》。

把利润总额和净资产收益作为年度考核的主要指标，最大程度上的激励国有企业经营者的工作绩效。2004 年 11 月，国有资产监督管理委员会再次发布《中央企业负责人薪酬管理暂行办法》，强调中央企业负责人的薪酬应由基础薪酬、绩效薪酬和中长期激励薪酬共同组成。其中，基础薪酬由企业的经营规模、经营管理难度等因素综合决定，绩效薪酬采取与经营业绩挂钩的方式进行确定，中长期激励薪酬主要指股票激励。2006 年 12 月，国有资产监督管理委员会再次下发《中央企业负责人经营业绩考核暂行办法》，对具体内容进行了细化。2007 年 12 月、2008 年 2 月，国有资产监督管理委员会又相继颁布了《中央企业负责人年度经营业绩考核补充规定》，对分类指标进行了细化，增加了约束性指标，修改了未完成考核目标的计分办法。2008 年 8 月，国有资产监督管理委员会规定《中央企业综合绩效评价管理暂行办法》开始实施，将按照优、良、中、低、差五个等级对中央企业进行综合绩效评价，评价结果将成为中央企业负责人年度和任期考核的重要参考指标。2009 年 10 月，国有资产监督管理委员会发布了《关于进一步加强中央企业全员业绩考核工作的指导意见》，指出要充分认识和加强中央企业全员业绩考核工作的重要性，正确把握全员业绩考核工作的原则，全面落实全员业绩考核工作的要求。

年薪制的确立以及国有企业经营者激励机制的完善有效地激励了企业经营者的工作热情，国有企业的经营绩效获得了大幅度的改善，经营者收入与企业业绩挂钩的模式也使得国有企业的经营者收入大幅度提升。但与此同时，国有企业经营者薪酬水平与管理者的自身能力以及其工作努力程度不符、国有企业经营者的薪酬具有向下的刚性、国有企业经营者与普通员工的收入差距过大等现象，都伴随着国有企业管理层薪酬水平的持续上升，引发了社会公众的质疑和强烈不满。

随着金融危机的爆发，我国国有企业业绩普遍下滑，经济环境持续恶化，2009 年 2 月财政部下发了《金融类国有及国有控股企业负责人薪酬管理办法（征求意见稿）》，规定国有金融企业负责人的最高年薪不得超过 280 万元，以避免收入分配的不均。2009 年 9 月，人力资源和社会保障部、中央组织部、监察部、财政部、审计署、国有资产监督管理委员会联合下发了《关于进一步规范中央企业负责人薪酬管理的指导意见》，强调应坚持政府监管与市场调节相结合，主要从适用范围、薪酬规范管理的基本原则以及薪酬的结构和水平等多方面对中央国有企业负责人的薪酬做出规范，最终促使国有企业管理层激励制度做到结构合理、水平适当、管理规范，将中央国有企业负责人的基本薪酬与普通员工薪酬进行挂钩，限定了负责人与普通员工之间薪酬差距的倍数，因而也被称为中国版的“限薪令”。2012 年 12 月，国有资产监督管理委员会发布了《中央企业负责人经营业绩考核暂行办法》，旨在切实履行企业国有资产出资人职责，促使国有企业建立有效的激励和约束机制。

2014 年 8 月，中共中央政治局审议通过了《中央管理企业负责人薪酬制度改革方案》，中央国有企业负责人薪酬由过往的基本年薪和绩效年薪两部分，调整为基本年薪、绩效年薪、任期激励收入三部分。具体的薪酬制度改革方案包括了“完善制度、调整结构、加强监管、调节水平、规范待遇”五个方面的内容。其中最核心的内容是明确了下一步中央国有企业负责人薪酬将采取差异化的薪酬管制模式，综合考虑国有企业管理层当期业绩和中长期的发展状况，重点对行政任命的中央国有企业的负责人以及部分垄断性的高收入行业的中央国有企业负责人薪酬水平实施限高，从而达到抑制中央国有企业管理层过高薪酬和缩小与普通职工收入差距的目的。

2015 年 1 月 1 日，《中央管理企业负责人薪酬制度改革方案》正式实施，首批改革的企业涉及 72 家中央国有企业的管理层。2015 年 12 月，国有资产监督管理委员会、国家发展和改革委员会、财政部联合颁布的《关于国有企业功能界定与分类的指导意见》也明确了应根据不同国有企业的功能定位，实施差异化的考核标准，对于处于充分竞争性行业和领域的商业类国有企业，考核的重点应为经营业绩指标、国有资产保值增值和市场竞争能力；对于主业处于关系国家安全、国民经济命脉的重要行业和关键领域、主要承担重大专项任务的商业类国有企业，应合理确定经营业绩和国有资产保值增值指标的考核权重，加强对服务国家战略、保障国家安全和国民经济运行、发展前瞻性战略性产业以及完成特殊任务情况的考核；对于公益类的国有企业，重点考核成本控制、产品质量、服务水平、营运效率和保障能力。

总的看来，我国国有企业的薪酬激励制度在该阶段发生了较大的变化，已经建立起了市场经济环境下基于效率为目标的管理层薪酬结构体系，并且管理层薪酬的结构呈现多元化、中长期激励相结合的结构特点，同时针对国有企业管理层薪酬的差异化管制模式也将成为未来我国管理层薪酬激励制度改革的重点。

3.1.2 国有企业管理层股权激励制度调整概况

我国国有企业管理层股权激励制度的变迁大致可以分为以下三个阶段：

3.1.2.1 管理层持股阶段（1978—1998 年）

在我国，管理层持股有着自身特定的历史背景。20 世纪 80 年代改革开放以后，一部分乡镇集体企业和少数国有企业开始探索多种所有制混合的企业形式，企业的内部集资是当时企业产权改革最常用的方式，由此，便形成了企业内部职工持股，而当时的国家政策总体看来是鼓励国有企业改制过程中设置一部分内部职工股。企业内部职工股的发行主要有两种模式：一种是在有个人购买额度限制的条件下，企业内部职工使用自己的资金购买企业对内发行的股票；另一种是企业依据职工的工作业绩分配股票数量，而购买股票的资金来自于企业早期的留存利润。之后国家对企业内部职工股的发行进行了规范。1989 年 6 月，中国人民银行发布了《中国人民银行关于加强企业内部集资管理的通知》，要求对企业内部集资行为实行统一管理、分级审批、额度限制的规范。1992 年，国家经济体制改革委员会颁布的《股份有限公司规范意见》也要求企业定向募集资金所形成的企业内部职工股不得超过公司股份发行总额的 20%，后来下调至 2.5%，并规定这部分股权需在配售后满 3 年才能上市转让。

在经历一系列规范过后，部分实行股份制改革的企业成为了上市公司，企业原来通过内部集资形成的职工持股也成为了上市公司的内部职工股，而内部职工股的上市转让给一批人带来了巨额财富①，从而促使许多没有获得发行额度的公司也私下向职工发行认股权证。1993 年 4 月，国家经济体制改革委员会发布了《关于制止发行内部职工股不规范做法的通知》。1994 年 6 月，国家经济体制改革委员会又发布了《关于立即停止审批定向募集股份有限公司并重申停止审批和发行内部职工股的通知》。1995 年 10 月，中国证监会在《关于对股票发行中若干问题处理意见的通知》中指出：若新股发行的公司其内部职工股具备发行额度，经审查后，内部职工股可随新股一起上市流通；若新股发行的公司其内部职工股不具

① 企业通过内部集资所形成的内部职工股的发行价通常远远低于在股票市场上的发行价，而国家相关规定又认可内部职工股在股票市场上的流通，这样就会形成较大的价差，许多人就会先低价购买内部职工股，当企业上市后通过股票市场以高价位套现谋取巨额收益。基于暴富的目的，以定向募集方式设立的公司数量急速增长。

备发行额度，则内部职工股需在新股发行三年后才具备流通资格。1996年12月，证监会发布的《关于股票发行工作若干规定的通知》规定，原定向募集公司经批准转为社会公开募集公司时，从新股发行之日起满三年，其内部职工股才能上市交易；对于采取募集设立的股份公司，其职工可按照不超过社会公众股10%的比例认购本公司股票，但人均不能超过5 000股。由于企业内部职工股逐渐成为某些人非法获取私有收益的方式，1998年11月证监会发布了《关于停止发行公司职工股的通知》，禁止所有新上市企业发行内部职工股。所以，现阶段企业管理层所持有的公司股份主要源于企业创业阶段管理层的原始股，少部分是通过奖励形式获得的，通过企业内部职工股方式形成的管理层持股已不存在。

3.1.2.2　股权激励探索阶段（1999—2005年）

1980年后实施的承包经营责任制，按照所有权和经营权相分离的原则，通过签订承包经营合同的形式，确定国有企业与国家之间的权、责、利关系，从而实现企业自主经营、自负盈亏的状态，在企业向国家上缴了固定数量的利润后，企业可以对剩余利润进行自由处置，从一定程度上激励了国有企业经营者的工作积极性。但这种激励方式具有短期化激励特征，并存在诸多的问题，1992年后，承包经营责任制已经不再实施，转而发展成为经营者年薪制。年薪制的实施有利于提升企业经营者的工作效率，体现了企业经营者与企业利益共享、风险共担的思路，对企业经营者起到了极大的激励效果，但这种激励方式仍是一种短期化的激励契约，无法将国有企业经营者的利益与企业长期发展绑定起来。因而，我国上市公司在该阶段开始对股票期权激励制度进行了积极地探索，但由于法律和制度环境的制约，该阶段的股权激励措施难以发挥其应有的效果。

1999年9月，党的十五届四中全会通过了《中共中央关于国有企业改革和发展若干重大问题的决定》，其中特别指出，国有企业可以继续企业经营者年薪制和管理层持股等分配方式，这是中央首次将持有股权的激励方式作为国有企业经营者的激励机制。2001年3月发布的《国民经济和社会发展第十个五年计划纲要》指出，对国有上市公司负责人和技术骨干，除了实施年薪制之外，还可以试行期权制，这在政策上进一步鼓励了股票期权激励模式的实施。2003年11月国有资产监督管理委员会发布的《关于规范国有企业改制工作的意见》和2004年4月国有资产监督管理委员会和科学技术部发布的《关于高新技术中央企业开展股权激励试点工作的通知》，对管理层收购和股权激励试点工作做出了一系列具体的规定。但由于管理层收购过程中的不规范行为，导致了较为严重的国有资产流失问题。2005 年 4 月，国有资产监督管理委员会发布的《企业国有产权向管理层转让暂行规定》停止了国有企业管理层收购的行为。直至 2006 年 1 月，国有资产监督管理委员会发布《关于进一步规范国有企业改制工作的实施意见》，国有企业管理层收购行为再次放开，但严格控制企业管理层通过增资扩股持股。

在这一阶段，我国上市公司对管理层的股权激励方式进行了积极的探索，并形成了 9 种股权激励方式，包括业绩股票、股票增值权、经理层购股、管理层收购、变相股票期权、虚拟股票、延期支付计划、经营者参股关联企业和复合股权激励等。表 3-1 对这些股权激励模式进行了简要描述。

从表 3-1 可以看出，该阶段上市公司的股权激励方式丰富多样，表明上市公司对股权激励这种中长期激励模式有着强烈的需求。但由于我国上市公司股权分置的问题，以及《中华人民共和国公司法》《中华人民共和国证券法》等相关法律法规的不完善，以上股权激励模式能够真正达到实施效果的并不多，很多股权激励方案在制定后就没有实施，即使进入实施阶段，涉及的股票数量也较少，因而难以达到预期的激励效果。

表 3-1　股权激励探索阶段的激励模式

激励方式	释义	相关案例
业绩股票	公司根据被激励对象的业绩水平，以公司普通股形式支付给被激励对象。	佛山照明、天津泰达、天药股份、福建三农
股票增值权	公司授予激励对象在未来一定时期和约定条件下，获得规定数量的公司股票价格上涨所带来收益的权力。	中石化
经理层购股	公司经理层购买一定数量的本公司股票并在一定期限内锁定不能出售。	隆平高科、中远发展、浙江创业、浙大海纳
管理层收购	公司管理层利用借贷融资或股权交易收购本公司股票的一种行为。	宇通客车、尖峰集团、深圳方大、佛塑股份
变相股票期权	本公司内部的某个机构或部门代表授权者购买本公司的股票，或者委托公司外部的基金公司代为购买本公司的股票，再授予本公司管理层股票期权。	长源电力、清华同方
虚拟股票	公司授予激励对象一种“虚拟股票”，激励对象可以据此享有相应股票升值收益和分红权力。	银河科技、上海贝岭

表3-1(续)

激励方式	释义	相关案例
延期支付计划	公司将激励对象的部分薪酬，特别是股权激励收入、年度奖金等，按照授予当日公司股票价格折算成一定数量的股票，在规定期限届满以后或者激励对象退休后，按照到期时的股票价格以现金方式支付给激励对象。	武汉中商、宝信软件、武汉中百、三木集团
经营者参股关联企业	公司经理层被批准参股甚至控股上市公司的关联企业，这种情况通常发生于上市公司的下属企业发生改制的过程中。	春兰股份、广州药业、浙江阳光、天目药业
复合股权激励	上述多种股权激励方式的综合运用。	广州药业、吴忠仪表

上述上市公司股权激励的案例源自：胡经生．经理股票期权：作为凸显激励的相关问题及其在中国的应用研究［D］．上海：复旦大学，2005．

3.1.2.3　股权激励发展阶段（2006年至今）

2006年后，我国上市公司的管理层股权激励机制在法律环境、制度环境、会计环境、税收环境等方面逐步完善，上市公司的股权激励机制进入新的发展阶段。

法律环境方面，2005年修订前的《中华人民共和国公司法》规定“公司不得收购本公司的股票，但为减少公司资本而注销股份或者与持有本公司股票的其他公司合并时除外，并且公司购回的股票必须在十日内注销”。即上市公司不得持有本公司的股票，那么股票期权激励的股票来源问题在旧的法律规定下无法解决。而2005年修订的《中华人民共和国公司法》在上市公司回购本公司股票方面作了修订，增加了上市公司可以回购股份的条款，并允许对回购的股份在一定期限内持有，还确认了上市公司可以将回购股票做为员工奖励，但不得超过本公司已发行股份总额的5%，股票期权激励的股票来源问题得以解决。

在股票期权的相关股票流通方面，修订前的《中华人民共和国公司法》规定“发起人持有的本公司股份，自公司成立之日起三年内不得转让。公司董事、监事、经理应当向公司申报所持有的本公司股份，并在任职期间不得转让”。修订前的《中华人民共和国证券法》也规定“高管人员不得买入或卖出本公司股票”。股票期权的最终激励方式是让管理层在期权到期时转换成股票，通过出售股票实现股票期权激励的预期收益，但修订前的《中华人民共和国公司法》和《中华人民共和国证券法》都阻碍了上市公司管理层在任职期间将股票期权折现，这导致股票期权计划的激励效果受到了严重的制约。修订后的《中华人民共和国公司法》规定“公司管理层所持本公司股份自公司上市交易之日起一年内不得转让，并且管理层在任职期间每年转让的股份不得超过其所持有本公司股份的25%，管理层离职半年内也不得转让所持有的股票”。修订后的《中华人民共和国证券法》也放宽了股权激励对象转让本公司股票在时间上的限制。我们可以看到，修订后的《中华人民共和国公司法》和《中华人民共和国证券法》虽然对管理层在任职期间的股票转让进行了一定的限制，但相对于旧的规定有一定程度上的放宽，这种限制已不再对上市公司实施股权激励计划构成障碍。

制度环境方面，在我国股票市场发展初期，基于稳定股票市场和为国有企业改革脱困的考虑，上市公司的股票被划分为流通股和非流通股两种。非流通股是指上市公司不能在交易市场上自由买卖的股票，包括国家股、发起法人股、外资法人股、募集法人股、内部职工股等；而流通股是指可以在交易市场自由流动的股份，分为A股、B股和H股等。这两类股票除了在流通性上有差异外，其他权力和义务都相同。但股票的这种划分却为上市公司的治理带来了诸多问题。一是由于非流通股股东与流通股股东的利益目标不一致，导致非流通股股东侵占流通股股东利益的事件时有发生，如不公平的股利分配政策、实际控制人扭曲的战略行为等。二是非流通股的存在影响了市场的价格发现功能和资源配置功能。2004年2月，国务院颁布的《关于推进资本市场改革开放和稳定发展的若干意见》为完善资本市场的建设提出了建议和要求，也为股权激励机制的实施创造了基础环境。2005年4月，中国证监会发布的《关于上市公司股权分置改革试点有关问题的通知》，标志着股权分置改革序幕的拉开。2007年，我国上市公司的股权分置改革基本完成，我国股票市场进入全流通时代。股票全流通后，资本市场形成了客观的市场定价机制，股票价格能够反映公司的真实价值，因而管理层的努力程度也可以通过股价得以反映，控股股东与中小股东的利益也趋于一致，企业价值得以提升。

在会计环境和税收环境方面，2006年2月，财政部颁布的《企业会计准则中》对股权激励的财务会计处理有了明确的规定，使股权激励在会计信息披露中得以反映。2009年，财政部和国家税务总局相继颁布了《关于股票增值权所得和限制性股票所得征收个人所得税有关问题的通知》和《关于上市公司高管人员股票期权所得缴纳个人所得税有关问题的通知》，使股权激励机制在税收规范上得以配套。

以上在法律环境、制度环境、会计环境、税收环境方面的政策修订为股权激励的实施打造了良好的基础环境，2006 年国有资产监督管理委员会、财政部、证监会等相关部门颁布的《上市公司股权激励管理办法》和《国有控股上市公司（境内）实施股权激励试行办法》，使我国上市公司的股权激励制度及其配套措施更加规范和完善。

3.1.3 国有企业管理层在职消费制度调整概况

作为公司契约不完备的产物，在职消费现象在我国国有企业中普遍存在。为了规范国有企业管理层的在职消费行为、遏制过度在职消费情况的发生，我国政府出台了一系列关于在职消费的制度规范。

2004 年 6 月，国有资产监督管理委员会颁布了《中央企业负责人薪酬管理暂行办法》，在规范中央国有企业管理层薪酬的同时，也对管理层的在职消费行为进行了专门的规定。2004 年 12 月，中纪委、中组部、监察部、国有资产监督管理委员会联合发布的《国有企业领导人廉洁从业若干规定（试行）》明确禁止了 6 项职务消费，对在职消费的规定更加细化。2006 年 6 月，国有资产监督管理委员会颁布了《关于规范中央企业负责人职务消费的指导意见》，首次对职务消费做了内容上的界定，强调建立健全规范职务消费的规章制度，增强了在职消费的透明度。2009 年 7 月中共中央办公厅和国务院办公厅联合印发了《国有企业领导人员廉洁从业若干规定》，将适用对象扩大至国有独资企业、国有控股企业及其分支机构的领导班子，明确禁止了 8 项职务消费行为。2009 年 9 月，人力资源社会保障部、财政部、监察部、审计署、国有资产监督管理委员会等相关部门联合颁布了《关于进一步规范中央企业负责人薪酬管理的指导意见》，多部委的联合也增强了在职消费制度规范的权威性。2012 年 2 月，财政部、监察部、审计署及国有资产监督管理委员会又联合发布了《国有企业负责人职务消费行为监督管理暂行办法》，对 12 种在职消费实施明令禁止，相关的在职消费规定内容更加细致严密，规范范围更加宽广。

3.2 国有企业管理层激励现状分析

2003 年 11 月，国有资产监督管理委员会颁布了《中央企业负责人经营业绩考核暂行办法》，标志着我国国有企业管理层薪酬制度正式步入规范化的轨道，为了能够清晰地呈现出国有企业管理层激励的整体现状，本书选取 2003—2014 年沪深两市 A 股上市公司作为研究样本，并进行如下筛选：①剔除金融类企业；②剔除 ST、*ST、PT、S、S*ST、SST 类样本；③剔除相关变量不全的样本；④为消除极端值的影响，将管理层激励变量在 0~1%和 99%~100%之间的样本进行 Winsorize 处理。本书的管理层激励数据主要通过 CSMAR 数据库、WIND 数据库以及手工收集获得，此外还对数据库收集的部分数据与年报进行了比对和更正，最终国有企业样本共有 8 910 个观测值，非国有企业样本共有 10 723 个观测值。

本章主要观测变量及其解释说明如下：

管理层货币薪酬，参照 Kato and Long（2006），Firth et al.（2007），权小峰（2010）和方军雄（2009、2011）对高管薪酬的定义，选择上市公司年报中披露的“薪酬最高的前三位高级管理人员”作为“管理层”，取其平均薪酬作为管理层货币薪酬的衡量指标。同时，也对管理层货币薪酬进行规模化处理，用管理层货币薪酬除以企业主营业务收入总额再乘以 10 000 表示。

管理层相对薪酬，参照陈信元等（2009）、刘春和孙亮（2010）、黎文靖（2012）等的方法，用前三位高级管理人员的人均薪酬与员工人均薪酬的比值表示。

管理层在职消费，参照夏东林（2004）、陈冬华等（2005）和罗宏（2008）对在职消费的计量方式，主要通过查阅上市公司年报附注中“支付的其他与经营活动相关的现金流量”这一明细项目，对其进行手工收集得到在职消费数据。年报中通常会对管理费用中数额较大的项目明细予以披露，而其中部分项目与管理层的在职消费相关，因此我们将与管理层在职消费相关的项目分为八类：办公费、差旅费、企业招待费、通信费、出国培训费、董事会费、交通费和会议费，这些项目最可能成为管理层谋取个人私利的途径，我们将这些明细项目数据进行加总即得到管理层的在职消费数据。

管理层持股，用高级管理人员持股数量占本公司总股本的比例表示。

管理层股权激励计划，企业公布管理层的股权激励计划取1，否则取0。更进一步，将股权激励具体分为限制性股票、股票增值权和股票期权三种形式。

3.2.1　国有企业管理层货币薪酬现状

图3-1是国有企业与非国有企业管理层货币薪酬的对比趋势图。可以看到，在2005年以前，非国有企业管理层的货币薪酬都是高于国有企业管理层的货币薪酬。但随着2006年后《中央企业负责人经营业绩考核暂行办法》《中央企业负责人年度经营业绩考核补充规定》《中央企业综合绩效评价管理暂行办法》《关于进一步加强中央企业全员业绩考核工作的指导意见》等一系列政策对2003年的《中央企业负责人经营业绩考核办法》政策的完善和细化，国有企业管理层薪酬与企业绩效的联系更加紧密。2006年后，国有企业管理层的货币薪酬开始高于非国有企业管理层的货币薪酬。

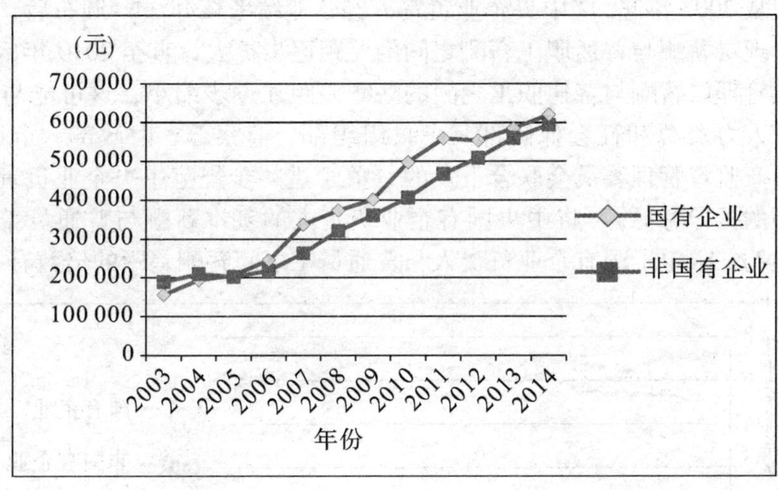

图3-1　国有企业与非国有企业管理层货币薪酬年份变化趋势图

图3-2是将国有企业和非国有企业管理层货币薪酬进行规模化后的比对分析图。可以看到，将管理层的货币薪酬按照企业主营业务收入进行规模化后，与图3-1的管理层绝对货币薪酬对比不同，非国有企业管理层货币薪酬指数大约是国有企业管理层货币薪酬指数的一倍。也即是说，当国

有企业与非国有企业的管理层都为企业创造相同的财富时，非国有企业管理层获得的报酬是远远高于国有企业管理层的，从而显示了国有企业管理层可能面临激励不足的境况，这与我国国有企业管理层长期受到薪酬管制的背景是密切相关的。

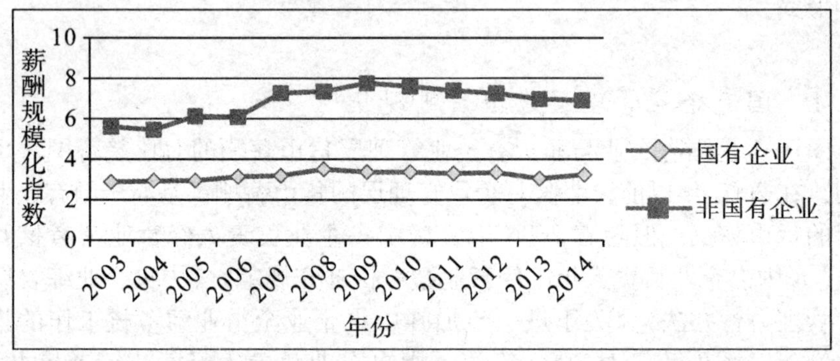

图 3-2　国有企业与非国有企业管理层货币薪酬规模化后的年份变化趋势图

从图 3-3 中关于国有企业与非国有企业管理层相对薪酬比较分析可以看出，国有企业管理层相对薪酬是显著低于非国有企业管理层相对薪酬的。但从 2003 年起，《中央企业负责人经营业绩考核办法》颁布后，国有企业管理层薪酬与普通职工薪酬之间的差距逐步扩大，直至 2010 年后，国有企业管理层薪酬与普通职工之间的薪酬差距才逐步缩小，这可能与 2009 年 9 月人力资源和社会保障部、中央组织部、监察部、财政部、审计署、国有资产监督管理委员会联合下发的《关于进一步规范中央企业负责人薪酬管理的指导意见》，将中央国有企业负责人的基本薪酬与普通员工薪酬进行挂钩，限定了国有企业负责人与普通员工之间薪酬差距的倍数有关。

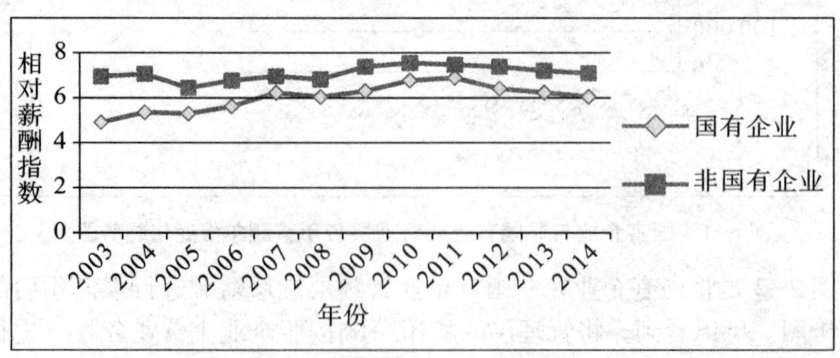

图 3-3　国有企业与非国有企业管理层相对薪酬年份变化趋势图

表 3-2 为上市公司管理层货币薪酬的统计性描述分析，我们将这些上市公司按照一定的特征进行分类，并对各组内部的差异进行比较分析。具体的，我们将所有上市公司分为国有企业和非国有企业两类，进一步，我们将国有上市公司按照企业的功能定位、政府的控制程度以及控制层级分为充分竞争性行业和非充分竞争性行业的国有企业、政府直接持股和政府间接持股的国有企业、中央和地方的国有企业三类。从表 3-2 可以看到，国有企业管理层货币薪酬的均值和中位数都显著小于非国有企业管理层的货币薪酬，表明国有企业管理层薪酬可能面临管制。将国有企业进一步分类进行比较，可以看到：首先，主业处于充分竞争性行业的国有企业管理层的货币薪酬均值高于主业处于非充分竞争性行业的国有企业管理层的货币薪酬均值，但中位数比较却是后者大于前者，并且两种比较方法都没有形成统计意义上显著的差异；其次，由于政府与企业之间并无层级的间隔，政府对直接持股企业管理层的监督和干预会更为严格，因而导致其货币薪酬无论是在均值比较还是中位数比较中均显著的低于政府间接持股的国有企业管理层；最后，无论是均值比较还是中位数比较，中央国有企业管理层的货币薪酬都显著高于地方国有企业管理层的货币薪酬，这可能是由于中央国有企业掌控了更多的政治和经济资源，其企业的经营效益更高，因而能向管理层提供更多的货币薪酬，而地方国有企业更注重经营绩效和成本的控制，因而向管理层发放了更低的货币薪酬。

表 3-2　　上市公司管理层货币薪酬描述性统计分析　　单位：元

样本	均值	t 检验	中位数	z 检验	最大值	最小值	样本量
所有上市公司							
国有企业	380 752	-8.81***	284 571	-11.25***	5 217 967	5 000	8 910
非国有企业	429 865		321 400		9 513 267	3 600	10 723
国有上市公司							
充分竞争性行业	383 612	1.36	280 233	-1.47	5 217 967	5 000	6 939
非充分竞争性行业	370 678		298 471		3 748 067	10 258	1 971
政府直接持股	352 091	-2.08**	258 476	-3.37***	3 748 067	9 600	679
政府间接持股	383 017		286 667		5 217 967	5 000	8 231
中央国有企业	477 459	10.51***	406 600	13.70***	2 195 600	30 839	1 081
地方国有企业	362 300		271 333		2 195 600	30 829	7 829

注：*、**、*** 分别表示统计显著水平 0.10、0.05、0.01。

3.2.2 国有企业管理层股权激励现状

2005 年 4 月中国证监会发布的《关于上市公司股权分置改革试点有关问题的通知》，以及《中华人民共和国公司法》和《中华人民共和国证券法》对相关股权激励条款的修订，为我国管理层股权激励方案的实施在法律环境和制度环境方面营造了良好的基础。同时，2006 年国有资产监督管理委员会、财政部、证监会等相关部门颁布的《上市公司股权激励管理办法》和《国有控股上市公司（境内）实施股权激励试行办法》标志着我国上市公司的股权激励制度及其配套措施的规范和完善。从上市公司管理层股权激励的描述性统计分析来看（见表 3-3），无论是在管理层持股份额还是上市公司宣布股权激励计划，国有企业的均值和中位数都显著小于非国有企业，导致这种现象的产生有两方面的原因：一是国有企业所承担的政策性负担削弱了管理层努力程度与公司利润和公司股价之间的关系，国有企业收益的不确定性降低了管理层股权激励的效果。二是国有企业管理层行政任命的方式也与股权激励制度存在矛盾。首先，政府任命的管理层实行的是轮岗制度，其在企业的管理职位会有一定的任期，到期之后便会转到其他的企业或政府部门任职，这与股权激励注重企业长期发展的理念相违背；其次，政府任命的管理层的人事档案人仍留在政府，如果其通过在国有企业内工作的方式获得了股权激励，那么相对于其他政府工作人员来说是不公平的，这样拉大了官员之间的薪酬差距；最后，政府任命的管理层更看重在职消费和政治晋升等隐性激励，这与股权激励将企业价值与管理层显性激励相绑定的初衷违背，这导致股权激励可能并不会发挥相应的激励作用。肖婷婷（2015）指出，国外国有企业对管理层股票期权的激励采用的是比较慎重的策略。虽然股票期权相对于传统的长期激励薪酬而言存在优势，但在国外垄断性、亏损性、公益性国有企业中实施股票期权制度的并不多见，即使是处于市场充分竞争性领域的国有企业，实施股票期权激励的管理层也仅限于具有职业背景的高管，而对于行政任命的高管实行的是公务员工资制度，这可能是由于国有企业管理层薪酬与绩效的相关度远远不及民营企业有关。①

① 很多学者研究表明，国有企业管理层薪酬会受到国家政策、社会舆论等影响。

表 3-3　　上市公司管理层股权激励描述性统计分析

样本	均值	t 检验	中位数	z 检验	最大值	最小值	样本量
管理层人员持股比例							
国有企业	0.003	-61.1***	0	-47.95***	0.346	0	8 458
非国有企业	0.152		0.001		0.994	0	10 410
公布股权激励计划							
国有企业	0.009	-18.61***	0	-18.45***	1	0	8 912
非国有企业	0.059		0.001		1	0	10 723

注：*、**、*** 分别表示统计显著水平 0.10、0.05、0.01。

表 3-4 显示，自 2006 年颁布《上市公司股权激励管理办法》和《国有控股上市公司（境内）实施股权激励试行办法》起，截至 2014 年年底，共有 756 家上市公司公布了股权激励方案，各年宣布股权激励方案的上市公司数量逐年增多，占上市公司的比重也逐年增加。2014 年大约有 6.37% 的上市公司宣布了股权激励计划，从这个数字看来，股权激励在我国的应用相较于欧美发达国家还有不小的差距。① 在 2006—2014 年累计公布股权激励计划的 756 家上市公司中，有 84 家是国有企业，其余的 672 家为非国有企业，可见由于受国有企业相关行政因素的影响，股权激励计划在国有企业中的运用并不多。

表 3-4　　股权激励计划历年分布表

年度	公布股权激励计划的累计公司数量	上市公司数量	占当年上市公司总量的百分比
2006	38	1 334	2.84%
2007	53	1 456	1.03%
2008	118	1 507	4.31%
2009	143	1 656	1.5%
2010	217	1 997	3.7%
2011	337	2 182	5.49%
2012	460	2 279	5.39%

① 根据韬睿咨询公司全球总薪酬报告，2008 年法国、爱尔兰、意大利、荷兰、英国等欧洲国家的股票薪酬大约占管理层薪酬总额的 19.3%，而美国管理层股票薪酬占其总薪酬的比例大约为 45.9%。

表3-4(续)

年度	公布股权激励计划的累计公司数量	上市公司数量	占当年上市公司总量的百分比
2013	605	2 302	6.29%
2014	756	2 369	6.37%

表 3-5 显示，股权激励的具体标的可以分为股票增值权、股票期权、限制性股票三种形式，2006—2014 年公布股权激励预案的 756 家公司中，有 9 家采用了股票增值权激励方式，442 家采用了股票期权激励方式，305 家采用了限制性股票激励方式，占比分别为 1.19%、58.47%、40.34%，可见我国股权激励方式主要为股票期权和限制性股票两种。

表 3-5　　股权激励计划分类别情况表

年度	股票增值权		股票期权		限制性股票		合计
	家数	比例	家数	比例	家数	比例	
2006	0	0	31	81.58%	7	18.42	38
2007	1	6.67%	13	86.67%	1	6.67%	15
2008	1	1.54%	54	83.08%	10	15.38%	65
2009	0	0	17	68%	8	32%	25
2010	1	1.35%	57	77.03%	16	21.62%	74
2011	2	1.67%	81	67.50%	37	30.83%	120
2012	3	2.44%	65	52.85%	55	44.72%	123
2013	0	0	70	48.28%	75	51.72%	145
2014	1	0.66%	54	35.76%	96	63.58%	151
合计	9	1.19%	442	58.47%	305	40.34%	756

3.2.3　国有企业管理层在职消费现状

表 3-6 为上市公司管理层在职消费的描述性统计分析。同样的，我们将所有上市公司分为国有企业和非国有企业两类，进一步，我们将国有上市公司按照企业的功能定位、政府的控制程度以及控制层级分为充分竞争性行业和非充分竞争性行业的国有企业、政府直接持股和政府间接持股的国有企业、中央和地方的国有企业三类。由于国有企业管理层货币薪酬受到政府的管制，因此国有企业的管理层有更大的动机通过在职消费的方式

谋取私人利益，因而国有企业管理层的在职消费无论是均值还是中位数都显著高于非国有企业。进一步来看，主业处于充分竞争性行业的国有企业管理层的在职消费显著高于主业处于非充分竞争性行业的国有企业管理层的在职消费；政府间接持股的国有企业管理层的在职消费显著高于政府直接持股的国有企业管理层的在职消费，这可能是因为政府间接持股的公司由于政府与企业间还存在了诸如国有企业集团公司等控股公司，因而相较于政府直接持股的公司，这类企业受到的监督较小，因而在职消费更多；无论从均值还是中位数来看，中央国有企业管理层的在职消费都大于地方国有企业管理层的在职消费，这可能是因为中央企业掌控了较多的政治和经济资源，并承担了较重的政治目标任务，因此其管理层可能更看重在职消费，而地方国有企业的运营更偏向市场化经营，因而其管理层对在职消费就可能不太看重。

表 3-6　上市公司管理层在职消费描述性统计分析　单位：万元

样本	均值	t 检验	中位数	z 检验	最大值	最小值	样本量
所有上市公司							
国有企业	4 576	6.28***	1 629	8.75***	290 500	5	2 658
非国有企业	2 495		1 214		74 720	0.87	2 103
国有上市公司							
充分竞争性行业	5 079	2.63***	1 735	3.93***	290 500	5	2 171
非充分竞争性行业	2 904		1 411		71 620	14	487
政府直接持股	2 260	-1.79**	1 208	-3.14***	25 630	82	142
政府间接持股	4 753		1 659		290 500	5	2 516
中央国有企业	11 500	7.56***	2 050	4.08***	291 000	14	259
地方国有企业	3 600		1 590		178 000	5	2 399

注：*、**、*** 分别表示统计显著水平 0.10、0.05、0.01。

3.2.4　国有企业管理层激励制度的突出问题

从上述关于国有企业管理层激励的描述性统计分析中，笔者发现我国国有企业管理层的薪酬制度还存在着以下突出问题：

（1）国有企业管理层薪酬差异化的管制模式亟待完善

在对国有企业管理层薪酬的具体管理方式上，欧美国家普遍会根据国有企业所有权、功能定位和垄断地位等的不同，实施差异化的薪酬管理模式。例如对于水利、电力、铁路、邮政、港口等公益类国有企业，以及亏损或经营困难的企业，往往由国家全资持股或控股，其管理层的薪酬水平也参照公务员工资标准，或高于公务员工资水平的1~2倍；又如对于主业处于充分竞争性行业的国有企业或者具有较强盈利能力的国有企业，其管理层薪酬水平多参考市场化水平进行确定。关于国有企业管理层市场化薪酬的确定，美国政府会邀请第三方机构对国内同行业、相似规模的民营企业进行薪酬调查和分析，对于市场紧缺性管理人才，采用高于市场价格的薪酬水平；对于竞争能力一般或可被替代的管理人员，采用等于或低于市场水平的薪酬。

相较而言，我国国有企业数量庞大，涉及的经营范围较为广泛，经营模式较为多样，国有企业最终承担的政治目标、社会目标和企业目标也各不相同，这些方面与国外国有企业存在较大的不同。如此数量庞大和种类多样的国有企业体系，使得国有资产监督管理部门在信息获得的及时性和准确性方面存在天然的劣势，并且无法逐一考察和判断管理层的行为，从而很难与管理层签订具有个性化特征的薪酬契约。并且，由于大部分国有企业都承担了较重的政策性负担，管理层的努力程度与企业业绩之间的关联关系进一步的模糊，这就使得国有资产监督管理部门、国有企业、国有企业管理层三者之间的信息不对称程度更加严重，因而我们可以看到我国国有企业管理层的薪酬管理体制更倾向于整齐划一的模式。

然而，我国国有企业数量庞大，业务多元，企业业绩的好坏不能一概而论。有些企业承担了政府交予的较重的政策性任务，或是因经营业务处于关系国家安全、国民经济命脉的重要行业和关键领域，亦或是处于自然垄断的行业，具备这些特征的国有企业应与主业处于完全竞争性行业的国有企业相区分。以前缺乏多样性的薪酬管理体制严重影响了国有企业管理层工作的积极性和国有企业的发展，因而亟需对我国国有企业以及其管理层进行更加细致的研究和划分，实行差异化的管制。

2014年8月，中共中央政治局审议通过了《中央管理企业负责人薪酬制度改革方案》，2015年1月1日正式实施，这份薪酬制度方案改革的核心内容是明确了下一步中央国有企业负责人薪酬将采取差异化的薪酬管制模式，综合考虑国有企业管理层当期业绩和中长期的发展状况，重点对行政任命的中央国有企业的负责人以及部分垄断性的高收入行业的中央国有企业负责人的薪酬实施限高，从而达到抑制中央国有企业管理层过高薪酬和缩小与普通职工收入差距的目的。2015 年 12 月，国有资产监督管理委员会、国家发展和改革委员会、财政部联合颁布的《关于国有企业功能界定与分类的指导意见》也明确了应根据不同国有企业的功能定位，进行分类管理和实施差异化的考核标准，具体将国有企业分为主业处于充分竞争性行业的商业类国有企业、具有特殊功能或处于自然垄断的商业类国有企业以及公益类国有企业三类。虽然这些关于国有企业管理层薪酬差异化管制政策的推出有利于我国国有企业的进一步深化改革，但这仅仅是起步阶段，仍有许多具体的实施细节需要细化和完善。

（2）国有企业管理层多为政府行政任命，市场化薪酬制度难以推进

政府行政任命的管理层是指通过组织部任命、上级委派或调任等行政任命方式选拔的管理层。虽然中央政府大力推行国有企业去行政化的改革，逐步取消国有企业负责人的行政级别制度，但实际上这种改革的效果并不明显，国有企业管理层的任命权仍然在政府手中，国有企业管理层仍有各级党委的组织部管辖，中央政府和地方政府分别拥有中央和地方国有企业管理层的任命权，相应国有企业管理层职位的行政级别依旧存在。中央国有企业大多隶属于国务院专业部委的下属企业，其负责人主要由各自所属部委的领导转任，因此经政府部门转任的管理层自然拥有相应的行政级别。

以中央国有企业为例，排名前 53 名的为副部级中央国有企业，这些企业的管理层主要由中央组织部和国有资产监督管理委员会企业领导人员管理一局共同任命，并按照副部级相关的标准进行管理；除此而外的中央国有企业都为正厅级，由国有资产监督管理委员会企业领导人员管理二局任命，并按照正厅级相关的标准进行管理。自国有资产监督管理委员会成立以来，中央国有企业领导人的任命权逐渐由组织部转向国有资产监督管理委员会，形成了一套国有资产监督管理委员会为主，中央组织部为辅的中央国有企业领导人人事管理体系。①

在国有企业人员流动方面，早在 1990 年中共中央出台的《关于实行党和国家机关领导干部交流制度的决定》中就已经指出，中央和地方党政机关间、党政机关和国有企业事业单位间的官员可以相互交流和选任。除此而外，《中华人民共和国公务员法》也明确规定公务员可以同国有企业中从事公务的人员进行交流，这些法律法规的相关规定也为政府行政任命

① 杨瑞龙，王元，聂辉华．“准官员”的晋升机制：来自中国央企的证据［J］．管理世界，2013（3）：23-33.

国有企业管理层提供了政策上的依据。现实中，政府官员与国有企业管理层人员之间相互调动的例子也不少。如2007年，中国第一汽车集团公司总经埋、党委副书记、集团董事长竺延风调任吉林省委常委、副省长等职务，2015年又被调任至东风汽车公司董事长、党委书记等职务，职位上经历了从国有企业负责人到地方政府领导人，再由地方政府领导人转任国有企业负责人的过程。又如李小鹏2008年6月由中国华能集团总经理调任山西省副省长、省委副书记、省长等职务。

这种行政任命国有企业管理层的方式可能导致以下后果：首先，政府任命的管理层具有官员的特征，实行的是轮岗制度，其在企业的管理职位会有一定的任职期限，任职到期之后便会转到其他的企业或政府部门任职，这种有时限的任期要求与企业长期发展的目标会有冲突，政府任命的管理层在任期内可能更关注的是自己的政治晋升，而非企业的长期发展，使得他们在做企业决策时更看重政治目标而非经济效益目标。其次，政府任命的管理层的人事档案仍留在政府，属于政府官员，但其从企业所获得薪酬补偿的水平是远远高于同级别官员从政府部门所得的报酬的，这就会导致官员之间薪酬差距的拉大，从而导致不公平情绪的蔓延，进而使政府部门的官员都想调任企业任职。最后，政府任命的管理层更看重政治晋升带来的权力和地位上的提升，当国有企业薪酬面临管制时，并且政治抱负也不能实现时，其更可能会利用手中的权力，通过诸如过度在职消费等行为为自身谋取利益，从而损害企业价值。以上三点表明政府任命管理层的管理方式可能导致市场自发的经理人选聘制度和市场化薪酬制度无法实施。

（3）管理层激励结构不合理

根据韬睿咨询公司全球总薪酬报告，2008年法国、爱尔兰、意大利、荷兰、英国等欧洲国家的股票薪酬大约占管理层薪酬总额的19.3%，而美国管理层股票薪酬占其总薪酬的比例大约为45.9%，管理层薪酬结构的合理能够保证企业短期和长期目标共同实现。

2004年11月，国有资产监督管理委员会发布《中央企业负责人薪酬管理暂行办法》，强调中央国有企业负责人的薪酬应由基础薪酬、绩效薪酬和中长期激励薪酬共同组成。2014年8月，中共中央政治局审议通过了《中央管理企业负责人薪酬制度改革方案》，中央国有企业负责人薪酬由过往的基本年薪和绩效年薪两部分构，调整为由基本年薪、绩效年薪、任期激励收入三部分共同构成。可以看到，国有企业薪酬激励制度除了关注管理层的基础年薪和绩效年薪等短期激励外，同时也关注企业的中长期激励或任期激励，试图通过完善薪酬结构实现企业的长期目标，但在相关文件中对中长期激励或者任期激励具体应该怎样实施缺乏详细的解释说明。这也就导致了我们前文关于国有企业股权激励统计性描述结果的产生，不论是从管理层持股还是实施股权激励计划来看，国有企业的股权激励程度都是远远低于非国有企业的，因此国有企业管理层的激励方式主要以短期的货币激励为主，缺乏管理层长期激励手段，这样的薪酬结构势必会造成国有企业管理层的短视化行为，忽视企业的长期效益，损害了公司的价值。同时，在我国国有企业管理层货币薪酬面临管制的环境下，在职消费和政治晋升也成为国有企业管理层追逐的目标。

（4）国有企业管理层薪酬缺乏完善的信息披露制度和监管体系

对国有企业管理层薪酬的详细披露，既能满足公众作为国有资产所有人的相关知情权需求，又能作为一种有效防范国有资产流失和约束管理层行为的手段。然而，与西方发达国家相比，无论是我国的国有企业还是民营企业，其管理层薪酬信息的披露还存在着较多的缺陷。

外国国有企业对管理层的薪酬政策和水平都会进行翔实、有序的披露，披露的信息内容包括付薪理念和依据、薪酬战略、薪酬政策、薪酬结构和薪酬水平等，甚至关于个人情况的信息披露[①]，披露的方式主要包括公司年报、公司网站等。如美国大多数国有企业会在年报中披露国有企业管理层的政策、依据、水平和基于管理层个人信息的薪酬考虑等信息，即使是未披露管理层薪酬信息的企业，也可以根据《信息自由法案》通过直接向国有企业询问的方式获得管理层薪酬的相关信息。又如，瑞典要求国有企业管理层薪酬需按照上市公司的规则向社会报告，报告内容包括工资、福利和遣散费。再如，2003 年欧盟要求欧盟报告中的所有企业公布个人薪酬的详细信息，到 2014 年，许多企业已经习惯股东和公众有权知晓 CEO 和其他管理层人员的收入，并且公布得越详尽越好。

反观我国国有企业管理层的薪酬披露制度，如果隶属于中央或地方的国有企业没有上市，则普通公众很难获取这类国有企业的年报，因而无法获知管理层的薪酬信息，未上市的国有企业在其官方网站上也很少披露管理层的薪酬信息。即使是国有上市公司，其年报也缺乏诸如管理层职务消费、国有企业关联股东或关联方管理层的薪酬信息。同时，公众对国有上

① 肖婷婷. 国外国有企业高管薪酬［M］. 北京：社会科学文献出版社，2015.

市公司管理层薪酬的决定程序也不甚了解，诸如公司对管理层达到预期目标的期望水平、业绩的考核指标，以及达到目标后的薪酬水平和具体支付形式等内容。在对国有企业管理层薪酬的监管方面，也存在诸多的问题，如部分国有企业管理层薪酬监管主体不明确、监管的程序执行不到位，监管主体对不同国有企业所实施的监管尺度也不一致，同时各监管主体间也缺乏统筹协调的机制，大多数国有企业的内部监管机构几乎无作用。

4 差异化薪酬管制的特征及政府干预动因分析

基于中国特殊的制度背景，我国国有企业的薪酬管制程度应该如何进行衡量？我国政府是否对国有企业实施了差异化的薪酬管制模式，薪酬管制具体的分类标准是什么？影响薪酬管制执行效果的政府干预因素都有哪些？这些问题我们将在本章进行讨论。

4.1　薪酬管制计量的特征与方法

在薪酬管制的手段上，各个国家的方式方法并不一致。通常情况下，美国政府对企业管理层的薪酬管制措施都是通过税收立法的形式实现的，但在金融危机后，美国政府实施了薪酬上限的管制措施，强制要求那些需要政府注资的金融机构管理层的薪酬不得超过50万美元，而额外薪酬需要以限制性股票的形式发放，直到企业偿还清政府的救助款项后才能进行兑付（王新，2009；张泽南，2014）。2012年6月，法国政府出台的国有企业“薪酬框架管理”政策对法国国有企业的高管薪酬实施了封顶限制，即相当于最低工资的26.7倍①，最终出台的《国家限制国有企业高管薪酬》法令则规定，国有企业和某些经济性、社会性目的机构管理层年薪总额不得超过45万欧元（肖婷婷，2015）。而我国薪酬管制的方式通常是将管理层薪酬与职工薪酬挂钩，各地区和各部门会依据各自统计的实际情况制定不同的薪酬管制政策，因而我国薪酬管制的计量方法应符合中国自身的制度背景和特点。但总体来说，我国薪酬管制的计量方法应具备以下两方面特征：

一是薪酬管制指标应体现企业管理层与普通员工之间的薪酬差距。通过对我国国有企业管理层薪酬制度变迁历程的梳理，可以发现：首先，中央政府相关职能部门会针对中央国有企业负责人的薪酬出台相应的管理意见，同时这份意见也会对地方国有企业管理层薪酬的规范起指导性作用。其次，各地方政府会在中央管理意见的框架下，制定适合本地区国有企业管理层的薪酬管理规定。如2015年1月1日《中央管理企业负责人薪酬制度改革方案》在72家中央国有企业中正式实施，截至2015年8月，已有22个省市明确2015年将启动地方国有企业负责人的薪酬改革，广东、浙

① 当年法国最低工资水平为1 400欧元/月。

江、山东、湖北4省已经率先公布了具体实施方案，上海、天津、重庆、四川等地区也陆续向社会公布了地方国有企业负责人薪酬改革实施的具体内容。因此，不论中央国有企业还是地方国有企业的管理层都会受到来自于中央政府或地方政府相关薪酬管制政策的影响。同时，尽管近年来政府出台的针对国有企业管理层薪酬的规范文件频率较高，但通过对中央和地方“限薪”政策的梳理可以看出，政府实施薪酬管制的主要方法是将企业管理层薪酬与本企业普通职工薪酬进行挂钩，企业在岗职工的平均薪酬是管理层薪酬参照的主要标准。陈冬华等（2005）、陈信元等（2009）以及罗宏（2014）都采用了管理层薪酬与本企业普通员工薪酬的比值所形成的相对薪酬作为薪酬管制程度的衡量指标，相对薪酬的值越小意味着企业所受到的薪酬管制程度越严重。但是，该相对薪酬指标除了包含政府干预因素外，还包含了影响相对薪酬的企业经济因素，因此该指标可能不能充分体现政府的薪酬管制程度。

二是薪酬管制指标应体现市场水平与实际水平之间的差异。辛清泉等（2007）首先使用民营企业样本对薪酬的决定模型进行估计，得到模型的回归系数，然后带入薪酬的各项决定因素值乘以对应的系数，得到不同公司各年度管理层薪酬的预期水平，管理层的实际薪酬水平与预期薪酬水平的差值作为非预期的管理层薪酬水平，非预期薪酬值越小意味着管理层薪酬受到的管制程度越严重。通过辛清泉等对管理层的非预期薪酬的描述性统计表可以看出，国有资产的管理机构、中央国有企业、地方国有企业管理层的非预期薪酬的均值和中位数都显著为负，这表明大部分国有企业管理层的实际薪酬水平都低于市场化正常水平，即大部分国有企业都受到了薪酬管制，管理层的努力无法从货币薪酬中得到弥补。与辛清泉等类似，王新（2009）认为，虽然国有企业和非国有企业都逐渐采用市场化的配置方法对劳动力进行配置，但非国有企业更能代表市场的预期标准，同时由于我国政府薪酬管制的主要方式是将管理层薪酬与普通员工薪酬进行挂钩，因而王新（2009）首先以企业业绩表现、公司规模、企业发展机会、企业内外部治理以及行业特征五个方面对管理层的期望相对薪酬模型进行设定，同样运用非国有企业样本对模型进行回归，估计出模型的系数，接着使用该模型分年分行业估计出国有企业管理层的期望相对薪酬，期望值与实际值两者之间的差值则代表了薪酬管制程度，差值正向数值越大，表明企业受到的薪酬管制程度越高。从统计性描述可以看出，这时的差值大部分都为正数，即国有企业管理层的实际相对薪酬水平都低于市场化正常相对薪酬水平，表明大部分国有企业都受到了薪酬管制。以上两位学者通过差值的计量方法可以将影响相对薪酬的企业经济因素排除在外，从而合理地估计出政府干预对管理层相对薪酬的影响。

2014 年 8 月，中共中央政治局审议通过了《中央管理企业负责人薪酬制度改革方案》，该项改革方案要求“中央国有企业应坚持分级管理，建立与中央企业负责人选任方式相匹配、与企业功能性质相适应的差异化薪酬分配办法，严格规范中央管理企业负责人薪酬分配”。该项方案的核心内容是明确了下一步中央国有企业负责人薪酬将采取差异化的薪酬管制模式，重点对行政任命的中央国有企业的负责人以及部分垄断性的高收入行业的中央国有企业负责人薪酬水平实施限高，从而达到抑制中央国有企业管理层过高薪酬和缩小与普通职工收入差距的目的。2015 年 12 月，国有资产监督管理委员会、国家发展和改革委员会、财政部联合颁布了《关于国有企业功能界定与分类的指导意见》，将国有企业分为公益类和商业类两种，其中商业类又分为充分竞争性行业的商业类国有企业和特殊功能类国有企业（特殊关键行业、自然垄断行业），并应根据不同国有企业的功能定位，实施差异化的考核标准。以上两项政策的出台标志着我国政府进一步对国有企业管理层薪酬实施的差异化管制模式。

为了更好地度量国有企业管理层薪酬管制，综合上述我国薪酬管制计量方法的特征，本章中所设计的薪酬管制指标不仅应体现企业管理层与普通员工之间的薪酬差距，而且还应体现市场水平与实际水平之间的差异。因此，我们将综合考虑陈冬华等（2005）、Brick et al.（2006）、辛清泉等（2007）、陈信元等（2009）、王新（2009）、罗宏（2014）对薪酬管制的计量方法，首先从企业业绩、资产规模、内外部治理效应、年度特征、行业特征五个方面对相对薪酬模型进行定义；其次采用非国有企业样本估计管理层相对薪酬回归模型，用于估量国有企业管理层相对薪酬的期望值；最后用国有企业相对薪酬的期望值与实际值之间的差额来衡量薪酬管制程度。差值为正表示国有企业管理层薪酬受到管制，并且正值越大意味着其管理层所受到的薪酬管制越严重，差值为负表示国有企业管理层薪酬不受管制。例如，在市场化水平下，经过估计国有企业管理层的期望相对薪酬水平为 20 倍，而该国有企业管理层的实际相对薪酬水平则为 8 倍，两者之间的差额 12 倍则代表了该国有企业管理层所受到的薪酬管制程度。采用上述差值方法对薪酬管制进行计量是因为影响管理层相对薪酬的因素不仅包含了政府薪酬管制因素，还包含了其他影响管理层相对薪酬的企业经济因素，那么将这些企业经济因素排除后，就可以合理地估计出政府薪酬管制对管理层相对薪酬的影响。同时，为了考察我国薪酬管制是否具备差异化管制的特征，我们将从国有企业的功能定位、政府对国有企业的控制程度以及控制层级三个方面对薪酬管制的差异性特征进行检验。

虽然诸如2009年的“限薪令”，以及十八大颁布的相关配合国家反腐的国有企业治理措施作为外生事件，能为我们提供较好的自然实验研究平台，但是本书并未应用双重差分法（DID）评估我国薪酬管制政策对国有企业管理层激励调整的影响，主要有以下两方面的考虑：一是我国国有企业管理层薪酬的规范政策颁布的频率较高，不论中央政府还是地方政府，几乎每隔一至两年就会颁布一道新的关于规范国有企业管理层薪酬的管理政策，因此无法识别某项薪酬管制政策具体的影响时间区间，同一时间点的国有企业管理层薪酬可能受到多项政策的影响；二是双重差分法除了需要考虑时间趋势因素外，还需区分处理组和控制组。一般来讲，虽然我国政府出台的薪酬管制政策多数是针对中央国有企业，但在政策出台以后，地方政府也会在中央薪酬管制政策的框架下制定适合地方国有企业的薪酬管理办法，因此无论中央国有企业还是地方国有企业都会受到薪酬管制政策的影响，这就导致我们不能将中央国有企业划分为处理组，将地方国有企业划分为控制组。除此而外，如果将国有企业划分为处理组，将非国有企业划分为控制组的可行性也不高，这主要是因为国有企业与非国有企业在经营业绩和企业规模上都存在十分显著的差异①，因此将两者进行匹配并不合适。

4.2 薪酬管制的相关政府干预因素分析

4.2.1 区域层面的政府干预因素分析

随着政府分权改革的深入，1993年12月国务院颁布了《关于实行分税制财政管理体制的决定》，标志着政府间的分权体制形成，地方政府开始对大部分国有企业进行管理和控制，同时地方政府也承担了更多本地发

① 两者在经营业绩上的差异的t值为14.58，在资产规模上的差异的t值为35.67，都在1%水平上显著。

展的责任，包括经济发展、充分就业、社会养老、公平稳定等，从而导致了地方政府与当地企业之间的关系错综复杂。一方面，作为发展经济的重要手段，市场化的推进有利于社会资源的优化配置，提升企业的经营业绩，地方政府官员为了在“政治锦标赛”中取得优异成绩，会通过赋予企业更多的自主权和对企业更少干预的方式推动当地经济的发展，因而地方政府会支持本地区的市场化改革的推进。另一方面，市场化的推进也会降低地方政府对当地国有企业的影响力和控制力，不利于政治目标在国有企业中的实施。综合以上两方面原因，地方政府会根据自身的利益对市场化的推进程度进行权衡，从而导致各个地区市场化程度的不一致。市场化程度越高的地区，企业间的竞争程度也就越激烈，为了让国有企业在激烈的市场竞争中获得胜出，地方政府会对国有企业实施较少的行政干预，包括企业管理层薪酬在内的相关企业运行机制都会更符合市场化运作的要求，因而处于市场化程度较高地区的国有企业管理层受到的薪酬管制程度也会较低。

中央政府在对地方政府官员政绩进行考核时，通常都会关注各地区的经济发展、税收、环境保护、社会稳定、社会就业等经济和社会目标的完成情况，为了让考核标准更为直观，地方的财政赤字、失业率、贫富差距、GDP 增长等宏观指标将被用作评价和奖惩地方官员的主要依据。在这种政绩考核的压力下，地方政府也会把以上几种指标作为关注的重点。

首先，在财政分税制改革的背景下，地方政府除了要对地方经济发展的相关支出进行规划，还需承担由中央下放的一些财政支出，如社会保险支出，包括退休养老金、失业救助、困难补助、最低生活保障等财政支出，又如国有企业相关福利改革，包括住房商品化和医疗体制改革等（黎凯、叶建芳，2007），这导致地方政府财政压力增大，财政赤字水平上升。财政赤字程度越严重的地区，政府对当地国有企业在社会职能方面所应承担的职责要求就越高，当地政府对国有企业的干预程度也就越高。为了增加地方政府的财政收入，作为成本费用的国有企业管理层薪酬必然会受到政府更强的管制。

其次，在企业劳动力成本一定的情况下，企业管理层薪酬越高，会降低企业雇佣员工的数量，同时过高的国有企业管理层薪酬也会引发社会公众的质疑和愤怒，这种现象在失业率严重的地区更为明显。因此，政府为了社会的稳定和公平，会对失业率较严重地区的国有企业管理层薪酬实施更多的管制。

再次，社会的公平和稳定是地方政府最为关注的社会性目标，如果当地贫富差距较大，会形成收入的两极分化，引发公众的不满和愤怒，最终造成社会问题。因而对于收入差距较大的地区，当地政府会对国有企业管理层实施更为严格的薪酬管制，避免社会收入差距的拉大。

最后，企业的经营发展状况对地区经济发展具有重要的推动作用，GDP 增长率作为考核地方官员政绩的重要经济指标，对地方官员的政治晋升起到了举足轻重的作用。相应的，GDP 增长率较高的地区，表明当地国有企业的发展符合当地政府官员对政绩的要求，因此地方政府会对当地国有企业实施较少的干预，对其管理层的薪酬问题也不会过多干涉。而如果地区的 GDP 增长水平较低，影响了地方官员的政绩考核，则地方政府会对国有企业实施更多的干预，包括薪酬上的干预，以惩罚国有企业管理层不努力的行为。

基于以上分析，我们提出如下假设：

假设 1　对于国有企业，薪酬管制效果与地区市场化程度、地区 GDP 增长率负相关。

假设 2　对于国有企业，薪酬管制效果与地区财政赤字率、地区失业率、地区收入差距正相关。

4.2.2　企业层面的政府干预因素分析

从以上区域层面的政府干预因素来看，地方政府会对其管辖范围内的国有企业根据当地财政收支、就业、收入差距、GDP 增长情况实施相同程度的薪酬干预，只是不同地区间的干预程度会有差异。那么进一步，政府对其管辖范围内的所有国有企业管理层薪酬是否都施加了程度一致的干预呢？我们认为除产权性质外，政府还会根据国有企业对当地经济和社会目标的贡献程度实施差别化的薪酬干预。经济贡献度是指某一企业或者产业链对当地经济发展的贡献程度（马永强、向杨，2011），中央政府的分权改革增加了地方政府在当地国有企业中的利益，激发了地方政府对本地国有企业保持影响力的渴望（陈冬华，2003）。地方政府经济和社会目标的实现很大程度上依赖于当地的企业，因而，政府会根据这些企业对当地经济的促进作用实施差异化的行政干预。就管理层薪酬而言，政府可能会依据企业对当地的财政贡献程度和就业贡献程度决定干预的强度。

首先，作为成本费用的企业管理层薪酬上升势必会减少企业的利润，这样一方面造成企业纳税的减少，另一方面也会降低国有企业国有资本收益上缴的数额①，由此导致财政收入的降低，增加了地方的财政赤字。因此，政府有较强的动机干预国有企业的薪酬安排，而对于在财政方面贡献度越大的国有企业，意味着其在当地财政收入中所扮演的角色更为重要，对当地经济的促进作用更大，其管理层薪酬必然会受到当地政府更大程度上的约束。

其次，薪酬安排是企业内部一项重要的利益分配，在薪酬总额一定的情况下，过高的管理层薪酬可能意味着普通员工薪酬的降低，影响企业员工的工作积极性，降低企业的经济贡献，影响地方的经济发展。除此而外，过高的管理层薪酬也可能会降低企业雇佣更多员工的机会，增加政府的社会压力，而在人员就业方面贡献度更大的国有企业显然能在一定程度上缓解当地失业率较高的现状，有利于当地政府社会目标的实现，维持社会的和谐稳定，因而其管理层薪酬会受到较少的政府干预。

基于以上分析，我们提出如下假设：

假设 3　对于国有企业，薪酬管制效果与企业对当地的财政贡献程度正相关，与企业对当地的就业贡献程度负相关。

4.3　研究设计与样本选择

4.3.1　模型设计

模型 1：薪酬管制的衡量模型

综合考虑上述我国薪酬管制计量方法的特征，借鉴陈冬华等（2005）、Brick et al.（2006）、辛清泉等（2007）、陈信元等（2009）、王新（2009）、罗宏（2014）对薪酬管制的计量方法。首先，从企业业绩、资产规模、内外部治理效应、行业特征、年度特征五个方面对相对薪酬模型进行定义。因为将企业管理层薪酬与本企业普通职工薪酬进行挂钩是我国政府实施薪酬管制的主要方法，因此相对薪酬（$Rpay_{i,t}$）我们用经行业调整后的收入前三位管理层的人均薪酬与职工人均薪酬之比值表示。相对薪酬模型的设

① 各省政府会根据财政部和国有资产监督管理委员会颁布的《中央企业国有资本收益收取办法》，制定适合本地区的《省级企业国有资本收益收取办法》，对地方国有独资和国有控股、参股企业按照行业的类型，划分不同比例分别上缴财政，纳入公共预算，具体事务由各省财政厅负责。

定如下①：

$$
\begin{aligned}
Rpay_{i,t} = \alpha + \beta_1 Roa_{i,t} + \beta_2 Roa_{i,t-1} + \beta_3 Size_{i,t} + \beta_4 Lev_{i,t} + \beta_5 Dual_{i,t} \\
+ \beta_6 Scale_{i,t} + \beta_7 Idd_{i,t} + \beta_8 Excushr_{i,t} + \beta_9 Shrcr_{i,t} + \sum Ind \\
+ \sum Year + \varepsilon \quad (1)
\end{aligned}
$$

其次，与辛清泉等（2007）和王新（2009）的方法类似，由于政府薪酬管制政策的实施对象主要为国有企业，并且不论中央国有企业还是地方国有企业的管理层都会受到来自于中央政府或地方政府相关薪酬管制政策的影响，因此我们采用更接近于市场化水平的非国有企业样本估计管理层相对薪酬回归模型系数，之后带入国有企业样本，从而估计国有企业管理层相对薪酬的期望值，最后用国有企业管理层相对薪酬的期望值与实际值之间的差额来衡量薪酬管制程度。② 采用上述差值方法对薪酬管制进行计量是因为影响管理层相对薪酬的因素不仅包含了政府薪酬管制因素，还包含了其他影响管理层相对薪酬的企业经济因素，那么将这些企业经济因素排除后，就可以合理地估计出政府薪酬管制对管理层相对薪酬的影响。差值模型设定如下：

$$Regulation_{i,t} = predict(Rpay_{i,t}) - Rpay_{i,t} \quad (2)$$

其中，$Regulation_{i,t}$ 为正表示国有企业管理层薪酬受到管制，并且正值越大意味着其管理层所受到的薪酬管制程度越高，$Regulation_{i,t}$ 为负表示国有企业管理层薪酬不受管制。为了考察薪酬管制的差异化特征，后面我们将从国有企业的功能定位、政府对国有企业的控制程度以及控制层级三个方面对我国薪酬管制进行描述性统计分析。

模型 2：薪酬管制效果模型

参照现有政府干预与薪酬的文献（陈信元等，2009；辛清泉、谭伟强，2009；方军雄，2011；Conyon and He，2011），设置如下回归模型来检验我们提出的主要研究假设。

$$Regulation_{i,t} = \alpha + \beta_1 Intervention_{i,t} + \beta_2 Monopoly_{i,t} + \beta_3 Roa_{i,t}$$

① 影响相对薪酬的因素多种多样，在估计相对薪酬的期望值时，不可能将所有的因素都纳入到模型中进行考虑，因此在设定相对薪酬模型时，我们只能尽量保证不遗漏重要变量，防止研究结果的系统性偏差。

② 虽然辛清泉等（2007）使用的是实际值减去期望值，而王新（2009）使用的是期望值减去实际值，但通过他们的描述性统计可以看到，无论如何减，绝大部分国有企业管理层薪酬（相对薪酬）的期望水平都是高于其实际水平的，这就表明我国国有企业管理层都面临薪酬管制。为了描述方便，我们这里使用正值表示受到薪酬管制，负值表示不受薪酬管制，期望相对薪酬减去实际相对薪酬来表示政府的薪酬管制程度。

$$+ \beta_4 Roa_{i,t-1} + \beta_5 Size_{i,t} + \beta_6 Lev_{i,t} + \beta_7 Dual_{i,t} + \beta_8 Scale_{i,t} + \beta_9 Idd_{i,t} + \beta_{10} Excushr_{i,t} + \beta_{11} Shrcr_{i,t} + \sum Ind + \sum Year + \varepsilon \quad (3)$$

其中，$Intervention_{i,t}$ 为政府干预变量，分别用地区层面的政府干预因素和企业层面的政府干预因素表示，包括了市场化程度、财政赤字、失业率、收入差距、GDP 增长率、企业对地方财政贡献程度、企业对地方就业贡献程度等干预因素，相关变量的具体定义详见主要变量定义部分。

4.3.2 主要变量定义

表 4-1　　　　变量说明

1. 被解释变量	
Rpay	管理层相对薪酬，经行业调整后的收入前三位管理层的人均薪酬与职工人均薪酬之比值，用于相对薪酬模型估计
Regulation	薪酬管制程度，管理层相对薪酬期望值-管理层相对薪酬实际值
2. 解释变量：差异化因素（*Diff*）	
Monopoly	非充分竞争性行业，企业处于非充分竞争性行业取 1，否则取 0
Soe	政府直接持股的国有企业，直接控股股东为政府的企业取 1，否则取 0
Centra	中央国有企业，最终控制人为中央政府的取 1，否则取 0
政府干预（*Intervention*）	
Market	市场化程度，政府税收/政府财政收入总额
Deficit	财政赤字，（财政赤字/财政收入）的绝对值
Unemploy	失业率，城镇登记失业人员/城镇单位就业人员
Gap	收入差距，各地区最高收入 20%人口平均收入/最低收入 20%人口平均收入
GDPinc	GDP 增长率，各地区本期 GDP 值/上期 GDP 值
Fiscal	对地方财政贡献度，企业纳税数额/地方税收收入
Employ	对地方就业贡献度，企业员工人数/地方人口总数
3. 控制变量	
Roa	盈利能力，企业净利润/企业总资产平均余额，用当期值和滞后期值表示
Size	企业规模，企业资产总额的自然对数
Lev	偿债能力，负债总额/企业总资产

表4-1(续)

Dual	二职合一，若总经理兼任董事长取 1，否则取 0
Scale	董事会规模，董事会成员的人数
Idd	董事会独立性，独立董事占董事会总人数的比例
Excushr	高管持股，年末高管持有的股份占总股本的比例
Shrcr	第一大股东持股比例，第一大股东持有的股份占总股本的比例

表 4-1 对模型中的变量进行了简要的解释，变量的具体定义和计算方法如下：

4.3.2.1 管理层相对薪酬（*Rpay*）的计算

职工人均薪酬 =（支付给职工以及为职工支付的现金-董事、监事、管理层的薪酬总额）/（职工人数-董事、监事、管理层人数的总和）

管理层相对薪酬 =（收入前三位管理层平均薪酬/职工人均薪酬）-（收入前三位管理层平均薪酬的行业均值/职工人均薪酬的行业均值）

该项指标主要用于相对薪酬模型的估计。

4.3.2.2 差异化因素（*Diff*）

（1）非充分竞争性行业（*Monopoly*）

目前对于市场是否处于充分竞争性行业的判断还存在着一些争议，参照罗宏（2014）对垄断国有企业的判断方法以及 2015 年 12 月国有资产监督管理委员会、国家发展和改革委员会、财政部联合颁布的《关于国有企业功能界定与分类的指导意见》，我们这里采用三种方法进行综合判断。

首先，通过查阅 CSMAR 数据库中有关企业主营业务收入的数据，统计出国有企业收入占比较重的行业，表 4-2 给出了 2003—2014 年国有企业主营业务收入占比排名前 10 的行业。表中的收入比表示该年该行业国有上市公司主营业务收入总和与该年该行业所有上市公司主营业务收入总和的比值，Total 列表示国有上市公司主营业务收入总和与全部上市公司主营业务收入总和的比值。

根据表 4-2 显示，2003—2014 年主营业务收入比的排名较为稳定。排名前 10 的行业，国有企业主营业务收入总和占该行业所有上市公司主营业务收入总和的比值基本都在 75%以上。通过 Total 列可以看到，国有上市公司主营业务收入总和与全部上市公司主营业务收入总和的比值逐年降低，从 2008 年前的 75%左右下降至 2014 年的 53%左右。表明国有企业在国民经济中的占比有所下降，民营企业能够更多的参与中国经济成果的分配。按照在主营业务收入比排名中出现的频率，我们将以下行业确定为国有企业收入占比较重的行业：铁路运输业，航空运输业，水上运输业，铁路、船舶、航空航天和其他运输设备制造业，水的生产和供应业，电力、热力生产和供应业，石油和天然气开采业，石油加工、炼焦及核燃料加工业，黑色金属矿采选业，有色金属矿采选业，煤炭开采和洗选业，黑色金属冶炼及压延加工业，电信、广播电视和卫星传输服务业，公共设施管理业，土木工程建筑业。

其次，我们采用市场法进行判断，即用赫芬达尔-赫希曼指数（*HHI* 指数）判断一个行业是否处于非充分竞争状况。*HHI* 指数被广泛应用于涉及市场竞争程度的相关实证文献中，*HHI* 指数越大，表示此行业内相同规模企业越少，行业竞争程度较不充分。*HHI* 的计算公式为：

$$HHI = \sum (S_i/S)^2$$

其中，S_i表示 i 企业的主营业务收入，$S = \sum S_i$。一般 *HHI* 值应界于 0 和 1 之间，而通常的表示方式是将其值乘以 10 000 予以放大，故 *HHI* 值应界于 0 和 10 000 之间。基于以上公式，我们分别计算了 2003—2014 年各行业的 *HHI* 指数，并对结果排名前 10 的行业予以列示，具体结果见表 4-3。

表 4-3 结果显示，2003—2014 年排名前 10 的行业 *HHI* 指数基本都在 2 000 以上，表明这些行业的竞争程度较不充分①。我们将以下行业确定为 *HHI* 指数较高的行业：铁路运输业，航空运输业，水上运输业，燃气生产和供应业，石油和天然气开采业，石油加工、炼焦及核燃料加工业，黑色金属矿采选业，电信、广播电视和卫星传输服务业，公共设施管理业，土木工程建筑业，金属制品业，食品制造业，生态保护和环境治理业，农业。

表 4-2　　　　　　国有企业主营业务收入情况分析

收入比	1	2	3	4	5
2003	黑色金属矿采选业	水的生产和供应业	造纸及纸制品业	黑色金属冶炼及压延加工业	水上运输业
	99.34%	96.74%	96.37%	96.11%	95.97%
2004	航空运输业	石油和天然气开采业	黑色金属矿采选业	水的生产和供应业	电力、热力生产和供应业
	99.76%	99.61%	99.36%	96.78%	96.31%

① 一般来讲，*HHI* 指数大于 1 800 则表明该行业处于垄断行业。

表4-2(续)

收入比	1	2	3	4	5
2005	石油和天然气开采业	黑色金属矿采选业	水的生产和供应业	电信、广播电视和卫星传输服务业	石油加工、炼焦及核燃料加工业
	99.72%	99.56%	98.08%	97.79%	96.31%
2006	铁路运输业	石油和天然气开采业	黑色金属矿采选业	水的生产和供应业	电信、广播电视和卫星传输服务业
	100%	99.82%	99.7%	99.55%	97.97%
2007	水的生产和供应业	铁路运输业	石油和天然气开采业	黑色金属矿采选业	水上运输业
	100%	100%	99.9%	99.84%	99.63%
2008	水的生产和供应业	石油和天然气开采业	黑色金属矿采选业	有色金属矿采选业	电信、广播电视和卫星传输服务业
	100%	99.91%	99.02%	98.99%	98.84%
2009	铁路运输业	电信、广播电视和卫星传输服务业	煤炭开采和洗选业	有色金属矿采选业	土木工程建筑业
	100%	97.95%	95.41%	95.01%	92.98%
2010	铁路运输业	石油和天然气开采业	电信、广播电视和卫星传输服务业	有色金属矿采选业	土木工程建筑业
	100%	99.89%	97.31%	94.89%	92.87%
2011	铁路运输业	电信、广播电视和卫星传输服务业	煤炭开采和洗选业	土木工程建筑业	航空运输业
	100%	97.31%	93.95%	92.46%	91.4%
2012	铁路运输业	航空运输业	电信、广播电视和卫星传输服务业	电力、热力生产和供应业	煤炭开采和洗选业
	100%	99.67%	97.2%	92.47%	92.29%
2013	电信、广播电视和卫星传输服务业	公共设施管理业	煤炭开采和洗选业	黑色金属矿采选业	土木工程建筑业
	97.45%	96.76%	92.38%	91.13%	82.87%
2014	公共设施管理业	煤炭开采和洗选业	新闻和出版业	土木工程建筑业	黑色金属矿采选业
	96.62%	95.9%	92.8%	88.49%	84.83%

表 4-2（续）

收入比	6	7	8	9	10	total
2003	土木工程建筑业	农业	批发业	专用设备制造业	航空运输业	74.61%
	94.83%	92.36%	89.98%	89.32%	87.69%	

表4-2(续)

收入比	6	7	8	9	10	total
2004	石油和天然气开采业	黑色金属冶炼及压延加工业	批发业	造纸及纸制品业	水上运输业	77.29%
	95.98%	95.63%	91.2%	91.09%	89.62%	
2005	电力、热力生产和供应业	黑色金属冶炼及压延加工业	有色金属矿采选业	水上运输业	批发业	75.04%
	93.12%	93.05%	92.82%	91.46%	91.19%	
2006	有色金属矿采选业	电力、热力生产和供应业	黑色金属冶炼及压延加工业	食品制造业	石油加工、炼焦及核燃料加工业	75.35%
	97.39%	96.82%	95.83%	94.72%	93.81%	
2007	有色金属矿采选业	电信广播电视和卫星传输服务业	煤炭开采和洗选业	土木工程建筑业	电力、热力生产和供应业	75.84%
	99.07%	97.91%	97.35%	96.92%	96.63%	
2008	煤炭开采和洗选业	电力、热力生产和供应业	土木工程建筑业	黑色金属冶炼及压延加工业	铁路、船舶、航空航天制造业	74.05%
	97.82%	97.23%	97.1%	95.57%	94.63%	
2009	铁路、船舶、航空航天制造业	航空运输业	石油加工、炼焦及核燃料加工业	水上运输业	水的生产和供应业	58.81%
	92.41%	91.09%	89.08%	85.97%	79.67%	
2010	煤炭开采和洗选业	航空运输业	石油加工、炼焦及核燃料加工业	公共设施管理业	铁路、船舶、航空航天制造业	57.69%
	92.4%	91.98%	88.2%	86.85%	82.71%	
2011	有色金属矿采选业	公共设施管理业	铁路、船舶、航空航天制造业	水的生产和供应业	水上运输业	55.19%
	90.06%	87.62%	83.54%	76.63%	75.96%	
2012	黑色金属矿采选业	土木工程建筑业	铁路、船舶、航空航天制造业	水的生产和供应业	水上运输业	54.1%
	88.33%	86.28%	84.13%	81.24%	81.08%	
2013	电力、热力生产和供应业	水的生产和供应业	酒、饮料和精制茶制造业	水上运输业	黑色金属冶炼及压延加工业	54.04%
	81.47%	81.4%	80.39%	80.38%	78.45%	
2014	石油加工、炼焦及核燃料加工业	水的生产和供应业	水上运输业	电力、热力生产和供应业	黑色金属冶炼及压延加工业	53.85%
	83.64%	83.4%	79.81%	79.48%	78.9%	

表 4-3　　　　行业 HHI 指数情况分析

*HHI*指数	1	2	3	4	5
2003	黑色金属矿采选业	金属制品业	电信、广播电视和卫星传输服务业	石油和天然气开采业	航空运输业
	7 638	4 194	2 977	2 794	2 790
2004	石油和天然气开采业	黑色金属矿采选业	金属制品业	燃气生产和供应业	航空运输业
	9 755	7 836	4 236	4 008	3 522
2005	石油和天然气开采业	黑色金属矿采选业	电信、广播电视和卫星传输服务业	燃气生产和供应业	金属制品业
	9 843	8 166	8 165	4 556	4 207
2006	电信、广播电视和卫星传输服务业	黑色金属矿采选业	铁路运输业	燃气生产和供应业	石油加工、炼焦及核燃料加工业
	8 056	8 032	6 504	4 776	4 514
2007	电信、广播电视和卫星传输服务业	黑色金属矿采选业	石油和天然气开采业	铁路运输业	燃气生产和供应业
	8 199	7 906	5 155	5 049	4 755
2008	电信、广播电视和卫星传输服务业	黑色金属矿采选业	石油和天然气开采业	铁路运输业	燃气生产和供应业
	8 650	7 993	5 106	5 066	4 738
2009	电信、广播电视和卫星传输服务业	石油加工、炼焦及核燃料加工业	铁路运输业	公共设施管理业	燃气生产和供应业
	8 681	5 084	5 024	4 494	4 154
2010	电信、广播电视和卫星传输服务业	铁路运输业	石油和天然气开采业	公共设施管理业	燃气生产和供应业
	8 574	5 866	5 076	5 051	3 931
2011	电信、广播电视和卫星传输服务业	铁路运输业	石油和天然气开采业	公共设施管理业	燃气生产和供应业
	9 102	5 740	5 052	4 094	4 012
2012	电信、广播电视和卫星传输服务业	黑色金属矿采选业	铁路运输业	石油和天然气开采业	公共设施管理业
	8 899	6 359	5 550	5 063	4 194
2013	电信、广播电视和卫星传输服务业	黑色金属矿采选业	铁路运输业	石油和天然气开采业	公共设施管理业
	8 925	6 112	5 693	5 064	4 800
2014	电信、广播电视和卫星传输服务业	公共设施管理业	铁路运输业	黑色金属矿采选业	石油和天然气开采业
	8 749	5 934	5 679	5 661	5 040

表 4-3（续）

HHI指数	6	7	8	9	10
2003	石油加工、炼焦及核燃料加工业	新闻和出版业	食品制造业	造纸及纸制品业	商务服务业
	2 617	2 592	2 567	2 125	2 047
2004	电信、广播电视和卫星传输服务业	食品制造业	新闻和出版业	石油加工、炼焦及核燃料加工业	农业
	2 864	2 773	2 770	2 189	1 936
2005	航空运输业	食品制造业	纺织服装、服饰业	石油加工、炼焦及核燃料加工业	新闻和出版业
	3 114	3 029	2 870	2 533	2 169
2006	金属制品业	食品制造业	纺织服装、服饰业	航空运输业	水上运输业
	3 783	3 311	3 119	2 442	2 081
2007	金属制品业	石油加工、炼焦及核燃料加工业	水上运输业	食品制造业	土木工程建筑业
	4 019	3 665	3 161	3 096	3 025
2008	金属制品业	食品制造业	石油加工、炼焦及核燃料加工业	水上运输业	土木工程建筑业
	3 383	3 283	3 094	3 062	3 043
2009	石油加工、炼焦及核燃料加工业	食品制造业	黑色金属矿采选业	航空运输业	纺织服装、服饰业
	3 317	2 987	2 738	2 497	2 450
2010	黑色金属矿采选业	石油加工、炼焦及核燃料加工业	食品制造业	航空运输业	土木工程建筑业
	2 871	2 827	2 645	2 562	2 370
2011	生态保护和环境治理业	黑色金属矿采选业	农业	航空运输业	石油加工、炼焦及核燃料加工业
	3 346	2 865	2 717	2 573	2 554
2012	燃气生产和供应业	生态保护和环境治理业	农业	石油加工、炼焦及核燃料加工业	航空运输业
	3 711	3 097	2 700	2 625	2 557
2013	燃气生产和供应业	石油加工、炼焦及核燃料加工业	农业	航空运输业	互联网和相关服务业
	3 162	3 071	2 870	2 512	2 498
2014	石油加工、炼焦及核燃料加工业	农业	航空运输业	金属制品业	汽车制造业
	3 865	2 485	2 481	2 425	2 224

最后，对国有企业进行功能界定和分类是新形势下深化国有企业改革的重要内容，2015 年 12 月国有资产监督管理委员会、国家发展和改革委员会、财政部联合颁布了《关于国有企业功能界定与分类的指导意见》，该指导意见根据企业的主营业务和核心业务将国有企业分为商业类和公益类。其中，商业类又分为三种：一是主业处于充分竞争性行业和领域的商业类国有企业，二是主业处于关系国家安全、国民经济命脉的重要行业和关键领域、主要承担重大专项任务的商业类国有企业，三是处于自然垄断行业的商业类国有企业。公益类是指以保障民生、服务社会、提供公共产品和服务为主要目的的国有企业，其产品和服务价格可由政府调控。基于以上政策的规定，我们将主业处于充分竞争性行业的商业类国有企业划分至充分竞争性行业，将特殊功能类（特殊商业类、自然垄断类）商业类国有企业和公益类国有企业划分至非充分竞争性行业。

通过对主营业务收入占比法和市场法计算分析得出的行业进行综合考量，并结合陈信元（2009）、丁启军（2010）、王雄元（2012）、罗宏（2014）等对行业竞争程度的判定方法，以及参考 2015 年 12 月颁布的《关于国有企业功能界定与分类的指导意见》，最终我们认为属于非充分竞争的行业主要包括铁路运输业，航空运输业，水上运输业，水的生产和供应业，电力、热力生产和供应业，燃气生产和供应业，石油和天然气开采业，石油加工、炼焦及核燃料加工业，黑色金属矿采选业，有色金属矿采选业，煤炭开采和洗选业，黑色金属冶炼及压延加工业，电信、广播电视和卫星传输服务业，公共设施管理业。各行业上市公司的数量分布见表 4-4。

表 4-4　非充分竞争性行业上市公司数量分布

年份 行业	2003	2004	2005	2006	2007	2008	2009	2010	2011	2012	2013	2014
铁路运输业	1	1	1	3	3	3	3	3	3	3	3	3
航空运输业	9	8	9	10	10	10	10	10	10	10	10	10
水上运输业	15	17	17	18	23	22	24	27	27	27	27	26
水的生产和供应业	10	11	11	11	11	10	11	12	13	13	13	13
电力、热力生产和供应业	48	54	57	56	58	58	58	59	59	60	59	61
燃气生产和供应业	4	4	5	5	5	6	7	7	7	7	7	12
石油和天然气开采业	4	5	4	2	3	3	3	3	3	3	3	4
石油加工、炼焦及核燃料加工业	16	19	18	15	16	16	16	17	18	18	18	17
黑色金属矿采选业	7	7	7	7	7	7	6	6	6	7	7	10

表4-4(续)

行业 \ 年份	2003	2004	2005	2006	2007	2008	2009	2010	2011	2012	2013	2014
有色金属矿采选业	14	17	18	18	20	20	20	21	21	22	22	22
煤炭开采和洗选业	17	18	18	21	25	25	25	26	26	26	26	27
黑色金属冶炼及压延加工业	30	30	30	34	35	35	32	32	31	31	31	29
电信、广播电视和卫星传输服务业	6	6	7	7	6	8	8	8	9	11	11	10
公共设施管理业	12	13	13	14	15	15	15	16	16	16	16	15
合计	193	210	215	221	237	238	238	247	249	254	253	259

（2）政府直接持股的国有企业（*Soe*）

政府直接持有上市公司股份，为上市公司的直接控股人，可以直接参与企业的日常经营管理。这里的政府机构是指国有资产监督管理委员会、中央各部委、地方国有资产监督管理委员会、地方政府各部门，以及国有资产管理部门，包括国有资产管理局、财政局、国有资产经营或投资公司等，由于国有资产经营或投资公司也肩负着准国有资产管理部门的职责，因而其也属于政府机构。

（3）中央国有企业（*Centra*）

如果国有上市公司最终的实际控制人为中央国有资产监督管理委员会或中央各部委，则为中央国有企业；如果国有上市公司最终的实际控制人为地方国有资产监督管理委员会或地方政府部门，则为地方国有企业。

4.3.2.3　政府干预（*Intervention*）

①市场化程度（*Market*），参照倪鹏飞（2014）的市场化程度测量指标，我们用政府税收收入占地方财政收入总额的比重衡量。如果税收收入占地方财政收入总额的比重较高，表明政府各项行政收费、政府资产规模和收益较低，从而反映市场化程度较高。当然，反映市场化程度的指数较多，多数学者使用的是樊纲市场化指数，但由于该书的市场化进程数据到2011年后就没有更新，所以我们这里用樊纲市场化指数作为稳健性检验指标。②财政赤字（*Deficit*），财政赤字=财政收入-财政支出，通常财政赤字都为负数，我们这里用财政赤字除以财政收入再取绝对值表示。③失业率（*Unemploy*），用城镇登记失业人员除以城镇单位就业人员衡量，我们通过对各年《中国人口和就业统计年鉴》以及《中国统计年鉴》中的失业率指标进行手工搜集获得。④收入差距，用各地区最高收入20%人口平均收入与最低收入20%人口平均收入的比值衡量，数据主要来自各省统计年

鉴和统计局网站。⑤GDP 增长率（*GDPinc*），用各地区本期 GDP 值除以上期 GDP 值衡量。⑥对地方财政贡献度（*Fiscal*），用企业纳税数额除以地方税收收入获得，其中企业纳税数额=企业支付的各项税费-收到的税费返还。⑦对地方就业贡献度（*Employ*），用企业员工人数除以地方人口总数得到。

4.3.2.4 控制变量

控制变量主要包括了盈利能力（*Roa*）、企业规模（*Size*）、偿债能力（*Lev*）、二职合一（*Dual*）、董事会规模（*Scale*）、董事会独立性（*Idd*）、高管持股（*Excushr*）、第一大股东持股比例（*Shrcr*）。

其中，我们用总资产净利率（*Roa*）来衡量企业业绩，按照最优契约理论，在企业绩效提升后，管理层能获得更多的与企业业绩匹配的薪酬，进一步政府也会因为企业较好的业绩而放松管制。由于上期业绩和当期业绩都会对管理层薪酬的设定以及管制者的判断产生影响，因此我们这里的总资产净利率包括了当期和滞后期两项。企业规模（*Size*）为企业资产总额的对数，企业规模越大，受到政府和社会的监督也会越强，因此会受到更强程度的管制。偿债能力（*Lev*）为企业的资产负债率，企业的财务杠杆越高，能为企业带来越多的自由现金流，从而削弱了政府管制的程度。二职合一（*Dual*），当董事长和总经理为同一人时，由于对总经理缺乏有效的约束，导致其权利过大，因此相应的管制程度也会下降。董事会规模（*Scale*）越大，董事会独立性（*Idd*）越高。第一大股东持股比例（*Shrcr*）越高，对管理层的监督和约束也就越强，因此会受到更强程度的管制。在国有企业中，高管持股（*Excushr*）比例越高，管理层的股东身份会给其带来更强的寻租能力，弱化了薪酬管制的效果。

4.3.3 数据选取与数据来源

2003 年 11 月，国有资产监督管理委员会颁布了《中央企业负责人经营业绩考核暂行办法》，标志着我国国有企业管理层薪酬制度正式步入规范化的轨道，因此本章以 2003—2014 年所有 A 股上市公司为研究样本，按以下原则对样本进行筛选：①剔除金融行业；②剔除 ST、PT 类公司；③剔除研究期间相关数据缺失的公司；④为消除极端值影响，对所有连续变量进行 1%~99%水平的 Winsorize 缩尾处理。本章中的管理层薪酬、部分政府干预指标、公司财务和治理数据主要来源于 CSMAR 数据库，通过手工整理和分析实际控制人信息得到各上市公司的产权性质信息，部分政府干预指标来自于对各年《中国人口和就业统计年鉴》《中国统计年鉴》、统计局网站相关指标的手工搜集得到。由于政府薪酬管制政策主要针对的是国有企业，所以在关于薪酬管制的政府干预因素分析时，我们只使用了国有企业样本作为研究对象。

4.4 描述性统计分析

4.4.1 国有企业管理层薪酬管制的描述性统计分析

(1) 管理层相对薪酬预测模型的确定

我们先采用非国有企业样本估计管理层相对薪酬回归模型的系数，获得正常相对薪酬的预测模型。回归结果见表 4-5。

表 4-5 相对薪酬预测模型回归结果

Rpay	系数	*T* 值
Roa_t	8.131***	7.64
Roa_{t-1}	5.798***	5.97
Size	1.790***	27.24
Lev	0.098 0	0.32
Dual	0.976***	6.94
Scale	0.142***	3.22
Idd	2.342*	1.71
Excushr	−1.188***	−3.61
Shrcr	−1.633***	−3.72
cons	−31.93***	−19.83
Ind	控制	
Year	控制	
$Adj\text{-}R^2$	0.137 2	
N	8 621	

注：*、**、*** 分别表示统计显著水平 0.10、0.05、0.01。

从表 4-5 的回归结果可以看到，无论是当期业绩（Roa_t）还是滞后期业绩（Roa_{t-1}）都与相对薪酬显著正相关，并在 1%水平上显著，表明基于企业业绩的管理层薪酬体系已经建立；企业规模（*Size*）与相对薪酬显著正相关，并在1%水平上显著；财务杠杆（*Lev*）与相对薪酬正相关，但统计上不显著；二职合一（*Dual*）、董事会规模（*Scale*）与相对薪酬显著正相关，并在1%水平上显著，表明管理层权力越大，其相对薪酬越高；独立董事比例（*Idd*）与相对薪酬正相关，但只在10%水平上显著，表明独立董事只发挥了对管理层薪酬的部分监督作用；管理层持股（*Excushr*）与相对薪酬显著负相关，并在1%水平上显著；大股东持股比例（*Shrcr*）与相对薪酬显著负相关，并在1%水平上显著，表明大股东对管理层薪酬能起到一定的监督作用。同时，回归结果的拟合程度为13.72%，表明模型的整体拟合度较好。

（2）薪酬管制的总体性统计描述分析

我们将国有企业样本的相关变量带入获得的相对薪酬预测模型中，对国有企业管理层相对薪酬进行预测，相对薪酬预测值与实际值之间的差额即表示政府薪酬管制的强度，差值越大表明国有企业管理层所受到的薪酬管制程度越高。

表4-6和图4-1分别列示了国有企业薪酬管制强度的描述性统计分析和均值、中位数的年份变化趋势图，我们可以看到，薪酬管制程度随着国有企业负责人薪酬管理相关政策的出台而发生相应的变动。2003年11月国有资产监督管理委员会颁布《中央企业负责人经营业绩考核暂行办法》和2004年11月国有资产监督管理委员会再次发布《中央企业负责人薪酬管理暂行办法》之后，国有企业管理层薪酬与业绩之间的关系更加密切，国有企业管理层所受到的薪酬管制程度也逐步下降。直到2008年金融危机后，我国国有企业业绩普遍下滑，经济环境持续恶化，2009年9月，人力资源和社会保障部、中央组织部、监察部、财政部、审计署、国有资产监督管理委员会联合下发了《关于进一步规范中央企业负责人薪酬管理的指导意见》，将中央国有企业负责人的基本薪酬与普通员工薪酬进行挂钩，限定了负责人与普通员工之间薪酬差距的倍数。因此，2009年我国国有企业管理层的薪酬管制程度相对较强。2014年8月中共中央政治局审议通过了《中央管理企业负责人薪酬制度改革方案》，因此该年薪酬管制程度也较强。基于以上分析，我们认为在国有企业管理层薪酬管理政策出台时，对应年度国有企业管理层薪酬管制程度都会相对较高。

表 4-6　　　　国有企业薪酬管制程度的描述性统计分析

Regulation	均值	中位数	最大值	最小值	样本量
2003	2.32	3.15	9.46	-22.91	175
2004	2.94	3.84	12.21	-20.41	306
2005	2.15	2.96	11.66	-22.91	548
2006	2.2	3.23	13.08	-22.91	660
2007	1.86	2.98	12.89	-22.5	698
2008	1.73	2.73	12.86	-22.76	713
2009	2.15	3.53	13.85	-22.72	525
2010	2.05	3.4	14.52	-22.72	545
2011	1.93	3.1	14.9	-20.18	584
2012	2.36	2.94	14.09	-18.52	671
2013	2.33	2.92	11.99	-21.69	626
2014	2.34	3.01	11.6	20.02	599

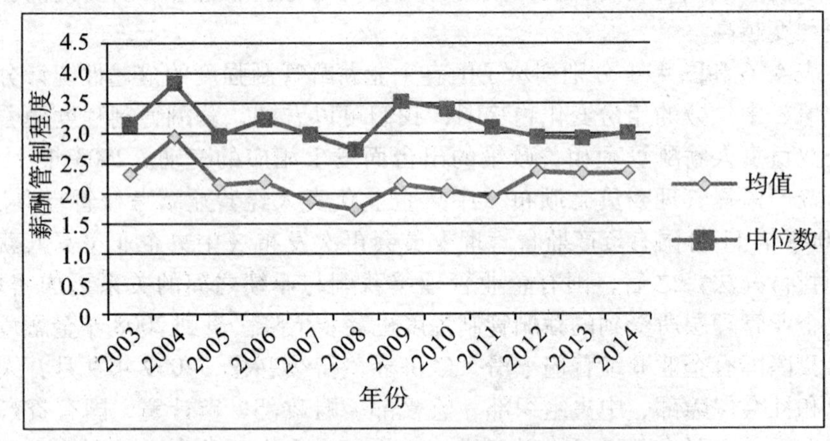

图 4-1　国有企业薪酬管制强度年份变化趋势图

（3）国有企业差异化薪酬管制的描述性统计分析

在对国有企业管理层薪酬的具体管理方式上，欧美国家普遍会根据国有企业所有权、功能定位和垄断地位等的不同，实施差异化的薪酬管制模式。在我国，2003 年 11 月，国有资产监督管理委员会颁布的《中央企业负责人经营业绩考核暂行办法》，指出对国有企业管理层的考核原则应为“依法考核、分类考核、约束和激励机制相结合”，对国有企业管理层分类考核的思想就被提及。2014 年 8 月，中共中央政治局审议通过了《中央管理企业负责人薪酬制度改革方案》，其中最核心的内容是明确了下一步中央国有企业负责人薪酬将采取差异化的薪酬管制模式。2015 年 12 月，国有资产监督管理委员会、国家发展和改革委员会、财政部联合颁布的《关于国有企业功能界定与分类的指导意见》也明确了应根据不同国有企业的功能定位，实施差异化的考核标准。那么，我国政府对国有企业管理层是否同欧美国家一样实施了差异化薪酬管制模式，我们将从企业的功能定位、政府的控制程度以及控制层级三个方面进行检验。①

首先，在国有企业的功能定位方面，从表 4-7 可以看到，2007 年之前，主业处于非充分竞争性行业的国有企业与主业处于充分竞争性行业的国有企业之间受到的薪酬管制强度并无显著差异，甚至在 2003 年主业处于充分竞争性行业的国有企业所受到的薪酬管制程度高于主业处于非充分竞争性行业的国有企业。2007 年之后，无论是均值比较还是中位数比较，各年主业处于非充分竞争性行业的国有企业所受到的薪酬管制强度都显著高于主业处于充分竞争性行业的国有企业，并且在 1%的水平上显著。从全样本来看，无论是均值比较还是中位数比较，主业处于非充分竞争性行业的国有企业所受到的薪酬管制强度都显著高于主业处于充分竞争性行业的国有企业，并且在 1%的水平上显著。这可能是因为主业处于非充分竞争性行业的国有企业多为涉及国家经济和社会安全的关键领域、自然垄断、公益性的国有企业，政府赋予这些行业内的国有企业特殊权利，相应的其管理层就会受到政府和社会更多的关注，因此相较于主业处于充分竞争性行业的国有企业会受到更高程度上的薪酬管制。

表 4-7　　薪酬管制与国有企业功能定位的描述性统计分析

年度	样本	均值	t 检验	中位数	z 检验
2003	非充分竞争性行业	1.06	-1.73*	1.96	-1.57
	充分竞争性行业	2.64		3.22	
2004	非充分竞争性行业	2.90	1.56*	3.66	1.20
	充分竞争性行业	2.73		3.86	
2005	非充分竞争性行业	2.73	1.34	3.14	1.53
	充分竞争性行业	2.02		2.92	

① 在之前大部分学者的研究中，会按照功能定位、政府的控制程度以及控制层级对国有企业进行划分，并发现不同类型国有企业的管理层薪酬水平存在差异。而我们这里使用了薪酬管制强度指标来检验不同类型国有企业管理层所受管制的差异性，如若后文中发现差异性显著存在，则表明差异化薪酬随我国国有企业管理体制的变迁在早些年已经有所显现，只是缺乏政策文件加以明确，并具体化，这与 2014 年才明确差异化薪酬管制目标的相关政策并不冲突。

表4-7(续)

年度	样本	均值	t 检验	中位数	z 检验
2006	非充分竞争性行业	2.56	0.91	3.66	1.51
	充分竞争性行业	2.09		3.08	
2007	非充分竞争性行业	3.19	3.38***	3.49	3.17***
	充分竞争性行业	1.48		2.85	
2008	非充分竞争性行业	3.46	4.26***	3.59	4.23***
	充分竞争性行业	1.27		2.52	
2009	非充分竞争性行业	3.51	2.94***	4.29	2.95***
	充分竞争性行业	1.73		3.29	
2010	非充分竞争性行业	3.10	2.17**	3.78	2.13**
	充分竞争性行业	1.74		3.33	
2011	非充分竞争性行业	3.34	3.18***	3.99	3.79***
	充分竞争性行业	1.53		2.73	
2012	非充分竞争性行业	3.63	3.74***	3.71	3.84***
	充分竞争性行业	1.98		2.64	
2013	非充分竞争性行业	3.82	4.59***	4.34	4.61***
	充分竞争性行业	1.88		2.69	
2014	非充分竞争性行业	3.54	3.45***	3.73	3.85***
	充分竞争性行业	1.98		3.85	
全样本	非充分竞争性行业	3.28	9.17***	3.70	9.62***
	充分竞争性行业	1.83		2.91	

注：*、**、*** 分别表示统计显著水平 0.10、0.05、0.01。

其次，在政府对国有企业的控制程度方面，对于政府直接持股的上市公司，政府与企业间不存在层级，因此政府对企业的干预可以更为容易，政府可以直接参与企业管理层薪酬的制定和监督。而对于政府间接持股的上市公司，政府与企业间还存在着国有企业集团之类的持股单位，这些中间机构的存在使得政府对企业的干预需要经过多个层级，这就使得企业在一定程度上具有了自主权，其受到的薪酬管制程度也相对较低。从表 4-8 可以看到，用全样本进行均值检验和中位数检验，政府直接持股的国有企业受到的薪酬管制程度显著高于政府间接持股的国有企业。分年度来看，虽然许多年度的均值检验和中位数检验结果都不太显著，但是政府直接持股的国有企业受到的薪酬管制程度在各年都高于政府间接持股的国有企业。

表 4-8 薪酬管制与政府控制程度的描述性统计分析

年度	样本	均值	t 检验	中位数	z 检验
2003	政府直接持股	2.46	1.07	3.32	1.54
	政府间接持股	1.15		1.83	
2004	政府直接持股	3.05	1.14	3.92	1.53
	政府间接持股	1.94		2.72	
2005	政府直接持股	2.31	2.47***	3.07	2.54***
	政府间接持股	0.51		1.07	
2006	政府直接持股	2.31	1.71**	3.31	2.56***
	政府间接持股	0.98		1.62	
2007	政府直接持股	1.89	0.55	2.99	0.66
	政府间接持股	1.42		2.82	
2008	政府直接持股	1.81	1.23	2.83	1.32
	政府间接持股	0.76		2.19	
2009	政府直接持股	2.18	0.16	3.55	0.05
	政府间接持股	2.01		3.39	
2010	政府直接持股	2.05	0.02	4.38	0.72
	政府间接持股	2.03		3.34	
2011	政府直接持股	2.07	0.18	3.12	0.23
	政府间接持股	1.92		2.87	
2012	政府直接持股	2.62	0.4	2.95	0.89
	政府间接持股	2.33		2.58	
2013	政府直接持股	2.35	0.06	2.93	0.64
	政府间接持股	2.31		2.63	
2014	政府直接持股	3.01	0.99	3.01	0.2
	政府间接持股	2.27		2.98	
全样本	政府直接持股	2.17	1.83**	3.17	2.74***
	政府间接持股	1.72		2.6	

注：*、**、*** 分别表示统计显著水平 0.10、0.05、0.01。

最后，在政府对国有企业的控制层级方面，从表 4-9 可以看到，2008 年之前政府对中央国有企业和地方国有企业所实施的薪酬管制程度并无显著差异。2008 年之后，无论是均值比较还是中位数比较，各年中央国有企业受到的薪酬管制程度都显著高于地方国有企业。并且从全样本来看，无论是均值比较还是中位数比较，中央国有企业受到的薪酬管制程度都显著高于地方国有企业，并在1%水平上显著。这主要是因为中央国有企业多为国家经济和安全战略性重要地位的企业，掌控了更多的国家资源，因而会受到政府和社会的更多关注。并且，在薪酬管制政策的颁布顺序上，都是先由中央政府各部门颁布针对中央国有企业的薪酬管制政策，再由各地方政府根据中央发布的薪酬管制政策的相关原则和地方国有企业的具体情况颁布针对地方国有企业的薪酬管制政策，这也使得中央国有企业相较于地方国有企业会受到更高程度上的薪酬管制。

表 4-9　　薪酬管制与政府控制层级的描述性统计分析

年度	样本	均值	t 检验	中位数	z 检验
2003	中央国有企业	0.54	-1.06	3.12	-0.69
	地方国有企业	2.41		3.15	
2004	中央国有企业	3.70	0.65	4.57	1.36
	地方国有企业	2.90		3.72	
2005	中央国有企业	2.17	0.03	3.16	0.13
	地方国有企业	2.15		2.90	
2006	中央国有企业	2.13	0.87	3.48	0.93
	地方国有企业	2.73		3.20	
2007	中央国有企业	2.26	0.69	3.01	0.56
	地方国有企业	1.81		2.68	
2008	中央国有企业	2.59	1.51*	3.35	2.12**
	地方国有企业	1.61		2.61	
2009	中央国有企业	3.74	2.44***	4.25	2.06**
	地方国有企业	1.90		3.37	
2010	中央国有企业	3.66	2.64***	3.98	1.9*
	地方国有企业	1.76		3.34	
2011	中央国有企业	3.79	3.16***	4.17	3.32***
	地方国有企业	1.63		2.92	
2012	中央国有企业	3.78	3.31***	3.81	3.12***
	地方国有企业	2.09		2.83	
2013	中央国有企业	3.23	2.14**	3.28	1.67*
	地方国有企业	2.16		2.76	

表4-9(续)

年度	样本	均值	t 检验	中位数	z 检验
2014	中央国有企业	3.24	1.96**	3.57	1.70*
	地方国有企业	2.18		2.91	
全样本	中央国有企业	3.16	5.91***	3.65	5.66***
	地方国有企业	2.00		3.01	

注：*、**、*** 分别表示统计显著水平 0.10、0.05、0.01。

(4) 分地区的薪酬管制描述性统计分析

如图 4-2 所示，按地区划分的薪酬管制具有以下特点：

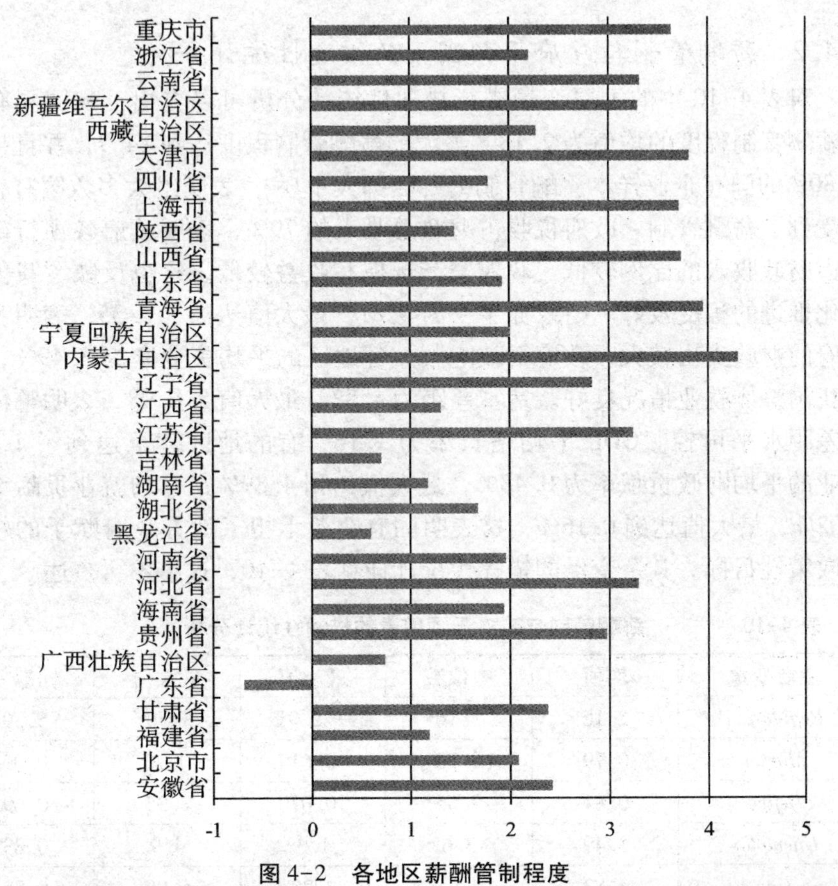

图 4-2　各地区薪酬管制程度

①薪酬管制与市场化程度负相关，市场化程度越低的地区，国有企业管理层所受到的薪酬管制程度就越高，如内蒙古自治区、青海省、新疆维

吾尔自治区、贵州省、云南省等。相反，市场化程度越高的地区，国有企业管理层所受到的薪酬管制程度就越低，甚至为负，如广东省。

②上海、北京、重庆、天津等地区虽然市场化程度较高，但由于是中国政治、文化、经济的中心，或各区域范围内政治、文化、经济的中心，因而处于这些地区的国有企业会受到政府的高度关注，政府在这些地区实施薪酬管制的程度也会更高。

③与王新（2009）的发现类似，我们认为政府的薪酬管制具有地域上的辐射效应，与北京较近的陕西省、河北省、内蒙古自治区等地区受到的薪酬管制程度较高，而离北京较远的地区，薪酬管制程度较低。

4.4.2 薪酬管制与政府干预因素的描述性统计分析

对表 4-10 中的主要变量进行描述性统计分析可以看出，我国国有企业薪酬管制程度的均值为 2.18，最大的薪酬管制程度达到 14.9，并且接近于 80%的国有企业样本薪酬管制的程度都大于 0①，表明绝大多数国有企业都受到了薪酬管制。政府税收占财政总收入的 79%，表明政府各项行政收费占财政收入的比例较低、政府资产规模和收益较低，这也反映了我国市场化推进的程度较好。财政赤字率为 0.81，最大值达到了 3.35，表明我国政府的财政支出较大，政府财政吃紧。各地区的平均失业率为 3.49%，表明我国整体就业情况良好。贫富差距为 4.83，最大值为 6.98，表明整体贫富差距水平可控。GDP 平均增长率为 1.16，有的地区甚至达到了 1.27。企业的平均财政贡献率为 0.43%，最大值达到 4.89%；平均就业贡献率为 0.02%，最大值达到 0.16%，这表明国有企业承担了地方政府赋予的较多的政策性目标。其余变量的描述性统计详见表 4-10，这里不再赘述。

表 4-10　　　　薪酬管制与政府干预因素的描述性统计分析

主要变量	均值	中位数	最小值	最大值	标准差
Regulation	2.18	3.16	-22.91	14.9	5.39
Market	0.79	0.78	0.61	0.96	0.09
Deficit	0.81	0.55	0.07	3.35	0.69
Unemploy	3.49	3.6	1.3	4.9	0.83
Gap	4.83	4.65	3.38	6.98	0.81

① 通过统计软件分析我们得知有 76%的国有企业都受到了强度大于 0 的薪酬管制。

表4-10(续)

主要变量	均值	中位数	最小值	最大值	标准差
GDPinc	1.16	1.16	1.05	1.27	0.52
Fiscal	0.004 3	0.001 1	0	0.048 9	0.009 1
Employ	0.000 2	0.000 1	0	0.001 6	0.000 3
Monopoly	0.22	0	0	1	0.42
Roa	0.04	0.03	-0.25	0.29	0.07
Size	21.92	21.74	18.85	25.36	1.28
Lev	0.51	0.52	0.46	1.49	0.21
Dual	0.1	0	0	1	0.3
Scale	9.6	9	5	15	1.97
Idd	0.36	0.33	0.25	0.56	0.05
Excushr	0.03	0	0	0.34	0.02
Shrcr	0.41	0.41	0.09	0.75	0.16

4.4.3 薪酬管制与政府干预因素的相关性分析

此处我们仅给出了主要变量之间的相关性分析，即薪酬管制程度与各政府干预因素变量之间的相关性分析，具体见表4-11。我们可以发现，与薪酬管制程度有正相关关系的政府干预因素包括：财政赤字率、失业率、GDP 增长率、企业财政贡献程度；而与薪酬管制程度有负相关关系的政府干预因素包括：市场化程度、贫富差距、企业就业贡献程度。并且以上变量的相关关系在 1%水平上均显著。当然，变量之间的真正相关关系需要加入控制变量进行回归后才能准确得出，不过相关性分析可以让我们简单了解各个主要变量之间的关系。

表 4-11　　主要变量的相关性分析

	Regulation	*Market*	*Deficit*	*Unemploy*	*Gap*	*GDPinc*	*Fiscal*	*Employ*
Regulation	1							
Market	-0.040 1***	1						
Deficit	0.042 9***	-0.647 4***	1					
Unemploy	0.099 7***	-0.471 1***	0.416 0***	1				
Gap	-0.085 5***	-0.004 6	-0.050 7***	-0.043 3***	1			

表4-11(续)

	Regulation	*Market*	*Deficit*	*Unemploy*	*Gap*	*GDPinc*	*Fiscal*	*Employ*
GDPinc	0.040 5***	-0.225 2***	0.220 0***	0.244 4***	0.089 1***	1		
Fiscal	0.098 0***	-0.104 7***	0.264 8***	0.045 3***	-0.052 3***	0.093 9***	1	
Employ	-0.050 7***	0.090 2***	0.051 9***	-0.111 2***	-0.135 6***	-0.020 6***	0.586 0***	1

注：下对角线是 *Pearson* 相关系数；*、**、*** 分别表示统计显著水平 0.10、0.05、0.01。

4.5 实证结果与分析

4.5.1 薪酬管制与区域层面的政府干预因素回归分析

表 4-12 对薪酬管制效果和区域层面的政府干预因素进行了回归分析，(1) ~ (5) 列是薪酬管制程度与区域层面的政府干预因素的回归结果，我们分别采用地区市场化进程、地区财政赤字率、地区失业率、地区贫富差距以及地区 GDP 增长率替代区域层面的政府干预因素进行回归。

表 4-12 薪酬管制与区域层面的政府干预因素回归分析

自变量	因变量：$Regulation_t$					
	(1)	(2)	(3)	(4)	(5)	(6)
$Market_t$	-2.128**					-3.528***
	(-2.51)					(-2.59)
$Deficit_t$		0.401***				0.247***
		(4.07)				(3.49)
$Unemploy_t$			0.826***			0.885***
			(9.87)			(7.29)
Gap_t				-0.565***		-0.555***
				(-6.32)		(-4.86)
$GDPinc_t$					5.069**	6.708**
					(2.39)	(2.00)
$Monopoly_t$	1.960***	1.844***	1.790***	2.070***	1.894***	2.126***
	(6.16)	(6.88)	(6.72)	(7.13)	(7.07)	(6.06)

表4-12（续）

自变量	因变量：$Regulation_t$					
	（1）	（2）	（3）	（4）	（5）	（6）
Roa_t	−8.993***	−7.042***	−7.349***	−6.828***	−7.161***	−3.402***
	（−5.82）	（−5.44）	（−5.71）	（−5.05）	（−5.52）	（−3.24）
Roa_{t-1}	−8.016***	−5.967***	−6.210***	−5.982***	−6.095***	−2.943***
	（−5.60）	（−4.92）	（−5.15）	（−4.68）	（−5.02）	（−2.90）
$Size_t$	0.561***	0.702***	0.733***	0.696***	0.675***	0.640***
	（7.33）	（10.64）	（11.23）	（10.03）	（10.30）	（7.78）
Lev_t	−0.609	−0.695*	−1.006***	−0.926**	−0.642*	−1.479***
	（−1.31）	（−1.83）	（−2.66）	（−2.32）	（−1.69）	（−2.95）
$Dual_t$	−0.038 9	−0.218	−0.168	−0.513**	−0.220	−0.261
	（−0.15）	（−1.04）	（−0.80）	（−2.27）	（−1.04）	（−0.94）
$Scale_t$	0.046 3	0.018 9	0.029 3	0.047 0	0.025 8	0.110**
	（1.05）	（0.53）	（0.82）	（1.22）	（0.72）	（2.28）
Idd_t	2.677*	1.855	2.368*	2.507*	1.943	3.509**
	（1.76）	（1.39）	（1.78）	（1.77）	（1.45）	（2.16）
$Excushr_t$	−10.17**	−11.99***	−10.16***	−12.27***	−12.64***	−6.067
	（−2.47）	（−3.17）	（−2.70）	（−2.95）	（−3.34）	（−1.33）
$Shrcr_t$	5.093***	4.615***	4.922***	4.348***	4.562***	5.449***
	（9.45）	（10.32）	（11.04）	（9.09）	（10.20）	（9.25）
Cons	−10.86***	−14.33***	−17.91***	−10.54***	−19.18***	−12.94***
	（−6.46）	（−10.01）	（−12.15）	（−6.62）	（−6.61）	（−7.19）
Ind、*Year*	控制	控制	控制	控制	控制	控制
Adj. R^2	0.146 2	0.130 9	0.142 3	0.129 7	0.129 5	0.116 4
N	4 961	6 650	6 650	5 907	6 650	4 258

注：*、**、*** 分别表示统计显著水平 0.10、0.05、0.01。

表4-12的回归结果显示，市场化程度与薪酬管制程度显著负相关，并在5%水平上显著，表明地区的市场化程度越高，企业间的竞争程度也就越激烈，为了让国有企业在激励的市场竞争中获得胜出，地方政府会对国有企业实施较少的行政干预，因此该地区国有企业管理层受到的薪酬管制程度越低。财政赤字与薪酬管制程度显著正相关，并在1%水平上显著，表明财政赤字程度越严重的地区，政府对当地国有企业在社会职能方面所

应承担的职责要求就越高，因此该地区国有企业管理层受到的薪酬管制程度就越高。失业率与薪酬管制程度显著正相关，并在1%水平上显著，表明在失业率较严重的地区，地方政府为了避免国有企业管理层的过高薪酬引发社会公众的质疑和愤怒，对失业率较严重地区的国有企业管理层薪酬会实施更多的管制。贫富差距与薪酬管制程度负相关，并在1%水平上显著，这与我们的假设正好相反，这可能是因为贫富差距本来就是一种衡量管理层薪酬与普通员工薪酬之间差距的方式，因此贫富差距越大，也就意味着地区薪酬管制程度越低。GDP增长率与薪酬管制程度显著正相关，并在5%水平上显著，与我们的假设不一致，这可能是因为GDP增长率较高的地区，其当地政府官员较为重视GDP指标对自身政治晋升的影响，因此为了在当年的“政治锦标赛”中胜出，会对当地的国有企业实施较多的干预，其中就包括对国有企业管理层薪酬的干预。另外，我们将所有区域层面政府干预动因变量都放入同一模型中进行回归，并采用“对中”的方法对政府干预动因变量进行处理，以减小多重共线性的影响，回归结果仍与上述单独回归的结果类似。

在控制变量方面，主业处于非充分竞争性行业、资产规模越大、董事会规模越大、独立董事比例越高、大股东持股比例较高的国有企业会受到较高程度的薪酬管制；当期和上期业绩越好、企业资产负债率越高、二职合一、管理层持股比例越高的国有企业，薪酬管制程度越低。

4.5.2 薪酬管制与企业层面的政府干预因素回归分析

表4-13对薪酬管制效果和企业层面的政府干预因素进行了回归分析，(1)、(2)列是薪酬管制程度与企业层面的政府干预因素的回归结果，我们分别采用企业对地方的财政贡献度和企业对地方的就业贡献度替代企业层面的政府干预因素进行回归。

回归结果显示，企业对地方的财政贡献度与薪酬管制程度显著正相关，并在10%水平上显著，表明对地区财政贡献度越大的国有企业其在当地财政收入中所扮演的角色越重要，为了降低当地的财政赤字率，当地政府会对财政贡献度更大的国有企业施加更加严格的约束，因此其管理层薪酬会受到更多的管制。企业对地方的就业贡献度与薪酬管制程度负相关，并在1%水平上显著，这是因为就业贡献度越大的国有企业雇佣了更多员工在企业工作，因而缓解了当地失业率较高的现状，有利于当地政府社会目标的实现，维持社会的和谐稳定，因此其管理层薪酬会受到较少的政府干预。另外，我们将所有企业层面政府干预动因变量都放入同一模型中进行回归，并采用“对中”的方法对政府干预动因变量进行处理，以减小多重共线性的影响，回归结果仍与上述单独回归的结果类似。

表 4-13　　薪酬管制与企业层面的政府干预因素回归分析

自变量	因变量：$Regulation_t$		
	(1)	(2)	(3)
$Fiscal_t$	17.46*		64.21***
	(1.82)		(6.24)
$Employ_t$		−2 880.7***	−3 605.4***
		(−10.22)	(−11.86)
$Monopoly_t$	1.818***	2.044***	1.825***
	(6.73)	(7.67)	(6.83)
Roa_t	−7.500***	−7.693***	−4.108***
	(−5.74)	(−5.98)	(−4.08)
Roa_{t-1}	−6.303***	−6.622***	−3.850***
	(−5.19)	(−5.49)	(−3.52)
$Size_t$	0.598***	1.033***	0.902***
	(8.16)	(13.90)	(11.72)
Lev_t	−0.514	−0.722*	−0.693*
	(−1.35)	(−1.92)	(−1.84)
$Dual_t$	−0.222	−0.221	−0.226
	(−1.06)	(−1.05)	(−1.08)
$Scale_t$	0.024 1	0.040 6	0.035 3
	(0.67)	(1.14)	(0.99)
Idd_t	1.881	3.028**	2.850**
	(1.41)	(2.28)	(2.15)
$Excushr_t$	−12.74***	−13.15***	−12.54***
	(−3.37)	(−3.51)	(−3.36)
$Shrcr_t$	4.557***	4.694***	4.658***
	(10.19)	(10.57)	(10.52)
$Cons$	−11.78***	−20.97***	−18.44***
	(−7.53)	(−13.19)	(−11.11)

表4-13(续)

自变量	因变量：$Regulation_t$		
	(1)	(2)	(3)
Ind	控制	控制	控制
Year	控制	控制	控制
Adj. R^2	0.132 2	0.143 0	0.109 5
N	6 647	6 650	6 647

注：*、**、*** 分别表示统计显著水平 0.10、0.05、0.01。

在控制变量方面，主业处于非充分竞争性行业、资产规模越大、董事会规模越大、独立董事比例越高、大股东持股比例较高的国有企业会受到较高程度的薪酬管制；当期和上期业绩越好、企业资产负债率越高、二职合一、管理层持股比例越高的国有企业，薪酬管制程度越低。

4.6 稳健性检验

为了保证本书研究结论的稳定性，首先，我们用樊纲等①编制的市场化指数替代倪鹏飞（2014）的市场化测量指标，市场化指数与薪酬管制程度仍为负显著关系，并在1%水平上显著。其次，由于地方政府的行为可能只会对地方国有企业产生影响，故我们将样本中的中央国有企业样本剔除，重新进行了相关实证分析，上述实证结果依然成立。再次，我们用$t-1$年的政府干预因素变量替代t年的政府干预因素变量，重新进行了相关实证分析，上述实证结果依然成立。最后，我们用“薪酬最高的前三位董事”的平均薪酬和“所有公司董事、监事和高级管理人员”的平均薪酬替代收入前三位管理层的平均薪酬，以计算相对薪酬，并再次对各个假设进行验证，上述结论仍然成立。

① 樊纲，王小鲁，朱恒鹏．市场化指数——各地区市场化相对进程 2011 年报告［M］．北京：经济科学出版社，2011.

4.7 本章小结

本章利用2003—2014年沪深两地A股上市公司的相关数据，结合我国自身的制度背景和特点，综合借鉴陈冬华等（2005）、Brick et al.（2006）、辛清泉等（2007）、陈信元等（2009）、王新（2009）、罗宏（2014）对薪酬管制的计量方法，对我国国有企业的薪酬管制程度进行了衡量，并对政府薪酬管制的差异化管制特征进行了描述性统计分析。同时，我们从区域层面和企业层面两个角度实证检验了政府干预因素对薪酬管制效果的影响，具体结论如下：

（1）薪酬管制程度随着国有企业负责人薪酬管理相关政策的出台而发生相应的变动，如2009年颁布的《关于进一步规范中央企业负责人薪酬管理的指导意见》、2014年颁布的《中央管理企业负责人薪酬制度改革方案》都会导致对应年度国有企业管理层薪酬管制程度的增高。

（2）通过进一步的统计性描述分析，我们发现政府会根据国有企业的功能定位、对国有企业的控制程度以及控制层级实施差异化的薪酬管制措施。主业处于非充分竞争性行业的国有企业管理层所受到的薪酬管制高于主业处于充分竞争性行业的国有企业，政府直接持股的国有企业管理层所受到的薪酬管制高于政府间接持股的国有企业，中央国有企业管理层受到的薪酬管制高于地方国有企业。

（3）从区域层面的政府干预因素来看，市场化程度越高、贫富差距越大的地区，薪酬管制的效果越差；财政赤字率越高、失业率越高、GDP增长率越高的地区，薪酬管制的效果越好。

（4）从企业层面的政府干预因素来看，对地方财政贡献程度越大的国有企业，其所受到的薪酬管制程度越高；对地方就业贡献程度越大的国有企业，其所受到的薪酬管制程度越低。

5 差异化薪酬管制与管理层激励变动的非对称性

管理层激励制度安排是公司治理问题的核心内容，近年来，管理层薪酬的不断攀升和天价薪酬的不断涌现尤其引人注目。已有文献表明，内部机制失效引发的管理层权力滥用（Bebchuk and Fried，2003）、管理层间薪酬攀比产生的棘轮效应（Michael and Jun，2010），以及对管理层能力提升和面临风险上升的补偿（Kaplan and Minton，2006）可能共同导致了过去十多年间管理层薪酬的持续上涨。与此同时，2008 年金融危机致使企业业绩大幅下滑、大批企业员工失业，而华尔街金融机构管理层却依旧享受高额分红，引发了公众对企业管理层薪酬公平性和合理性的质疑，美国政府宣布对获得政府资金援助的金融机构管理层薪酬实施强制干预。但从最终的效果看来，美国政府实行的管理层薪酬管制政策可能是无效的（Fahlenbrach and Stulz，2011）。

中国经济在制度背景方面迥异于西方经济体，而由这些制度衍生出的隐性规则使得研究政府干预视角下的企业治理问题非常必要，关于国有企业管理层激励问题的研究正是探究中国隐性制度的重要环节。

然而，学术界对政府薪酬干预措施的有效性存在争议，虽然部分研究表明政府的施政约束条件能够缩小企业内部薪酬差距（陈信元等，2009），但是另有部分研究指出，虽然中国政府“限薪”政策频出，但国有企业管理层薪酬反而有所增加（沈艺峰、李培功，2010），管理层与普通员工之间的薪酬差距逐步扩大（方军雄，2011），管理层薪酬分配的公平性趋势也逐年恶化（祁怀锦、邹燕，2014），即是说政府的薪酬干预措施并没有达到应有效果。

从第二章文献综述部分可以看到，已有大多数文献研究了薪酬管制背景下管理层激励在某一方面的调整，如管理层激励水平和结构的调整，但未从一个综合的视角来研究和分析国有企业薪酬管制对管理层激励在水平、方向、速度、结构等方面的系统调整。同时，国内学者在研究管理层激励时多数只考虑了货币薪酬和在职消费，股权的激励方式常常被忽略，因而无法对管理层激励薪酬总额进行准确衡量，更无法检验不同激励方式调整的差异。以上两方面原因可能共同导致了学者们对政府薪酬干预措施有效性问题的争议。

因此，本章将主要考察政府薪酬管制政策对管理层激励在水平和方向方面的调整。由于中国的薪酬管制主要依靠政府的行政命令实现，那么当政府的薪酬管制程度发生变动时会对国有企业管理层激励的调整机制造成怎样的影响？具体的，当政府薪酬管制程度增强或减弱时，包括货币薪酬、在职消费、股权激励在内的三种管理层激励方式会呈现怎样的变动，两种情况下的货币薪酬变动的幅度会有显著差异吗？两种情况下的在职消费变动的幅度会有显著差异吗？两种情况下的股权激励变动的幅度会有显著差异吗？国有企业在功能定位、政府控制程度以及控制层级上的差异性又会对管理层激励的非对称性变动产生怎样的影响？这些问题将是本章重点考察的内容。

5.1 理论分析与研究假设

5.1.1 薪酬管制与国有企业管理层激励变动

1984年中国启动政府分权改革，随着市场化的不断推进，国有企业逐步获得了包括生产经营、投资、融资和人事方面的自主权（方军雄，2011）。2003年国有资产监督管理委员会成立后，逐渐建立起了基于业绩的薪酬考核制度，上市公司管理层薪酬与经营业绩间的敏感性逐年增强（方军雄，2009；辛清泉、谭伟强，2009）。中国政府的放权改革提高了国有企业管理层薪酬的市场化程度，但收入差距的急剧拉大也促使政府开始关注公平与效率的平衡。2002年后，国务院相继出台了多个文件限定国有企业管理层与普通职工之间的薪酬倍数，但是随着中国宏观经济的变化、国有企业改革的深入，这一倍数关系却呈现不断拉大的趋势（方军雄，2011）。2009年，人力资源和社会保障部、中央组织部、监察部、财政部、审计署、国有资产监督管理委员会联合下发了《关于进一步规范中央企业负责人薪酬管理的指导意见》，2014年中共中央政治局会议审议通过了《中央管理企业负责人薪酬制度改革方案》，这些文件都旨在促使国有企业管理层薪酬做到结构合理、水平适当、管理规范。从以上制度背景的分析可以看出，政府对国有企业管理层薪酬实际上实施的是一种“半市场化”管理机制，政府会依据社会公平、人口就业、经济效率等因素对国有企业管理层薪酬实施动态化的干预，时而放松管制，时而增强管制，两者并不是“非此即彼”的关系。

进一步，政府的薪酬管制程度增强和减弱时，国有企业管理层薪酬的调整机制可能存在差异。当政府薪酬管制程度减弱时，国有企业的管理层薪酬制度更符合市场化规律，对管理层能力提升和面临风险上升的补偿、内部机制失效引发的管理层权力滥用，以及高管薪酬攀比产生的棘轮效应（Kaplan and Minton，2006；Bebchuk and Fried，2003；Michael and Jun，2010）可能共同引发国有企业管理层薪酬在管制减弱时大幅增加。而在政府薪酬管制程度增强时，货币薪酬的保健因素会导致管理层薪酬具有刚性的特征，即管理层薪酬会出现“准涨不准跌”的现象（方军雄，2009；陈冬华等，2010；刘星、徐光伟，2012），而且薪酬的下降通常意味着个人社会地位的降低，这会向市场传递负面的信号，因而管理层不愿意接受薪酬的下降（Jensen and Murphy，1990）。因此，我们认为在政府薪酬管制程度减弱时，管理层货币薪酬会出现显著的增长，而在政府薪酬管制程度增强时，管理层货币薪酬会降低，不过薪酬管制程度增强时管理层货币薪酬下降的幅度会远小于薪酬管制程度减弱时管理层货币薪酬上升的幅度，即国有企业管理层货币薪酬在管制程度增强时出现了“向下的刚性”。由于股权激励属于管理层显性薪酬的一部分，因此在政府薪酬管制程度发生变动时，国有企业管理层的股权激励也会出现上述类似的调整。

在中国的制度背景下，国有企业面临薪酬管制和多重政策性负担，在显性激励不足的情况下，作为激励契约的不完备性产物——在职消费作为一种替代性隐性激励方式被广泛接受（陈冬华等，2005；Chen et a1.，2010）。当政府薪酬管制程度减弱时，在职消费作为管理层激励方式的一种，会显著上升，而当政府薪酬管制程度增强时，在职消费作为管理层显性激励的一种替代，管理层对其的需求应该是显著高于薪酬管制程度减弱时管理层对在职消费的需求。基于以上分析，我们提出如下假设：

假设1　在其他条件一定的情况下，政府薪酬管制程度增强时管理层显性激励（货币薪酬、股权激励）下降的幅度会显著小于薪酬管制程度减弱时管理层显性激励上升的幅度。

假设2　在其他条件一定的情况下，政府薪酬管制程度增强时管理层隐性激励（在职消费）上升的幅度会显著大于薪酬管制程度减弱时管理层隐性激励上升的幅度。

5.1.2　差异化薪酬管制与国有企业管理层激励变动

第四章的结论表明政府会根据国有企业的功能定位、对国有企业的控制程度以及控制层级实施差异化的薪酬管制，那么政府差异化的薪酬管制方式会对管理层激励的非对称性变动产生怎样的影响呢？

首先，在国有企业的功能定位方面，主业处于非充分竞争性行业的国有企业多为涉及国家经济和社会安全、具备自然垄断特征的特殊功能类商业性国有企业以及公益性的国有企业，这些企业肩负了实现经济效益、社会效益和安全效益的综合目标，以及保障民生、服务社会、提供公共产品和服务的社会性目标，因此处于非充分竞争性行业的国有企业拥有政府赋予的特殊权利，相应的其管理层就会受到政府和社会更多的关注和监督。相较于充分竞争性行业的国有企业，非充分竞争性行业的国有企业管理层会受到来自政府更大程度上的干预和管制，因而当政府的薪酬管制程度发生变动时，主业处于非充分竞争性行业的国有企业管理层激励变动的非对称性程度会降低。

其次，在政府对国有企业的控制程度方面，对于政府直接持股的上市公司，政府与企业间不存在层级，因此政府对企业的干预可以更为容易，政府可以直接参与企业管理层薪酬的制定和监督。而对于政府间接持股的上市公司，政府与企业间还存在着国有企业集团之类的持股单位，这些中间机构的存在使得政府对企业的干预需要经过多个层级，这就在一定程度上增加了企业的自主权。相较于政府间接持股的国有企业，政府直接持股的国有企业管理层更容易受到来自政府的干预和管制，因而当政府的薪酬管制程度发生变动时，政府直接持股的国有企业管理层激励变动的非对称性程度会降低。

最后，在政府对国有企业的控制层级方面，中央国有企业多为国家经济和安全战略性重要地位的企业，掌控了更多的国家资源，因而会受到政府和社会的更多关注。并且，在薪酬管制政策的颁布顺序上，一般是先由中央政府各部门颁布针对中央国有企业的薪酬管制政策，再由各地方政府根据中央发布的薪酬管制政策和地方国有企业的具体情况颁布针对地方国有企业的薪酬管制政策，这也使得中央国有企业相较于地方国有企业会受到更强程度上的干预和管制，从而导致当政府的薪酬管制程度发生变动时，中央国有企业管理层激励变动的非对称性程度会降低。

假设3　在其他条件一定的情况下，当政府的薪酬管制程度发生变动时，主业处于非充分竞争性行业的国有企业、政府直接持股的国有企业以及中央国有企业管理层激励变动的非对称性程度会显著降低或消失。

5.2 研究设计与样本选择

5.2.1 模型设计与变量定义

参照现有政府薪酬干预与管理层激励的文献（陈信元等，2009；辛清泉、谭伟强，2009；方军雄，2009、2011；罗宏，2014；Conyon and He，2011），设置如下薪酬管制变动与国有企业管理层激励调整的回归模型：

$$
\begin{aligned}
DeltaLnIncentive_{i,t} = {} & \alpha + \beta_1 DeltaRegulate_{i,t} + \beta_2 Inc_{i,t} + \beta_3 DeltaRegulate_{i,t} \\
& \times Inc_{i,t} + \beta_4 Roa_{i,t} + \beta_5 Size_{i,t} + \beta_6 Lev_{i,t} + \beta_7 Dual_{i,t} \\
& + \beta_8 Scale_{i,t} + \beta_9 Idd_{i,t} + \beta_{10} Shrcr_{i,t} + \sum Ind \\
& + \sum Year + \varepsilon
\end{aligned}
$$

上述回归模型中，$DeltaLnIncentive_{it}$为 i 企业 $t-1$ 期到 t 期管理层激励数额变化的自然对数，其中，管理层激励数额（$Incentive_{it}$）分别用管理层的货币薪酬、股权激励和在职消费表示；$DeltaRegulate_{it}$为 i 企业 $t-1$ 期到 t 期所受到的薪酬管制程度变化的自然对数，其中薪酬管制程度我们参照第四章对国有企业薪酬管制的度量方法进行衡量。Inc_{it}为 i 企业 $t-1$ 期到 t 期所受到的薪酬管制程度是否增强的哑变量。系数 β_1 的绝对值表示薪酬管制程度减弱 1%，管理层激励变动的百分比；系数 $\beta_1+\beta_3$ 的绝对值表示薪酬管制程度增强 1%时，管理层激励变动的百分比；β_3 为衡量薪酬管制变动时管理层激励是否存在“刚性”的指标，其正向值越高，表明管理层激励变动的非对称程度越高。在进行完一般性回归后，我们将按照国有企业的功能定位、政府对国有企业的控制程度以及控制层级分样本进行回归，检验政府薪酬管制的差异性对管理层激励变动的影响。在稳健性检验部分，我们会将所有控制变量都做一阶差分处理，对上述模型进行重新回归。

我们用“薪酬最高的前三位高级管理人员”的平均薪酬表示管理层的货币薪酬，在稳健性中，我们将用“薪酬最高的前三位董事”的平均薪酬和“所有公司董事、监事和高级管理人员”的平均薪酬进行替代。

参照 Bergstresser and Philippon（2006）、苏冬蔚和林大庞（2010）、胡国强和盖地（2014）的研究，管理层的股权激励强度由管理层持有的股票期权市值、限制性股票市值和管理层持股市值三者之和共同构成。[①] 2006年,《上市公司股权激励管理办法》和《国有控股上市公司(境内)实施股权激励试行办法》颁布后,各年宣布股权激励方案的上市公司数量逐年增多,但国有上市公司宣告股权激励计划的公司数远小于非国有上市公司[②],因此在稳健性检验部分我们只考虑把管理层持股作为股权激励的替代变量。

管理层在职消费参照夏东林(2004)、陈冬华等(2005)和罗宏(2008)对在职消费的计量方式,主要通过查阅上市公司年报附注中"支付的其他与经营活动相关的现金流量"这一明细项目,对其进行手工收集得到在职消费数据。年报中通常会对管理费用中数额较大的项目明细予以披露,而其中部分项目与管理层的在职消费相关,因此我们将与管理层在职消费相关的项目分为八类:办公费、差旅费、企业招待费、通信费、出国培训费、董事会费、交通费和会议费,这些项目最可能成为管理层谋取个人私利的途径,我们将这些明细项目数据进行加总即得到管理层的在职消费数据。由于不是每家上市公司都公布了管理层在职消费的具体数额,因而在稳健性部分我们用管理费用与主营业务收入的比值作为管理层在职消费的替代。

关于薪酬管制程度的衡量,与第四章的模型设计方法一样,首先,从企业业绩、资产规模、内外部治理效应、行业特征、年度特征五个方面对相对薪酬模型进行定义。其次,采用更接近于市场化水平的非国有企业样本估计管理层相对薪酬回归模型系数,之后带入国有企业样本,从而估计国有企业管理层相对薪酬的期望值,接着用国有企业管理层相对薪酬的期望值与实际值之间的差额来衡量薪酬管制程度。差值为正表示国有企业管理层薪酬受到管制,并且正值越大意味着其管理层所受到的薪酬管制越严重,差值为负表示国有企业管理层薪酬不受管制。采用上述差值方法对薪酬管制进行计量是因为影响管理层相对薪酬的因素不仅包含了政府薪酬管制因素,还包含了其他影响管理层相对薪酬的企业经济因素,那么将这些企业经济因素排除后,就可以合理地估计出政府薪酬管制对管理层相对薪酬的影响。

① 没有考虑股票增值权是因为由第三章的我国股权激励现状分析可知,我国股权激励方式主要以股票期权和限制性股票为主。

② 2006—2014 年累计公布股权激励计划的 756 家上市公司中,有 84 家是国有企业,其余的 672 家为非国有企业。

对主业处于非充分竞争性行业和充分竞争性行业的国有企业、政府直接持股和政府间接持股的国有企业、中央国有企业和地方国有企业的定义，详见第四章差异化因素定义部分。控制变量主要包括了盈利能力（*Roa*）、企业规模（*Size*）、偿债能力（*Lev*）、二职合一（*Dual*）、董事会规模（*Scale*）、董事会独立性（*Idd*）、第一大股东持股比例（*Shrcr*）。主要变量定义见表 5-1。

表 5-1　　变量说明

1. 被解释变量：管理层激励强度变动（*DeltaLnIncentive*）	
DeltaLnPay	管理层货币薪酬的变动，各企业 t-1 期到 t 期管理层货币薪酬变化的自然对数，用 $Ln\ (Pay_t/Pay_{t-1})$ 表示
DeltaLnESI	管理层股权激励的变动，各企业 t-1 期到 t 期管理层股权激励变化的自然对数，用 $Ln\ (ESI_t/ESI_{t-1})$ 表示
DeltaLnPerk	管理层在职消费的变动，各企业 t-1 期到 t 期管理层在职消费变化的自然对数，用 $Ln\ (Perk_t/Perk_{t-1})$ 表示
2. 解释变量	
DeltaLn Regulate	政府薪酬管制程度的变动，各企业 t-1 期到 t 期所受到的薪酬管制程度变化的自然对数，用 $Ln\ (Regulate_t/Regulate_{t-1})$ 表示，并且 *Regulate* 大于 0。*Regulate* 为薪酬管制程度，用（管理层相对薪酬期望值-管理层相对薪酬实际值）表示
Inc	薪酬管制程度上升，$(Regulate_t - Regulate_{t-1})$ 大于 0 取 1，否则取 0
Monopoly	非充分竞争性行业，企业处于非充分竞争性行业取 1，否则取 0
Soe	政府直接持股的国有企业，直接控股股东为政府的企业取 1，否则取 0
Centra	中央国有企业，最终控制人为中央政府的取 1，否则取 0
3. 控制变量	
Roa	盈利能力，企业净利润/企业总资产平均余额
Size	企业规模，企业资产总额的自然对数
Lev	偿债能力，负债总额/企业总资产
Dual	二职合一，若总经理兼任董事长取 1，否则取 0
Scale	董事会规模，董事会成员的人数
Idd	董事会独立性，独立董事占董事会总人数的比例
Shrcr	第一大股东持股比例，第一大股东持有的股份占总股本的比例

值得注意的是，薪酬管制程度的衡量指标虽然源于薪酬，但是其与薪

酬并不是同一概念。首先，将管理层薪酬与普通员工薪酬实施挂钩，是我国薪酬管制政策的主要内容，相对薪酬能在一定程度上体现政府薪酬管制的程度。其次，从相对薪酬的角度来看，两者的差距越大，并不意味着管理层薪酬越高，也可能是由于普通员工薪酬较低所导致；同理，两者的差距越小，也并不意味着管理层薪酬越低，可能是由于普通员工薪酬较高所导致，薪酬与相对薪酬并不存在直接的正相关关系。除此而外，通过管理层相对薪酬的期望值与实际值相减的计量方式也能更好地体现政府实施薪酬管制的程度和意愿，尽量避免与薪酬之间产生的难以割裂的关系，从而在最大程度上缓解内生性问题。

5.2.2 数据选取与数据来源

2003 年 11 月，国有资产监督管理委员会颁布了《中央企业负责人经营业绩考核暂行办法》，标志着我国国有企业管理层薪酬制度正式步入规范化的轨道，为了能够清晰地呈现出国有企业管理层激励的整体现状，本书选取 2003—2014 年沪深两市 A 股上市公司作为研究样本，并进行如下筛选：①剔除金融类企业；②剔除 ST、*ST、PT、S、S*ST、SST 类样本；③剔除相关变量不全的样本；④为消除极端值的影响，将管理层激励变量在 0~1%和 99%~100%之间的样本进行 Winsorize 缩尾处理。本章管理层薪酬、公司财务和治理数据主要来源于 CSMAR 数据库，在职消费和股权激励计划①的相关数据通过手工收集和整理获得。

5.3 描述性统计分析

表 5-2 列示了薪酬管制程度发生变动情况下管理层激励调整的单变量统计检验结果。均值检验方面，首先，政府薪酬管制程度增强时管理层货币薪酬下降的幅度为 0.02，薪酬管制程度减弱时管理层货币薪酬上升的幅度为 0.269，表明政府薪酬管制程度增强时管理层货币薪酬下降的幅度显

① 2006 年政府颁布了关于股权激励的管理办法，在 2006 年之后限制性股票和股票期权的使用才逐渐增多。因此，2006 年之前的股权激励强度的衡量主要为管理层持股市值，而 2006 年之后的股权激励强度的衡量才为管理层持股市值、限制性股票市值和股票期权市值三者之和。在稳健性检验部分，我们也将用管理层持股替代股权激励强度变量。

著小于薪酬管制程度减弱时管理层货币薪酬上升的幅度，并在1%水平上显著；其次，无论薪酬管制程度增强还是减弱，管理层股权激励强度都会增强，不过在统计水平上不显著，这可能与我国政府的薪酬管制政策并未涉及具体的股权激励管理办法有关；最后，政府薪酬管制程度增强时管理层在职消费程度上升的幅度为0.156，薪酬管制程度减弱时管理层在职消费程度上升的幅度为0.08，表明政府薪酬管制程度增强时管理层在职消费程度上升的幅度显著大于薪酬管制程度减弱时管理层在职消费程度上升的幅度，这一结果在1%水平上显著。

中位数检验方面，首先，政府薪酬管制程度增强时管理层货币薪酬下降的幅度为0，薪酬管制程度减弱时管理层货币薪酬上升的幅度为0.188，表明政府薪酬管制程度增强时管理层货币薪酬下降的幅度显著小于薪酬管制程度减弱时管理层货币薪酬上升的幅度，并在1%水平上显著；其次，无论薪酬管制程度增强还是减弱，管理层股权激励强度都会增强，不过在统计水平上不显著，这可能与我国政府的薪酬管制政策并未涉及具体的股权激励管理办法有关；最后，政府薪酬管制程度增强时管理层在职消费程度上升的幅度为0.129，薪酬管制程度减弱时管理层在职消费程度上升的幅度为0.105，表明政府薪酬管制程度增强时管理层在职消费程度上升的幅度显著大于薪酬管制程度减弱时管理层在职消费程度上升的幅度，这一结果在5%水平上显著。

表5-2　　国有企业管理层激励变动的单变量分析

管理层激励变动	分组	均值	t检验	中位数	z检验	样本量
货币薪酬变动	增强薪酬管制	0.020	−17.99***	0	−34.62***	2 783
	减弱薪酬管制	0.269		0.188		2 641
股权激励变动	增强薪酬管制	0.191	1.12	0.047	−1.38	704
	减弱薪酬管制	0.140		0.198		601
在职消费变动	增强薪酬管制	0.156	2.80***	0.129	2.45**	628
	减弱薪酬管制	0.080		0.105		562

注：*、**、*** 分别表示统计显著水平0.10、0.05、0.01。

本章主要变量的描述性统计分析见表5-3。货币薪酬的平均变化率为0.13，最高达1.43。股权激励的平均变化率为0.07，最高达4.84。在职消费的平均变化率为0.12，最高达1.66。薪酬管制程度的平均变化率为

-0.04，最小值为-12.71，最大值为10.67。大多数国有企业所受到的薪酬管制程度都是逐年增强的，均值为0.51。其余变量的描述性统计详见表5-3，这里不再赘述。

表5-3　主要变量的描述性统计分析

主要变量	均值	中位数	最小值	最大值	标准差
DeltaLnPay	0.13	0.79	-0.93	1.43	0.35
DeltaLnESI	0.07	0.04	-3.3	4.84	0.84
DeltaLnPerk	0.12	0.12	-1.54	1.66	0.47
DeltaLnRegulate	-0.04	0.05	-12.71	10.67	2.95
Inc	0.51	1	0	1	0.5
Roa	0.04	0.03	-0.25	0.29	0.07
Size	21.92	21.74	18.85	25.36	1.28
Lev	0.51	0.52	0.46	1.49	0.21
Dual	0.1	0	0	1	0.3
Scale	9.6	9	5	15	1.97
Idd	0.36	0.33	0.25	0.56	0.05
Shrcr	0.41	0.41	0.09	0.75	0.16

5.4　实证结果与分析

5.4.1　薪酬管制与国有企业管理层激励变动的回归分析

表5-4是薪酬管制与国有企业管理层货币薪酬变动的回归结果。具体的，我们首先分别就政府薪酬管制程度增强和减弱两种情况单独考察管理层货币薪酬的变动情况，其次采用交乘项的设计综合考察薪酬管制程度变动对管理层货币薪酬变动的影响。表5-4的第（1）列显示，当政府薪酬管制程度增强时，管理层货币薪酬下降的幅度为0.059 5，并在1%水平上显著；第（2）列显示，当政府薪酬管制程度减弱时，管理层货币薪酬上升的幅度为0.111，并在1%水平上显著；第（3）列综合回归显示，交叉项 *DeltaLnRegulate*×*Inc* 的回归系数显著大于0。以上三列回归结果共同表明了货币薪酬变动的非对称性存在，并且政府薪酬管制程度增强时管理层货

币薪酬下降的幅度小于薪酬管制程度减弱时管理层货币薪酬上升的幅度，即国有企业管理层薪酬面临管制时，虽然管理层薪酬的水平会下降，但下降的幅度并没有达到预期，管理层薪酬存在向下的刚性。

表 5-4　　薪酬管制与国有企业管理层货币薪酬变动的回归分析

自变量	因变量：*DeltaLnPay*		
	（1）管制增强	（2）管制减弱	（3）综合
DeltaLnRegulate	-0.059 5***	-0.111***	-0.110***
	(-21.06)	(-21.21)	(-22.54)
Inc			-0.076 5***
			(-6.96)
DeltaLnRegulate×Inc			0.050 1***
			(8.71)
Roa	1.131***	1.111***	1.080***
	(13.12)	(9.95)	(15.49)
Size	-0.003 87	-0.023 1***	-0.012 2***
	(-0.87)	(-4.02)	(-3.38)
Lev	0.070 4***	0.185***	0.124***
	(2.70)	(5.47)	(5.84)
Dual	0.051 8***	0.001 6***	0.030 3***
	(3.56)	(4.08)	(3.53)
Scale	0.032***	-0.031***	-0.001 1***
	(3.25)	(-4.97)	(-4.05)
Idd	0.052 6	0.040 5	0.031 9
	(0.57)	(0.34)	(0.43)
Shrcr	-0.095 0***	0.056 5***	-0.027 1***
	(-3.00)	(4.44)	(-3.07)
Cons	0.224**	0.516***	0.271***
	(2.39)	(4.16)	(3.55)
Ind	控制	控制	控制
Year	控制	控制	控制
Adj. R^2	0.221 9	0.259 3	0.378 8
N	2 783	2 641	5 424

注：*、**、*** 分别表示统计显著水平 0.10、0.05、0.01。

表 5-5 是薪酬管制与国有企业管理层股权激励变动的回归结果。具体的，我们首先分别就政府薪酬管制程度增强和减弱两种情况单独考察管理层股权激励的变动情况，其次采用交乘项的设计综合考察薪酬管制程度变动对管理层股权激励变动的影响。表 5-5 的第（1）列显示，当政府薪酬管制程度增强时，管理层股权激励下降的幅度为 0.009 58，但统计上不显著；第（2）列显示，当政府薪酬管制程度减弱时，管理层股权激励上升的幅度为 0.009 53，但统计上不显著；第（3）列综合回归显示，交叉项 *DeltaLnRegulate×Inc* 的回归系数大于 0，但在统计上不显著，股权激励变动的非对称性不存在。以上三列回归结果表明政府薪酬管制程度增强和减弱时，国有企业管理层股权激励强度并未发生显著的变动，并且其变动幅度也没有显著的差异，这可能与我国政府的薪酬管制政策并未涉及具体的股权激励管理办法有关。

表 5-5　薪酬管制与国有企业管理层股权激励变动的回归分析

自变量	因变量：*DeltaLnESI*		
	（1）管制增强	（2）管制减弱	（3）综合
DeltaLnRegulate	−0.009 58	−0.009 53	−0.014 1
	(−0.66)	(−1.27)	(−1.10)
Inc			0.023 5
			(0.43)
DeltaLnRegulate×Inc			0.004 66
			(0.24)
Roa	1.698***	2.181***	2.150***
	(3.04)	(4.76)	(4.64)
Size	−0.013 8***	0.001 55***	0.000 77***
	(−3.48)	(5.07)	(3.04)
Lev	0.183	0.185	0.182
	(1.04)	(1.36)	(1.33)
Dual	0.048 9**	0.003 11**	0.001 61**
	(2.57)	(2.05)	(2.02)
Scale	0.019 5	0.004 70	0.004 78
	(1.17)	(0.37)	(0.38)

表5-5(续)

自变量	因变量：*DeltaLnESI*		
	（1）管制增强	（2）管制减弱	（3）综合
Idd	0.604	−0.033 1	−0.026 9
	(1.06)	(−0.08)	(−0.06)
Shrcr	−0.200***	−0.181***	−0.176***
	(−4.96)	(−5.15)	(−3.11)
Cons	−0.259	−0.448	−0.450
	(−0.44)	(−0.95)	(−0.94)
Ind	控制	控制	控制
Year	控制	控制	控制
Adj. R^2	0.146 6	0.146 8	0.145 6
N	704	1 305	1 305

注：*、**、*** 分别表示统计显著水平 0.10、0.05、0.01。

表5-6是薪酬管制与国有企业管理层在职消费变动的回归结果。具体的，我们首先分别就政府薪酬管制程度增强和减弱两种情况单独考察管理层在职消费的变动情况，其次采用交乘项的设计综合考察薪酬管制程度变动对管理层在职消费变动的影响。表5-6的第（1）列显示，当政府薪酬管制程度增强时，管理层在职消费上升的幅度为0.016 7，在10%水平上显著；第（2）列显示，当政府薪酬管制程度减弱时，管理层在职消费上升的幅度为0.010 7，在5%水平上显著；第（3）列的综合回归显示，当薪酬管制减弱时，在职消费的变动为0.011，当薪酬管制增强时，在职消费的变动为0.016（0.027−0.011），交叉项 *DeltaLnRegulate×Inc* 的回归系数大于0，并在5%水平上显著，这与管理层在职消费变动的单变量分析结果类似。以上三列回归结果共同表明无论薪酬管制程度增强还是减弱，国有企业管理层在职消费水平都会上升，并且政府薪酬管制程度增强时管理层在职消费上升的幅度是显著大于薪酬管制程度减弱时管理层在职消费上升的幅度。

表 5-6　　薪酬管制与国有企业管理层在职消费变动的回归分析

自变量	因变量：*DeltaLnPerk*		
	（1）管制增强	（2）管制减弱	（3）综合
DeltaLnRegulate	0.016 7*	−0.010 7**	−0.011 0*
	(1.78)	(−2.04)	(−1.75)
Inc			0.071 0**
			(1.99)
DeltaLnRegulate×Inc			0.027 0**
			(2.27)
Roa	0.772**	0.472**	0.711***
	(2.04)	(2.07)	(2.73)
Size	−0.017 2***	0.045 9**	0.010 1***
	(−3.85)	(2.25)	(4.71)
Lev	0.138	0.046 1	0.106
	(1.16)	(0.39)	(1.28)
Dual	0.095 2**	−0.014 5**	0.026 8*
	(2.07)	(−1.99)	(1.78)
Scale	0.008 89	−0.021 3**	−0.004 13
	(0.78)	(−2.00)	(−0.53)
Idd	−0.518	−0.348**	−0.420**
	(−1.35)	(−1.89)	(−1.84)
Shrcr	0.027 6***	0.033 3***	0.052 9***
	(4.19)	(4.25)	(5.54)
Cons	0.564***	−0.551***	−0.081 3***
	(4.28)	(−3.04)	(−5.27)
Ind	控制	控制	控制
Year	控制	控制	控制
Adj. R^2	0.105 9	0.105 5	0.109 5
N	628	562	1 190

注：*、**、*** 分别表示统计显著水平 0.10、0.05、0.01。

5.4.2 薪酬管制差异化特征与国有企业管理层激励变动的回归分析

由于并没有显著的证据表明国有企业管理层股权激励随政府薪酬管制程度的变动进行了非对称性的调整，因此在研究薪酬管制差异化特征与管理层激励变动的关系时，我们只分析货币薪酬和在职消费的调整情况。

表 5-7 是薪酬管制、国有企业功能定位与管理层激励变动的回归分析。具体的，在政府薪酬管制程度变动的情况下，我们将样本分为主业处于非充分竞争性行业的国有企业和主业处于充分竞争性行业的国有企业两类，分样本对管理层货币薪酬变动和在职消费变动情况进行回归。表中（1）、（2）列显示，对主业处于非充分竞争性行业的国有企业进行回归时，交叉项 *DeltaLnIncentive*×*Inc* 的系数为 0.004 3，但不显著；而对主业处于充分竞争性行业的国有企业进行回归时，交叉项 *DeltaLnIncentive*×*Inc* 的系数为 0.029 9，在 1%水平上显著，并且 0.004 3 小于 0.029 9，在 1%水平上显著，这也就表明当政府的薪酬管制程度发生变动时，由于主业处于非充分竞争性行业的国有企业管理层受到了政府更多的干预和管制，所以其货币薪酬变动的非对称性降低了。表中（3）、（4）列显示，对主业处于非充分竞争性行业的国有企业进行回归时，交叉项 *DeltaLnIncentive*×*Inc* 的系数为 0.017 9，但不显著；而对主业处于充分竞争性行业的国有企业进行回归时，交叉项 *DeltaLnIncentive*×*Inc* 的系数为 0.027 4，在 5%水平上显著，并且 0.017 9 小于 0.027 4，在 10%水平上显著，这也就表明当政府的薪酬管制程度发生变动时，由于主业处于非充分竞争性行业的国有企业管理层薪酬受到更多的干预和管制，这也包括对其职务消费更强的监督，所以其在职消费变动的非对称性降低了。

表 5-7 薪酬管制、国有企业功能定位与管理层激励变动的回归分析[①]

自变量	*DeltaLnPay*		*DeltaLnPerk*	
	（1）非充分竞争性行业	（2）充分竞争性行业	（3）非充分竞争性行业	（4）充分竞争性行业
Delta LnRegulate	−0.082 9***	−0.051 2***	−0.014 3	−0.012 4*
	(−15.07)	(−22.32)	(−0.79)	(−1.71)

① 按照功能定位分类，薪酬和在职消费调整模型中交叉项组间系数比较的卡方值分别为 23.21、4.53。

表5-7(续)

自变量	DeltaLnPay		DeltaLnPerk	
	(1) 非充分竞争性行业	(2) 充分竞争性行业	(3) 非充分竞争性行业	(4) 充分竞争性行业
Inc	-0.125***	-0.115***	0.031 4	0.091 8**
	(-6.50)	(-10.84)	(0.45)	(2.18)
*DeltaLnIntentive * Inc*	0.004 3	0.029 9***	0.017 9	0.027 4**
	(1.22)	(3.70)	(0.56)	(2.02)
Roa	1.584***	0.978***	1.398**	0.438***
	(10.13)	(12.47)	(2.44)	(4.46)
Size	-0.014 6**	-0.010 2**	-0.024 4***	0.037 1*
	(-2.23)	(-2.30)	(-4.05)	(1.95)
Lev	0.225***	0.106***	0.457***	-0.023 3***
	(4.71)	(4.46)	(2.75)	(-3.24)
Dual	0.062 3**	0.025 9**	-0.180**	0.052 8**
	(2.05)	(2.09)	(-2.28)	(2.06)
Scale	-0.001 49	0.000 195	-0.000 658	-0.008 72
	(-0.38)	(0.08)	(-0.05)	(-0.91)
Idd	-0.054 4	0.034 9	-0.562	-0.536*
	(-0.32)	(0.42)	(-0.82)	(-1.74)
Shrcr	-0.042 9***	-0.019 7***	0.065 7***	0.101***
	(-3.79)	(-4.68)	(3.34)	(3.86)
Cons	0.597***	0.420***	0.991***	-0.515***
	(3.92)	(4.55)	(5.46)	(-4.34)
Ind	控制	控制	控制	控制
Year	控制	控制	控制	控制
Adj. R^2	0.420 7	0.373 5	0.103 4	0.117 6
N	1 204	4 220	289	901

注：*、**、*** 分别表示统计显著水平 0.10、0.05、0.01。

表 5-8 是薪酬管制、政府控制程度与管理层激励变动的回归分析。具体的，在政府薪酬管制程度变动的情况下，我们将样本分为政府直接持股的国有企业和间接持股的国有企业两类，分样本对管理层货币薪酬变动和在职消费变动情况进行回归。表中（1）、（2）列显示，对政府直接持股的

国有企业进行回归时，交叉项 *DeltaLnIncentive×Inc* 的系数为 0. 006 23，在 10%水平上显著；而对政府间接持股的国有企业进行回归时，交叉项 *DeltaLnIncentive×Inc* 的系数为 0. 021 1，在 10%水平上显著，并且 0. 006 23 小于 0. 021 1，在 1%水平上显著，这也就表明当政府的薪酬管制程度发生变动时，由于政府直接持股的国有企业管理层受到了政府更多的干预和管制，所以其货币薪酬变动的非对称性降低了。表中（3）、（4）列显示，对政府直接持股的国有企业进行回归时，交叉项 *DeltaLnIncentive×Inc* 的系数为-0. 003 96，但不显著；而对政府间接持股的国有企业进行回归时，交叉项 *DeltaLnIncentive×Inc* 的系数为 0. 031 3，在 5%水平上显著，并且-0. 003 96 小于 0. 031 3，在 1%水平上显著，这也就表明当政府的薪酬管制程度发生变动时，由于主业处于非充分竞争性行业的国有企业管理层薪酬受到更多的干预和管制，这也包括对其职务消费更强的监督，所以其在职消费变动的非对称性降低了。

表 5-8　薪酬管制、政府控制程度与管理层激励变动的回归分析①

自变量	*DeltaLnPay*		*DeltaLnPerk*	
	（1）政府直接持股	（2）政府间接持股	（3）政府直接持股	（4）政府间接持股
Delta LnRegulate	-0. 067 2***	-0. 053 9***	0. 076 0	-0. 015 1*
	（-8. 35）	（-24. 54）	（1. 65）	（-1. 84）
Inc	-0. 164***	-0. 118***	-0. 056 1	0. 073 8**
	（-4. 60）	（-12. 20）	（-0. 42）	（1. 97）
DeltaLnIntentive ×Inc	0. 006 23*	0. 021 1*	-0. 003 96	0. 031 3**
	（1. 85）	（1. 79）	（-0. 06）	（2. 06）
Roa	0. 596*	1. 108***	-1. 277***	0. 769***
	（1. 95）	（15. 33）	（-3. 21）	（2. 82）
Size	0. 007 32***	-0. 013 3***	-0. 009 78***	0. 013 9***
	（3. 45）	（-3. 60）	（-3. 16）	（3. 94）
Lev	0. 178*	0. 122***	0. 933**	0. 073 0***
	（1. 91）	（5. 55）	（2. 42）	（2. 85）
Dual	-0. 003 78***	0. 031 0**	0. 147**	0. 032 6*
	（-3. 09）	（2. 46）	（1. 91）	（1. 77）

① 按照控制程度分类，薪酬和在职消费调整模型中交叉项组间系数比较的卡方值分别为 25. 44、44. 54。

表5-8(续)

自变量	*DeltaLnPay*		*DeltaLnPerk*	
	(1) 政府直接持股	(2) 政府间接持股	(3) 政府直接持股	(4) 政府间接持股
Scale	0.001 83	0.000 044 2	0.004 25	−0.004 48
	(0.22)	(0.02)	(0.14)	(−0.55)
Idd	0.321	0.021 9	2.209*	−0.463
	(1.02)	(0.28)	(1.93)	(−1.62)
Shrcr	−0.021 7***	−0.030 3***	−0.060 0***	0.024 5***
	(−4.18)	(−3.15)	(−4.12)	(3.24)
Cons	−0.028 1***	0.292***	−1.077***	−0.120***
	(−5.08)	(3.69)	(−4.77)	(−3.38)
Ind	控制	控制	控制	控制
Year	控制	控制	控制	控制
Adj. R^2	0.465 7	0.371 7	0.199 8	0.108 5
N	384	5 022	74	1 110

注：*、**、*** 分别表示统计显著水平 0.10、0.05、0.01。

表5-9是薪酬管制、政府控制层级与管理层激励变动的回归分析。具体的，在政府薪酬管制程度变动的情况下，我们将样本分为中央国有企业和地方国有企业两类，分样本对管理层货币薪酬变动和在职消费变动情况进行回归。表中（1）、（2）列显示，对中央国有企业进行回归时，交叉项 *DeltaLnIncentive*×*Inc* 的系数为 0.005 83，不显著；而对地方国有企业进行回归时，交叉项 *DeltaLnIncentive*×*Inc* 的系数为 0.007 64，在5%水平上显著，并且 0.005 83 小于 0.007 64，不显著，这也就表明当政府的薪酬管制程度发生变动时，由于中央国有企业管理层受到了政府更多的干预和管制，所以其货币薪酬变动的非对称性降低了。表中（3）、（4）列显示，对中央国有企业进行回归时，交叉项 *DeltaLnIncentive*×*Inc* 的系数为 0.021 4，但不显著；而对地方国有企业进行回归时，交叉项 *DeltaLnIncentive*×*Inc* 的系数为 0.054 1，在10%水平上显著，并且 0.021 4 小于 0.054 1，在10%水平上显著，这也就表明当政府的薪酬管制程度发生变动时，由于中央国有企业管理层薪酬受到更多的干预和管制，这也包括对其在职消费更强的监督，所以其在职消费变动的非对称性降低了。

表 5-9　薪酬管制、政府控制层级与管理层激励变动的回归分析①

自变量	DeltaLnPay		DeltaLnPerk	
	(1) 中央国有企业	(2) 地方国有企业	(3) 中央国有企业	(4) 地方国有企业
Delta LnRegulate	-0.063 4***	-0.053 9***	-0.001 90	-0.015 0*
	(-10.63)	(-23.81)	(-0.05)	(-1.86)
Inc	-0.063 2***	-0.130***	-0.136	0.104***
	(-2.72)	(-12.74)	(-1.08)	(2.79)
DeltaLnIntentive ×Inc	0.005 83	0.007 64**	0.021 4	0.054 1*
	(0.59)	(2.23)	(0.88)	(1.93)
Roa	1.478***	1.024***	1.694***	0.565**
	(8.10)	(13.50)	(3.52)	(2.11)
Size	-0.023 3**	-0.009 59**	-0.000 990	0.016 1***
	(-2.47)	(-2.36)	(-0.02)	(3.02)
Lev	0.201***	0.120***	0.177***	0.084 5***
	(3.27)	(5.27)	(3.50)	(4.00)
Dual	-0.005 79***	0.032 5**	0.075 3***	0.000 075 5***
	(-3.16)	(2.53)	(4.41)	(4.00)
Scale	-0.003 28	0.000 287	-0.006 01	-0.005 54
	(-0.60)	(0.13)	(-0.19)	(-0.69)
Idd	0.078 0	0.035 7	-0.518	-0.278
	(0.46)	(0.43)	(-0.69)	(-0.89)
Shrcr	0.008 73***	-0.032 4***	0.243***	0.037 6***
	(5.12)	(-3.18)	(3.60)	(3.37)
Cons	0.806***	0.417***	-0.082 6***	-0.264***
	(4.05)	(4.73)	(-3.07)	(-3.78)
Ind	控制	控制	控制	控制
Year	控制	控制	控制	控制
Adj. R^2	0.409 5	0.375 8	0.121 3	0.114 4
N	716	4 708	160	1 030

注：*、**、*** 分别表示统计显著水平 0.10、0.05、0.01。

① 按照控制层级分类，薪酬和在职消费调整模型中交叉项组间系数比较的卡方值分别为 0.91、3.01。

上述实证回归结果表明，当政府对国有企业管理层实施薪酬管制时，主业处于非充分竞争性行业的国有企业、政府直接持股的国有企业、中央国有企业管理层激励变动的非对称性程度显著减弱或消失，而主业处于充分竞争性行业的国有企业、政府间接持股的国有企业、地方国有企业管理层激励变动的非对称性依然存在。以上结果表明政府应根据国有企业的功能定位、对国有企业的控制程度以及控制层级对国有企业及其管理层实施分类管理和干预。

5.5 稳健性检验

为了保证本书研究结论的稳定性，首先，我们用"薪酬最高的前三位董事"的平均薪酬和"所有公司董事、监事和高级管理人员"的平均薪酬对"薪酬最高的前三位高级管理人员"的平均薪酬进行替代，用管理层持股作为股权激励的替代变量，用管理费用与主营业务收入的比值作为管理层在职消费的替代，对各个假设进行验证，上述结论仍然成立。其次，我们用管理层激励绝对值的自然对数和政府薪酬管制变量的绝对值替代这些变量的变化值，重新带入上述模型进行相关实证分析，结论保持不变。最后，我们对所有控制变量实施了一阶差分处理，重新对上述模型进行相关实证分析，结论保持不变。

5.6 本章小结

本章利用 2003—2014 年沪深两地 A 股国有上市公司的相关数据，研究了政府薪酬管制政策对管理层激励水平和方向的调整，具体考察了当政府薪酬管制程度增强或减弱时，包括货币薪酬、在职消费、股权激励在内的三种管理层激励方式的变动情况，具体结论如下：

（1）政府对国有企业管理层薪酬时而增强管制、时而减弱管制的动态干预，会引发管理层激励的非对称调整，具体体现在管理层货币薪酬和在职消费的非对称变动。我们发现，政府薪酬管制程度增强时管理层货币薪酬下降的幅度会显著小于薪酬管制程度减弱时管理层货币薪酬上升的幅度，政府薪酬管制程度增强时管理层在职消费程度上升的幅度会显著大于薪酬管制程度减弱时管理层在职消费程度上升的幅度。表明在薪酬管制强度上升时，管理层货币薪酬虽然降低了，但其调整幅度并没有达到政策的预期，作为隐性替代激励的在职消费此时会大幅增加。但并没有显著的证据表明国有企业管理层股权激励随政府薪酬管制程度的变动进行了非对称性的调整。

（2）当政府对国有企业管理层实施薪酬管制时，主业处于非充分竞争性行业的国有企业、政府直接持股的国有企业、中央国有企业管理层激励变动的非对称性程度显著减弱或消失，而主业处于充分竞争性行业的国有企业、政府间接持股的国有企业、地方国有企业管理层激励变动的非对称性依然存在，表明薪酬管制政策对于前三种类别的国有企业更加有效。

6 差异化薪酬管制与管理层激励的动态调整

在上一章我们考察了政府薪酬管制政策对管理层激励水平和方向的调整，在本章我们将继续研究政府差异化的薪酬管制与管理层激励调整速度的关系，具体的，我们将从管理层激励的调整速度和实际管理层激励偏离目标管理层激励的程度两个方面，检验薪酬管制程度对管理层激励动态调整的影响。这里的动态调整是指管理层激励实际值向管理层最优激励水平的调整，而我国历年来颁布的相关薪酬管制政策的最终目的都是为了使国有企业管理层薪酬制度做到水平适当、结构合理、管理规范，从而最大程度上激励国有企业实现经济效益和社会效益的统一，那么政府的薪酬管制政策是否能够促使国有企业管理层激励向最优水平不断调整呢？政府根据国有企业的功能定位、对国有企业的控制程度以及控制层级而实施的差异化管制措施又会对管理层激励的动态调整产生怎样的影响？这些问题值得我们关注。

6.1 理论分析与研究假设

6.1.1 薪酬管制与国有企业管理层激励动态调整

在财务管理领域，现有研究动态调整模型的文献多集中于企业资本结构动态调整方面，多数学者都围绕着资本结构的调整速度进行研究（Flannnery and Rangan，2006；Byoun，2008；Cook and Tang，2010；盛明泉等，2012；黄继承等，2014；黄继承、姜付秀，2015），部分学者从实际资本结构偏离最优资本结构的程度来考察动态资本结构决策（Lööf，2004；Titman and Tsyplakov，2007；姜付秀等，2008；姜付秀、黄继承，2011），还有少部分学者研究了企业现金持有量的动态调整模型（Ozkan et al.，2004、2006；肖明等，2013）。目前，从政府干预视角研究国有企业管理层激励动态调整能力的文献较为鲜见。

2003 年 11 月国有资产监督管理委员会颁布的《中央企业负责人经营业绩考核暂行办法》和 2004 年 11 月再次颁布的《中央企业负责人薪酬管理暂行办法》，标志着我国国有企业管理层薪酬制度正式步入规范化的轨道，年薪制的确立以及国有企业经营者激励机制的完善有效地激励了企业经营者的工作热情，国有企业的经营绩效获得了大幅度的改善，经营者收入与企业业绩挂钩的模式也使得国有企业的经营者收入大幅度提升。但与此同时，国有企业经营者薪酬水平与管理者的自身能力以及其工作努力程度不符，国有企业经营者的薪酬具有向下的刚性，国有企业经营者与普通员工的收入差距过大等现象，都伴随着国有企业管理层薪酬水平的持续上升，引发了社会公众的质疑和强烈不满。同时，中央和各地政府也对目前国有企业管理层的薪酬机制进行了反思，并出台了一系列的薪酬管控办法。例如，2007 年 8 月山东省政府颁布了《关于加强企业工资宏观调控健全职工工资正常增长机制意见》，2007 年 8 月北京市政府颁布了《北京市国有及国有控股企业负责人经营业绩考核暂行办法》。2008 年金融危机的爆发，我国国有企业业绩普遍下滑，经济环境持续恶化，2009 年 2 月财政部也下发了《金融类国有及国有控股企业负责人薪酬管理办法（征求意见稿）》，2009 年 9 月人力资源和社会保障部、中央组织部、监察部、财政部、审计署、国有资产监督管理委员会联合下发了《关于进一步规范中央企业负责人薪酬管理的指导意见》，2014 年 8 月中共中央政治局审议通过了《中央管理企业负责人薪酬制度改革方案》，这些薪酬管制政策从适用范围、薪酬规范管理的基本原则以及薪酬的结构和水平等多方面对国有企业管理层的薪酬管理做出了规范。可以看出，我国政府薪酬管制的目的并不是为了限制国有企业管理层薪酬，而是为了促使国有企业管理层激励制度更为合理和完善，重点强调国有企业管理层“权责”的对等，业绩与薪酬的匹配，短期激励与长期激励的匹配，从而最大程度上激励国有企业实现经济效益和社会效益的统一。

与企业资本结构动态调整类似，企业管理层的激励水平也应存在一个最优水平，不过在企业的发展过程中，由于各种原因，企业管理层的激励水平会偏离其最优水平。这时，政府就会针对国有企业不断地出台相应的薪酬管制措施，对国有企业管理层激励的水平、结构进行规范，以避免其管理层激励长期偏离最优水平。从长期看来，政府会依据国有企业自身的具体情况，对薪酬管制的强度进行调整，时而加强管制，时而减弱管制，因此国有企业管理层激励的水平也会呈现不断调整的态势。那么，具体的，政府的薪酬管制政策是否加快了国有企业管理层激励向最优水平调整的速度、缩小了管理层激励实际值与目标值之间的偏离度，这方面并没有相应的实证检验结果。

假设 1　在其他条件一定的情况下，政府的薪酬管制会提升国有企业管理层激励向最优水平调整的速度，缩小了管理层激励实际值与目标值之间的偏离程度。

6.1.2 薪酬管制差异化特征与国有企业管理层激励动态调整结果

政府会根据国有企业的功能定位、对国有企业的控制程度以及控制层级对国有企业及其管理层实施分类管理和干预，那么政府差异化的薪酬管制方式会对管理层激励的动态调整产生怎样的影响？

首先，在国有企业的功能定位方面，主业处于非充分竞争性行业的国有企业多为涉及国家经济和社会安全、具备自然垄断特征的特殊功能类商业性国有企业以及公益性的国有企业，这些企业肩负了实现经济效益、社会效益和安全效益的综合目标，以及保障民生、服务社会、提供公共产品和服务的社会性目标，因此处于非充分竞争性行业的国有企业拥有政府赋予的特殊权利，相应的其管理层就会受到政府和社会更多的关注和监督。相较于充分竞争性行业的国有企业，政府会对非充分竞争性行业的国有企业管理层实施更强的干预，以保证其激励水平的合理性，因此主业处于非充分竞争性行业的国有企业管理层激励实际水平与最优水平之间的偏离度应更低。

其次，在政府对国有企业的控制程度方面，对于政府直接持股的上市公司，政府与企业间不存在层级，因此政府对企业的干预可以更为容易，政府可以直接参与企业管理层薪酬的制定和监督。而对于政府间接持股的上市公司，政府与企业间还存在着国有企业集团之类的持股单位，这些中间机构的存在使得政府对企业的干预需要经过多个层级，这就在一定程度上增加了企业的自主权。相较于政府间接持股的国有企业，政府会对其直接持股的国有企业管理层实施更强的干预，以保证其激励水平的合理性，因此政府直接持股的国有企业管理层激励实际水平与最优水平之间的偏离度应更低。

最后，在政府对国有企业的控制层级方面，中央国有企业多为国家经济和安全战略性重要地位的企业，掌控了更多的国家资源，因而会受到政府和社会的更多关注。并且，在薪酬管制政策的颁布顺序上，一般是先由中央政府各部门颁布针对中央国有企业的薪酬管制政策，再由各地方政府根据中央发布的薪酬管制政策和地方国有企业的具体情况颁布针对地方国有企业的薪酬管制政策，政府会对中央国有企业管理层实施更强的干预，以保证其激励水平的合理性，因此中央国有企业管理层激励实际水平与最优水平之间的偏离度应更低。

假设 2　在其他条件一定的情况下，主业处于非充分竞争性行业的国有企业、政府直接持股的国有企业以及中央国有企业，其管理层激励实际值与目标值之间的偏离程度将更低。

6.2 研究设计与样本选择

6.2.1 模型设计与变量定义

参照 Flannnery and Rangan（2006）、Byoun（2008）、Cook and Tang（2010）、盛明泉等（2012）、黄继承等（2014）、黄继承和姜付秀（2015）对资本结构调整速度的研究方法，Lööf（2004）、Titman and Tsyplakov（2007）、姜付秀等（2008）、姜付秀和黄继承（2011）对实际资本结构偏离最优资本结构程度的研究方法，以及 Ozkan et al.（2004，2006）、肖明等（2013）对企业现金持有量动态调整模型的研究，我们将从管理层激励的调整过程和调整结果两个方面考察政府薪酬管制政策对管理层激励调整能力的影响。具体的，本章实证研究将分为两个部分：首先，建立管理层激励的部分调整模型以考察政府薪酬管制对国有企业管理层激励调整速度的影响；其次，检验政府薪酬管制对国有企业管理层激励偏离最优管理层激励程度的影响①。

（1）薪酬管制与国有企业管理层激励调整速度

我们用下面的模型衡量企业管理层最优激励水平：

$$Incentive^{*}_{i,t} = \alpha + \beta X_{i,t} + \varepsilon \tag{1}$$

其中，$Incentive^{*}_{i,t}$表示企业 t 年的最优管理层激励水平，向量组 $X_{i,t}$ 为实证研究中一般会控制的管理层激励决定因素，包括了企业盈利能力、规模大小、财务杠杆、二职合一、董事会规模、董事会独立性、大股东持股比例、所在地区、年度、行业等，ε 为企业特殊的非观测效应。

在定义了企业最优管理层激励水平后，由于调整成本的存在，致使企业在偏离最优管理层激励水平时只能做出部分的调整，最终调整速度的快慢以及调整程度的大小取决于调整成本的多少。因此，我们利用部分调整模型来估计企业管理层激励的调整速度，通过在标准部分调整模型的基础

① 因为管理层激励动态调整的基本思路与资本结构动态调整和企业现金持有量动态调整一致，因此我们认为可以将上述动态调整模型的计量方法运用到我们的研究中。

上引入政府薪酬管制程度变量，构建了扩展的部分调整模型，以此来检验政府薪酬管制政策对国有企业管理层激励调整速度的影响。标准的部分调整模型为：

$$Incentive_{i,t} - Incentive_{i,t-1} = \delta(Incentive^{*}_{i,t} - Incentive_{i,t-1}) + \varepsilon \quad (2)$$

其中，$Incentive_{i,t}$表示第 t 年的管理层激励水平，$Incentive_{i,t-1}$表示第 $t-1$ 年的管理层激励水平，这里的管理层激励主要包括了管理层货币薪酬、股权激励和在职消费三项内容。δ 表示企业管理层激励的调整速度，若 $\delta=1$，则表示企业在一个时期间隔内将管理层激励恰好调整至最优水平；若 $0<|\delta|<1$，则表示企业在一个时期间隔内将管理层激励做了部分调整；若 $|\delta|>1$，则表示企业在一个时期间隔内将管理层激励做了过度调整；若 $\delta>0$，则表示企业管理层激励调整的方向与拟调整方向相同；若 $\delta<0$，则表示企业管理层激励调整的方向与拟调整方向相反；若 $\delta=0$，则表示企业管理层激励完全没有进行调整。

将（1）式代入（2）式，整理后得到：

$$Incentive_{i,t} = (1 - \delta) Incentive_{i,t-1} + \delta\beta X_{i,t} + \varepsilon \quad (3)$$

其中，δ 即为模型估计得到的国有企业样本公司每年平均的管理层激励调整速度。

为了考察政府薪酬管制程度对国有企业管理层激励调整速度的影响，我们首先按照薪酬管制程度高低样本进行分组，进行子样本的回归分析，以比较不同薪酬管制程度下的管理层激励调整速度是否存在差异。其次，我们在（3）式的右边加入政府薪酬管制程度 $Regulation_{i,t}$ 以及政府薪酬管制程度 $Regulation_{i,t}$ 与管理层激励 $Incentive_{i,t-1}$ 的交互项，得到扩展的部分调整模型：

$$Incentive_{i,t} = (1 - \delta) Incentive_{i,t-1} + \gamma Regulation_{i,t} + \varphi Regulation_{i,t} \times Incentive_{i,t-1} + \delta\beta X_{i,t} + \varepsilon \quad (4)$$

这时，国有企业管理层激励的调整速度可以表示为 $\delta' = \delta - \varphi * Regulation_{i,t}$，政府薪酬管制程度 $Regulation_{i,t}$ 正值越大，表示国有企业管理层薪酬受到的管制越强，如果 φ 的符号显著为负，则说明国有企业管理层激励的调整速度会随政府薪酬管制强度的增强而加快，如果 φ 的符号显著为正，则说明国有企业管理层激励的调整速度会随政府薪酬管制强度的增强而降低。

（2）薪酬管制与国有企业管理层激励偏离最优程度

在本章实证检验中，国有企业管理层实际激励水平与最优激励水平之间的差距即为我们定义的偏离程度，它可以用来衡量在一个时期间隔内管理层激励调整的效果，偏离程度越小，表明管理层实际激励水平越接近于其最优水平，即调整效果越好。为了检验政府薪酬管制如何影响国有企业管理层激励偏离最优水平的程度，我们建立以下模型：

$$DIS_{i,t} = \alpha + \gamma \mathrm{Regulation}_{i,t} + \beta X_{i,t} + \varepsilon \tag{5}$$

其中，$DIS_{i,t} = |Incentive_{i,t} - Incentive^{*}_{i,t}|$，表示国有企业管理层实际激励水平偏离最优激励水平的程度。政府薪酬管制程度 $Regulation_{i,t}$ 用来检验政府薪酬管制对国有企业管理层激励偏离最优水平程度的影响，$X_{i,t}$ 为实证研究中一般会控制的管理层激励决定因素，与（1）式相同。如果 γ 显著为正，则表示政府薪酬管制程度越高，管理层实际激励水平偏离最优激励水平的程度越高；如果 γ 显著为负，则表示政府薪酬管制程度越高，管理层实际激励水平偏离最优激励水平的程度越低。

需要说明的是，顾乃康等（2013）采用六种主要估计方法对我国资本结构动态调整模型进行了实证检验，发现固定效应估计法（FE）普遍会高估调整速度，系统 GMM 在实际样本的检验过程中无法通过工具变量的相关检验，考虑到我国上市公司样本分布形态更适合于剔除模拟样本的情形，双边截取 Tobit 估计法（DPF）和长差分估计法（LD）也不适合对调整速度进行估计，传统的混合 OLS 可能是估计我国上市公司调整速度的最有效方法。因此，我们将主要采用混合 OLS、国定效应（FE）和随机效应（RE）三种方法对管理层激励的调整速度进行估计。

变量定义方面，我们用“薪酬最高的前三位高级管理人员”的平均薪酬表示管理层的货币薪酬，用管理层持股的市值表示股权激励强度。管理层在职消费，参照夏东林（2004）、陈冬华等（2005）和罗宏（2008）对在职消费的计量方式，主要通过查阅上市公司年报附注中“支付的其他与经营活动相关的现金流量”这一明细项目，对其进行手工收集得到在职消费数据。年报中通常会对管理费用中数额较大的项目明细予以披露，而其中部分项目与管理层的在职消费相关，因此我们将与管理层在职消费相关的项目分为八类：办公费、差旅费、企业招待费、通信费、出国培训费、董事会费、交通费和会议费，这些项目最可能成为管理层谋取个人私利的途径，我们将这些明细项目数据进行加总即得到管理层的在职消费数据。

关于薪酬管制程度的衡量，与第四节的模型设计方法一样，首先，从企业业绩、资产规模、内外部治理效应、行业特征、年度特征五个方面对相对薪酬模型进行定义。其次，采用更接近于市场化水平的非国有企业样本估计管理层相对薪酬回归模型系数，之后带入国有企业样本，从而估计国有企业管理层相对薪酬的期望值，接着用国有企业管理层相对薪酬的期望值与实际值之间的差额来衡量薪酬管制程度。差值为正表示国有企业管理层薪酬受到管制，并且正值越大意味着其管理层所受到的薪酬管制越强，差值为负表示国有企业管理层薪酬不受管制。采用上述差值方法对薪酬管制进行计量是因为影响管理层相对薪酬的因素不仅包含了政府薪酬管制因素，还包含了其他影响管理层相对薪酬的企业经济因素，那么将这些企业经济因素排除后，就可以合理地估计出政府薪酬管制对管理层相对薪酬的影响。

对主业处于非充分竞争性行业和充分竞争性行业的国有企业、政府直接持股和间接持股的国有企业、中央国有企业和地方国有企业的定义，详见第四章差异化因素定义部分。控制变量主要包括了盈利能力（*Roa*）、企业规模（*Size*）、偿债能力（*Lev*）、二职合一（*Dual*）、董事会规模（*Scale*）、董事会独立性（*Idd*）、第一大股东持股比例（*Shrcr*），东部地区（*East*）。主要变量定义见表6-1。

表6-1　　　　变量说明

1. 被解释变量	
$Incentive_{i,t}$	管理层激励水平变量，分别用管理层货币薪酬的对数（$LnPay_{i,t}$）、股权激励的对数（$LnESI_{i,t}$）以及在职消费的对数（$LnPerk_{i,t}$）表示
$DIS_{i,t}$	管理层激励实际水平偏离最优水平的程度，通过 $\lvert Incentive_{i,t}-Incentive^*_{i,t}\rvert$ 计算得到，用货币薪酬偏离水平 $DISPay_{i,t}$、股权激励偏离水平 $DISESI_{i,t}$、在职消费偏离水平 $DISPerk_{i,t}$ 表示
2. 解释变量	
$Incentive_{i,t-1}$	滞后一期的管理层激励水平变量，分别用滞后一期的管理层货币薪酬的对数（$LnPay_{i,t-1}$）、股权激励的对数（$LnESI_{i,t-1}$）以及在职消费的对数（$LnPerk_{i,t-1}$）表示
$Regulate_{i,t}$	政府薪酬管制程度变量，用（管理层相对薪酬期望值-管理层相对薪酬实际值）表示
$Monopoly_{i,t}$	非充分竞争性行业，企业处于非充分竞争性行业取1，否则取0
$Soe_{i,t}$	政府直接持股的国有企业，直接控股股东为政府的企业取1，否则取0
$Centra_{i,t}$	中央国有企业，最终控制人为中央政府的取1，否则取0

表6-1(续)

3. 控制变量	
$Roa_{i,t}$	盈利能力，企业净利润/企业总资产平均余额
$Size_{i,t}$	企业规模，企业资产总额的自然对数
$Lev_{i,t}$	偿债能力，负债总额/企业总资产
$Dual_{i,t}$	二职合一，若总经理兼任董事长取 1，否则取 0
$Scale_{i,t}$	董事会规模，董事会成员的人数
$Idd_{i,t}$	董事会独立性，独立董事占董事会总人数的比例
$Shrcr_{i,t}$	第一大股东持股比例，第一大股东持有的股份占总股本的比例
$East_{i,t}$	东部地区，如果上市公司总部位于北京市、天津市、上海市、河北省、山东省、江苏省、浙江省、福建省、广东省、海南省取 1，否则取 0

6.2.2 数据选取与数据来源

2003 年 11 月，国有资产监督管理委员会颁布了《中央企业负责人经营业绩考核暂行办法》，标志着我国国有企业管理层薪酬制度正式步入规范化的轨道，为了能够清晰地呈现出国有企业管理层激励的整体现状，本书选取 2003—2014 年沪深两市 A 股上市公司作为研究样本，并进行如下筛选：①剔除金融类企业；②剔除 ST、*ST、PT、S、S*ST、SST 类样本；③剔除相关变量不全的样本；④为消除极端值的影响，将管理层激励变量在 0~1%和 99%~100%之间的样本进行 Winsorize 缩尾处理。本章管理层薪酬、股权激励强度、公司财务和治理数据主要来源于 CSMAR 数据库，在职消费的相关数据通过手工收集和整理获得。

6.3 描述性统计分析

从表 6-2 可知，国有企业货币薪酬对数的均值为 12.48，中位数为 12.56，标准差为 0.89。国有企业股权激励对数的均值为 13.06，中位数为 12.76，标准差为 2.63。国有企业在职消费对数的均值为 16.02，中位数为 16.61，标准差为 1.25。国有企业管理层实际货币薪酬偏离最优水平的均值为0.23，中位数为0.16，标准差为0.23。国有企业管理层实际股权激励偏离最优水平的均值为0.44，中位数为0.26，标准差为0.65。国有企业管理层实际在职消费偏离最优水平的均值为0.35，中位数为0.24，标准差为0.45。政府薪酬管制的均值为2.15，中位数为3.09，标准差为5.22。其余变量描述性统计详见表6-2，这里不再赘述。

表6-2　　主要变量的描述性统计分析

主要变量	均值	中位数	最小值	最大值	标准差
$LnPay_{i,t}$	12.48	12.56	10.34	14.61	0.89
$LnESI_{i,t}$	13.06	12.76	4.72	22.47	2.63
$LnPerk_{i,t}$	16.62	16.61	13.33	19.68	1.25
$DISPay_{i,t}$	0.23	0.16	0	2.33	0.23
$DISESI_{i,t}$	0.44	0.26	0	8.55	0.65
$DISPerk_{i,t}$	0.35	0.24	0	5.93	0.45
$Regulate_{i,t}$	2.15	3.09	−22.63	9.98	5.22
$Roa_{i,t}$	0.04	0.03	−0.25	0.29	0.07
$Size_{i,t}$	21.92	21.74	18.85	25.36	1.28
$Lev_{i,t}$	0.51	0.52	0.46	1.49	0.21
$Dual_{i,t}$	0.1	0	0	1	0.3
$Scale_{i,t}$	9.6	9	5	15	1.97
$Idd_{i,t}$	0.36	0.33	0.25	0.56	0.05
$Shrcr_{i,t}$	0.41	0.41	0.09	0.75	0.16
$East_{i,t}$	0.53	1	0	1	0.49

6.4　实证结果与分析

6.4.1　薪酬管制与国有企业管理层激励调整速度

表6-3是薪酬管制与国有企业管理层货币薪酬调整速度的回归结果。具体的，我们首先按照薪酬管制程度高低样本进行分组，进行子样本的OLS回归分析，以比较不同薪酬管制程度下的管理层货币薪酬调整速度是否存在差异。其次对扩展的部分调整模型分别采用混合OLS、固定效应

（FE）和随机效应（RE）三种方法进行回归检验。表 6-3 的第（1）、（2）列显示，$LnPay_{i,\ t-1}$ 的回归系数分别为 0.721 和 0.592，在 1%水平上显著。通过计算可知受到薪酬管制程度较高的国有企业，其管理层货币薪酬调整速度为 0.279（1-0.721），而受到薪酬管制程度较低的国有企业，其管理层货币薪酬调整速度为 0.408（1-0.592），由此我们可以得到初步结论，薪酬管制程度越高，国有企业管理层货币薪酬的调整速度越慢。

进一步的，为了考察政府薪酬管制程度对国有企业管理层货币薪酬调整速度的影响，我们对扩展部分调整模型进行 OLS 回归，调整速度为 $\delta' = \delta - \varphi \times Regulation_{i,t}$，政府薪酬管制程度 $Regulation_{i,t}$ 与管理层货币薪酬 $LnPay_{i,t-1}$ 的交互项系数显著为正，在 1% 水平上显著。并且固定效应（FE）和随机效应（RE）中政府薪酬管制程度 $Regulation_{i,t}$ 与管理层货币薪酬 $LnPay_{i,t-1}$ 的交互项系数也显著为正，在 1%水平上显著。以上回归结果表明薪酬管制程度越高，国有企业管理层货币薪酬调整速度越慢，与假设 1 不一致。

表 6-3　薪酬管制与国有企业管理层货币薪酬调整速度的回归分析

自变量	因变量：$LnPay_{i,t}$				
	（1）管制程度高	（2）管制程度低	（3）混合的 OLS	（4）固定效应(FE)	（5）随机效应(RE)
$LnPay_{i,t-1}$	0.721***	0.592***	0.636***	0.235***	0.544***
	(85.70)	(36.33)	(83.32)	(22.95)	(65.61)
$Regulate_{i,t}$			-0.149***	-0.202***	-0.163***
			(-14.87)	(-17.02)	(-15.54)
$Regulate_{i,t} \times LnPay_{i,t-1}$			0.009 27***	0.011 8***	0.009 87***
			(12.08)	(12.93)	(12.27)
$Roa_{i,t}$	1.315***	1.769***	1.594***	1.425***	1.627***
	(14.28)	(11.42)	(20.90)	(17.33)	(20.80)
$Size_{i,t}$	0.068 4***	0.136***	0.119***	0.201***	0.148***
	(12.90)	(13.36)	(25.29)	(19.69)	(27.25)
$Lev_{i,t}$	-0.032 4	-0.090 4*	-0.080 1***	-0.306***	-0.141***
	(-1.15)	(-1.94)	(-3.46)	(-8.27)	(-5.41)
$Dual_{i,t}$	0.016 1	0.048 1*	0.031 3**	0.058 1***	0.038 0***
	(1.03)	(1.66)	(2.37)	(3.32)	(2.62)

表6-3(续)

自变量	因变量：$LnPay_{i,t}$				
	(1) 管制程度高	(2) 管制程度低	(3) 混合的OLS	(4) 固定效应(FE)	(5)随机效应(RE)
$Scale_{i,t}$	0.005 10*	0.007 54	0.008 46***	0.016 8***	0.011 0***
	(1.93)	(1.45)	(3.74)	(4.45)	(4.20)
$Idd_{i,t}$	0.043 0	0.008 81	0.036 4	0.236**	0.054 6
	(0.44)	(0.05)	(0.44)	(2.16)	(0.60)
$Shrcr_{i,t}$	-0.059 4*	-0.082 5	-0.043 9	0.007 14	-0.056 7*
	(-1.80)	(-1.32)	(-1.58)	(0.12)	(-1.71)
$East_{i,t}$	0.063 3***	0.046 2**	0.074 1***	0.089***	0.100***
	(6.17)	(2.38)	(8.56)	(5.43)	(9.12)
Cons	1.992***	2.359***	1.909***	5.699***	2.567***
	(17.12)	(10.53)	(20.61)	(16.05)	(21.81)
Ind	控制	控制	控制	控制	控制
Year	控制	控制	控制	控制	控制
F Value	651.77***	255.48***	1 013.46***	503.59***	403.14***
N	4 943	1 532	6 475	6 475	6 475

注：*、**、*** 分别表示统计显著水平 0.10、0.05、0.01。

表 6-4 是薪酬管制与国有企业管理层股权激励调整速度的回归结果。具体的，我们首先按照薪酬管制程度高低样本进行分组，进行子样本的 OLS 回归分析，以比较不同薪酬管制程度下的管理层股权激励调整速度是否存在差异。其次对扩展的部分调整模型分别采用混合 OLS、国定效应（FE）和随机效应（RE）三种方法进行回归检验。表 6-4 的第（1）、（2）列显示，$LnESI_{i,t-1}$的回归系数分别为 0.97 和 0.95，在 1%水平上显著，说明受到薪酬管制程度较高的国有企业，其管理层股权激励调整速度为 0.03（1-0.97），而受到薪酬管制程度较低的国有企业，其管理层股权激励调整速度为 0.05（1-0.95），由此我们可以得到初步结论，薪酬管制程度越高，国有企业管理层股权激励调整速度越慢。

表 6-4　薪酬管制与国有企业管理层股权激励调整速度的回归分析

自变量	因变量：$LnESI_{i,t}$				
	(1) 管制程度高	(2) 管制程度低	(3) 混合的 OLS	(4) 固定效应(FE)	(5)随机效应(RE)
$LnESI_{i,t-1}$	0.970***	0.950***	0.953***	0.638***	0.953***
	(92.15)	(52.64)	(105.45)	(24.08)	(105.45)
$Regulate_{i,t}$			-0.015 8	-0.014 3	-0.015 8
			(-0.79)	(-0.39)	(-0.79)
$Regulate_{i,t} \times LnESI_{i,t-1}$			0.000 284	0.003 32	0.000 284
			(0.20)	(1.29)	(0.20)
$Roa_{i,t}$	2.780***	2.072**	2.623***	3.220***	2.623***
	(5.46)	(2.05)	(5.81)	(4.74)	(5.81)
$Size_{i,t}$	-0.010 6	0.005 24	0.005 57	0.078 7	0.005 57
	(-0.43)	(0.11)	(0.25)	(0.96)	(0.25)
$Lev_{i,t}$	0.281*	0.282	0.262**	-0.074 3	0.262**
	(1.87)	(0.94)	(1.97)	(-0.28)	(1.97)
$Dual_{i,t}$	0.012 8	-0.123	-0.017 4	0.145	-0.017 4
	(0.17)	(-0.82)	(-0.26)	(1.24)	(-0.26)
$Scale_{i,t}$	0.009 67	0.026 6	0.011 5	0.063 6**	0.011 5
	(0.71)	(0.82)	(0.92)	(2.30)	(0.92)
$Idd_{i,t}$	-0.293	0.053 2	-0.246	-0.761	-0.246
	(-0.62)	(0.06)	(-0.58)	(-1.01)	(-0.58)
$Shrcr_{i,t}$	-0.184	-0.342	-0.228	-0.813*	-0.228
	(-1.05)	(-0.95)	(-1.46)	(-1.84)	(-1.46)
$East_{i,t}$	0.010 4	-0.074 7	-0.011 0	-0.021	-0.011 0
	(0.21)	(-0.68)	(-0.24)	(-0.24)	(-0.24)
Cons	0.523	-0.192	-0.017 2	2.993*	0.709
	(0.97)	(-0.21)	(-0.04)	(1.70)	(1.46)
Ind	控制	控制	控制	控制	控制
Year	控制	控制	控制	控制	控制
F Value	370.77***	178.32***	514.42***	47.31***	100.43***
N	1 158	350	1 508	1 508	1 508

注：*、**、*** 分别表示统计显著水平 0.10、0.05、0.01。

进一步的，为了考察政府薪酬管制程度对国有企业管理层股权激励调整速度的影响，我们对扩展部分调整模型进行 OLS 回归，调整速度为 $\delta'=\delta-\varphi\times Regulation_{i,t}$，政府薪酬管制程度 $Regulation_{i,t}$ 与管理层股权激励 $LnESI_{i,t-1}$ 的交互项系数为正，但不显著。并且固定效应（FE）和随机效应（RE）回归也有类似的结果，交互项系数也都不显著。因此，我们认为只有微弱的证据表明薪酬管制程度越高，国有企业管理层股权激励调整速度越慢。

表 6-5 是薪酬管制与国有企业管理层在职消费调整速度的回归结果。具体的，我们首先按照薪酬管制程度高低样本进行分组，进行子样本的 OLS 回归分析，以比较不同薪酬管制程度下的管理层在职消费调整速度是否存在差异。其次对扩展的部分调整模型分别采用混合 OLS、固定效应（FE）和随机效应（RE）三种方法进行回归检验。表 6-5 的第（1）、（2）列显示，$LnPerk_{i,t-1}$ 的回归系数分别为 0.746 和 0.881，在 1%水平上显著，通过计算可知受到薪酬管制程度较高的国有企业，其管理层货币薪酬调整速度为 0.254（1-0.746），而受到薪酬管制程度较低的国有企业，其管理层货币薪酬调整速度为 0.119（1-0.881），由此我们可以得到初步结论，薪酬管制程度越高，国有企业管理层在职消费调整速度越块。

表 6-5　薪酬管制与国有企业管理层在职消费调整速度的回归分析

自变量	因变量：$LnPerk_{i,t}$				
	（1）管制程度高	（2）管制程度低	（3）混合的 OLS	（4）固定效应（FE）	（5）随机效应（RE）
$LnPerk_{i,t-1}$	0.746***	0.881***	0.790***	0.085 0**	0.784***
	（37.54）	（28.18）	（43.28）	（2.44）	（42.35）
$Regulate_{i,t}$			0.121***	0.156**	0.124***
			（2.91）	（2.20）	（2.94）
$Regulate_{i,t}\times LnPerk_{i,t-1}$			-0.007 28***	-0.009 12**	-0.007 42***
			（-2.99）	（-2.19）	（-3.01）
$Roa_{i,t}$	1.754***	0.832*	1.580***	0.182	1.583***
	（4.78）	（1.84）	（5.24）	（0.39）	（5.21）
$Size_{i,t}$	0.138***	0.117***	0.128***	0.525***	0.132***
	（6.03）	（3.41）	（6.58）	（6.99）	（6.70）
$Lev_{i,t}$	0.107	-0.006 51	0.104	-0.083 0	0.102
	（0.90）	（-0.05）	（1.09）	（-0.35）	（1.06）

表6-5(续)

自变量	因变量：$LnPerk_{i,t}$				
	(1) 管制程度高	(2) 管制程度低	(3) 混合的OLS	(4) 固定效应(FE)	(5)随机效应(RE)
$Dual_{i,t}$	0.145**	−0.066 4	0.092 1*	0.023 4	0.093 0*
	(2.22)	(−0.78)	(1.71)	(0.27)	(1.70)
$Scale_{i,t}$	0.009 65	0.006 97	0.008 08	0.029 6	0.008 61
	(0.87)	(0.46)	(0.88)	(1.14)	(0.92)
$Idd_{i,t}$	−0.406	−0.116	−0.265	0.108	−0.270
	(−1.09)	(−0.22)	(−0.84)	(0.18)	(−0.85)
$Shrcr_{i,t}$	−0.067 7	−0.031 4	−0.028 0	−0.637	−0.031 8
	(−0.50)	(−0.17)	(−0.25)	(−1.64)	(−0.28)
$East_{i,t}$	0.028 8	0.030 4	0.021 6	0.043 1	0.022 8
	(0.68)	(0.55)	(0.62)	(0.62)	(0.64)
Cons	1.338***	−0.442	0.904*	3.659**	0.919*
	(3.02)	(−0.79)	(1.66)	(2.21)	(1.67)
Ind	控制	控制	控制	控制	控制
Year	控制	控制	控制	控制	控制
F Value	125.3***	102.77***	173.28***	12.79***	24.57***
N	1 062	278	1 340	1 340	1 340

注：*、**、*** 分别表示统计显著水平 0.10、0.05、0.01。

进一步的，为了考察政府薪酬管制程度对国有企业管理层在职消费调整速度的影响，我们对扩展部分调整模型进行 OLS 回归，调整速度为 $\delta'=\delta-\varphi\times Regulation_{i,t}$，政府薪酬管制程度 $Regulation_{i,t}$ 与管理层在职消费 $LnPerk_{i,t-1}$ 的交互项系数显著为负，在 1%水平上显著。并且固定效应（FE）和随机效应（RE）中政府薪酬管制程度 $Regulation_{i,t}$ 与管理层在职消费 $LnPerk_{i,t-1}$ 的交互项系数也显著为负，在 1%水平上显著。表明薪酬管制程度越高，在职消费作为替代性激励方式，其调整速度越快，与假设 1 一致。

6.4.2 薪酬管制差异化特征与国有企业管理层激励动态调整结果

由于没有显著迹象表明政府的薪酬管制政策对国有企业管理层股权激励的动态调整产生了影响，因此在研究差异化薪酬管制与管理层激励动态调整结果的关系时，我们只分析货币薪酬和在职消费的动态调整结果。

表6-6是差异化薪酬管制对国有企业管理层货币薪酬偏离水平影响的回归结果，第（1）列为全样本回归结果，薪酬管制变量 $Regulate_{i,t}$ 的系数显著为正，在1%水平上显著，表明政府薪酬管制程度越强，国有企业管理层货币薪酬实际值偏离最优水平的程度越大。第（2）~（7）列是根据国有企业的功能定位、政府对国有企业的控制程度以及控制层级分样本的回归结果，在对薪酬管制变量 $Regulate_{i,t}$ 的系数进行比较后，可以发现：主业处于非充分竞争性行业的国有企业 $Regulate_{i,t}$ 的系数小于主业处于充分竞争性行业的国有企业 $Regulate_{i,t}$ 的系数，在10%水平上显著，同时分样本回归的 $Regulate_{i,t}$ 系数均在1%水平上显著；政府直接持股的国有企业 $Regulate_{i,t}$ 的系数为负，但不显著，政府间接持股的国有企业 $Regulate_{i,t}$ 的系数为正，在1%水平上显著，且前者系数小于后者系数在1%水平上显著；中央国有企业 $Regulate_{i,t}$ 的系数小于地方国有企业 $Regulate_{i,t}$ 的系数，不显著，分样本回归的 $Regulate_{i,t}$ 系数均在1%水平上显著。以上结果表明，由于非充分竞争性行业的国有企业、政府直接持股的国有企业和中央国有企业及其管理层受到了政府更严格的监督和管制，相应管理层货币薪酬也更加规范合理，因此这些类别的国有企业管理层实际货币薪酬偏离最优水平的程度都更低。

表6-6　差异化薪酬管制对国有企业管理层货币薪酬偏离水平的影响①

自变量	因变量：$DISPay_{i,t}$						
	(1)全样本	(2)非充分竞争性行业	(3)充分竞争性行业	(4)政府直接持股	(5)政府间接持股	(6)中央国有企业	(7)地方国有企业
$Regulate_{i,t}$	0.007 77***	0.00 111***	0.007 14***	−0.001 12	0.008 31***	0.007 92**	0.009 59***
	(4.98)	(3.21)	(4.02)	(−0.16)	(5.16)	(2.45)	(4.63)
$Roa_{i,t}$	0.116*	0.020 8	0.177**	−0.049 0	0.119*	−0.236	0.166**
	(1.89)	(0.16)	(2.51)	(−0.17)	(1.89)	(−1.54)	(2.47)
$Size_{i,t}$	−0.023 7***	−0.022 4***	−0.025 0***	0.000 404	−0.026 0***	−0.010 3	−0.025 2***
	(−6.44)	(−3.09)	(−5.62)	(0.02)	(−6.84)	(−1.13)	(−5.99)
$Lev_{i,t}$	0.111***	0.105**	0.108***	0.104	0.111***	0.110**	0.109***
	(5.89)	(2.48)	(5.06)	(1.23)	(5.74)	(2.04)	(5.36)
$Dual_{i,t}$	0.010 2	0.012 4	0.009 46	0.006 31	0.010 4	0.024 5	0.013 4
	(0.97)	(0.49)	(0.81)	(0.16)	(0.95)	(0.72)	(1.20)

① 按照国有企业的功能定位、政府对国有企业的控制程度以及控制层级分样本回归中，薪酬管制变量（*Regulate*）组间系数比较的卡方值依次为4.38、23.32、0.92。

表6-6(续)

自变量	因变量：$DISPay_{i,t}$						
	(1)全样本	(2)非充分竞争性行业	(3)充分竞争性行业	(4)政府直接持股	(5)政府间接持股	(6)中央国有企业	(7)地方国有企业
$Scale_{i,t}$	0.006 1***	0.012 1***	0.004 03*	0.003 75	0.006 3***	0.008 60*	0.006 5***
	(3.43)	(3.79)	(1.86)	(0.41)	(3.44)	(1.74)	(3.39)
$Idd_{i,t}$	-0.011 4	-0.029 0	-0.015 4	-0.175	-0.018 4	-0.353**	-0.056 1
	(-0.18)	(-0.21)	(-0.21)	(-0.58)	(-0.28)	(-2.27)	(-0.77)
$Shrcr_{i,t}$	-0.083 2***	-0.019 9	-0.114***	-0.057 5	-0.099 5***	-0.015 1	-0.091 7***
	(-3.78)	(-0.43)	(-4.39)	(-0.50)	(-4.36)	(-0.23)	(-3.85)
$East_{i,t}$	0.002 58	0.006 23	0.000 060	0.022 2	0.005 81	0.020 6	0.004 16
	(0.39)	(0.44)	(0.01)	(0.76)	(0.84)	(1.15)	(0.57)
Cons	0.680***	0.758***	0.671***	-0.034 4	0.737***	0.671***	0.690***
	(8.91)	(5.12)	(7.40)	(-0.09)	(9.37)	(3.79)	(7.76)
Ind	控制	控制	控制	控制	控制	控制	控制
Year	控制	控制	控制	控制	控制	控制	控制
Adj. R^2	0.047 9	0.046 2	0.05	0.066 7	0.05	0.065 7	0.045 2
N	4 943	1 198	3 745	357	4 568	683	4 260

注：*、**、*** 分别表示统计显著水平 0.10、0.05、0.01。

表 6-7 是差异化薪酬管制对国有企业管理层在职消费偏离水平影响的回归结果，第（1）列为全样本回归结果，薪酬管制变量 $Regulate_{i,t}$ 的系数显著为负，在 5%水平上显著，表明政府薪酬管制程度越大，在职消费作为管理层货币薪酬激励的替代，其实际值越接近在职消费的最优水平。第（2）~（7）列是根据国有企业的功能定位、政府对国有企业控制程度以及控制层级分样本的回归结果，在对薪酬管制变量 $Regulate_{i,t}$ 的系数进行比较后，可以发现：主业处于非充分竞争性行业的国有企业 $Regulate_{i,t}$ 的系数为负，在 5%水平上显著，主业处于充分竞争性行业的国有企业 $Regulate_{i,t}$ 的系数也为负，但不显著，并且前者系数小于后者系数，在 1%水平上显著；政府直接持股的国有企业 $Regulate_{i,t}$ 的系数为负，在 10%水平上显著，政府间接持股的国有企业 $Regulate_{i,t}$ 的系数为负，在 5%水平上显著，并且前者系数小于后者系数，在 10%水平上显著；中央国有企业和地方国有企业 $Regulate_{i,t}$ 的系数都为负，但在统计上不显著，并且前者系数小于后者系数，在 1%水平上显著。以上回归结果表明，由于非充分竞争性行业的国有企业、政府直接持股的国有企业及其管理层受到了政府更严格的监督和

管制，这也包括对在职消费的监管，因此这些类别的国有企业管理层实际在职消费更接近最优水平。

表 6-7　差异化薪酬管制对国有企业管理层在职消费偏离水平的影响①

自变量	因变量：$DISPerk_{i,t}$						
	(1)全样本	(2)非充分竞争性行业	(3)充分竞争性行业	(4)政府直接持股	(5)政府间接持股	(6)中央国有企业	(7)地方国有企业
$Regulate_{i,t}$	-0.018 0**	-0.041 2**	-0.009 41	-0.038 0*	-0.018 9**	-0.056 6	-0.006 96
	(-2.40)	(-2.56)	(-1.04)	(-1.79)	(-2.36)	(-1.43)	(-1.14)
$Roa_{i,t}$	-0.405	-0.411	-0.614*	-0.802	-0.362	-0.994	-0.039 2
	(-1.47)	(-0.81)	(-1.83)	(-1.18)	(-1.22)	(-0.62)	(-0.18)
$Size_{i,t}$	0.069 5***	0.053 7	0.091 8***	-0.055 1	0.074 7***	0.248***	0.002 75
	(3.97)	(1.63)	(4.14)	(-1.17)	(3.99)	(3.09)	(0.18)
$Lev_{i,t}$	0.020 1	-0.083 1	-0.011 7	-0.474**	0.046 7	-0.269	0.081 0
	(0.22)	(-0.51)	(-0.10)	(-2.45)	(0.47)	(-0.52)	(1.11)
$Dual_{i,t}$	0.041 6	0.234*	0.061 3	0.052 0	0.055 3	0.068 7	0.009 57
	(0.84)	(1.93)	(1.10)	(0.47)	(1.03)	(0.25)	(0.24)
$Scale_{i,t}$	0.001 06	0.007 74	0.003 83	0.004 78	0.005 04	0.032 5	0.006 76
	(0.13)	(0.65)	(0.34)	(0.22)	(0.55)	(0.64)	(1.01)
$Idd_{i,t}$	-0.700**	-0.221	-0.748**	-0.899	-0.627**	-1.833	-0.040 7
	(-2.45)	(-0.40)	(-2.16)	(-1.20)	(-2.07)	(-1.54)	(-0.17)
$Shrcr_{i,t}$	-0.158	-0.470***	-0.122	-0.070 9	-0.145	-0.430	-0.062 2
	(-1.54)	(-2.75)	(-0.95)	(-0.20)	(-1.33)	(-0.70)	(-0.76)
$East_{i,t}$	-0.050 1	-0.064 3	-0.064 0	-0.021 6	-0.055 4	-0.173	-0.004 79
	(-1.56)	(-1.07)	(-1.64)	(-0.26)	(-1.61)	(-1.11)	(-0.18)
Cons	-1.440***	-1.240	-1.910***	1.723	-1.487***	-5.885***	0.111
	(-3.91)	(-1.47)	(-4.30)	(1.59)	(-3.82)	(-3.15)	(0.35)
Ind	控制	控制	控制	控制	控制	控制	控制
Year	控制	控制	控制	控制	控制	控制	控制
Adj. R^2	0.042 9	0.053 6	0.058 3	0.134 2	0.045 6	0.186 8	0.052 8
N	1 062	267	795	77	980	152	910

注：*、**、*** 分别表示统计显著水平 0.10、0.05、0.01。

① 按照国有企业的功能定位、政府对国有企业的控制程度以及控制层级分样本回归中，薪酬管制变量（*Regulate*）组间系数比较的卡方值依次为 54.92、4.78、26.37，在统计上都显著。

6.5 稳健性检验

为了保证本书研究结论的稳定性，首先，我们用“薪酬最高的前三位董事”的平均薪酬和“所有公司董事、监事和高级管理人员”的平均薪酬对“薪酬最高的前三位高级管理人员”的平均薪酬进行替代，用管理层持有的股票期权市值、限制性股票市值和管理层持股市值三者之和作为股权激励的替代变量，用管理费用与主营业务收入的比值作为管理层在职消费的替代，对各个假设进行验证，上述结论仍然成立。其次，由于我们的薪酬管制变量体现的是薪酬管制的结果，因此我们用 $t-1$ 期的政府薪酬管制程度替代 t 期的政府薪酬管制程度，重新进行了相关实证分析，结论保持不变。最后，除了检验政府薪酬管制程度对国有企业管理层激励动态调整的影响，我们还检验了政府薪酬管制程度变动对国有企业管理层激励动态调整的影响，具体的，我们用薪酬管制的变动值替代薪酬管制的绝对值，用管理层激励的变动值替代管理层激励的绝对值，其他的回归分析方法都与上面的研究一致，最终相关结论保持不变。回归结果如表 6-8 和表 6-9 所示。

从表 6-8 的（1）、（2）列显示，$LnPay_{i,t-1}$ 的回归系数分别为 0.856 和 0.768，在 1%水平上显著。通过计算可知薪酬管制程度提高较快的国有企业，其管理层货币薪酬调整速度为 0.144（1-0.856），而薪酬管制程度提高较慢的国有企业，其管理层货币薪酬调整速度为 0.232（1-0.768）。进一步的，政府薪酬管制程度变动 $\Delta Regulation_{i,t}$ 与管理层货币薪酬 $LnPay_{i,t-1}$ 的交互项系数显著为正，在 1%水平上显著。由此说明，薪酬管制程度提升越快，国有企业管理层货币薪酬的调整速度越慢。

表 6-8　薪酬管制的变化与国有企业管理层货币薪酬调整速度的回归分析

自变量	因变量：$LnPay_{i,t}$		
	（1）管制程度提高快	（2）管制程度提高慢	（3）全样本
$LnPay_{i,t-1}$	0.856***	0.768***	0.829***
	(92.80)	(72.36)	(132.44)

表6-8(续)

自变量	因变量：$LnPay_{i,t}$		
	(1) 管制程度提高快	(2) 管制程度提高慢	(3) 全样本
$\Delta Regulate_{i,t}$			-0.415^{***}
			(−25.16)
$\Delta Regulate_{i,t}\times$			0.0273^{***}
$LnPay_{i,t-1}$			(21.37)
F Value	606.18^{***}	419.18^{***}	1216.91^{***}
N	2 726	2 698	5 424

注：*、**、*** 分别表示统计显著水平 0.10、0.05、0.01。

表 6-9 的（1）、（2）列显示，$LnPerk_{i,t-1}$的回归系数分别为 0.742 和 0.798，在 1%水平上显著，通过计算可知薪酬管制程度提高较快的国有企业，其管理层货币薪酬调整速度为 0.258（1−0.742），而薪酬管制程度提高较慢的国有企业，其管理层货币薪酬调整速度为 0.202（1−0.798）。由此我们可以得到初步结论，薪酬管制程度提升越快，国有企业管理层在职消费调整速度越块。进一步的，政府薪酬管制程度的变动 $\Delta Regulation_{i,t}$与管理层在职消费 $LnPerk_{i,t-1}$的交互项系数为负，但并不显著。

表 6-9　薪酬管制的变化与国有企业管理层在职消费调整速度的回归分析

自变量	因变量：$LnPerk_{i,t}$		
	(1) 管制程度提高快	(2) 管制程度提高慢	(3) 全样本
$LnPerk_{i,t-1}$	0.742^{***}	0.798^{***}	0.764^{***}
	(25.93)	(33.94)	(40.93)
$\Delta Regulate_{i,t}$			0.096 0
			(1.26)
$\Delta Regulate_{i,t}\times$			−0.005 42
$LnPerk_{i,t-1}$			(−1.21)
F Value	62.54^{***}	105.78^{***}	140.98^{***}
N	621	569	1 190

注：*、**、*** 分别表示统计显著水平 0.10、0.05、0.01。

6.6 本章小结

本章利用 2003—2014 年沪深两地 A 股国有上市公司的相关数据，研究了政府薪酬管制政策对管理层激励动态调整的影响。我国历年来颁布的相关薪酬管制政策的最终目的都是为了促使国有企业管理层薪酬制度做到水平适当、结构合理、管理规范，从而最大程度上激励国有企业实现经济效益和社会效益的统一，那么政府的薪酬管制是否能够促使国有企业管理层激励向最优水平不断调整呢？我们从过程和结果两个方面考察了政府薪酬管制程度对管理层激励的调整速度和实际管理层激励偏离目标管理层激励程度的影响，具体结论如下：

（1）在调整速度方面，政府薪酬管制程度的上升，会降低国有企业管理层货币薪酬向最优水平的调整速度，此时在职消费作为替代性激励方式，其调整速度提升了，另外仅有微弱的证据表明政府薪酬管制程度的上升降低了国有企业管理层股权激励向最优水平调整的速度。

（2）在调整结果方面，政府薪酬管制的增加，扩大了管理层实际货币薪酬偏离其最优水平的程度，同时缩小了管理层实际在职消费偏离其最优水平的程度。

（3）进一步研究表明，由于非充分竞争性行业的国有企业、政府直接持股的国有企业和中央国有企业及其管理层受到了政府更严格的监督和管制，因此这些类别的国有企业管理层实际货币薪酬、实际在职消费偏离它们最优水平的程度都更低。

7 差异化薪酬管制与管理层激励结构调整

在第五章，我们考察了政府薪酬管制政策对管理层激励水平和方向的调整；在第六章，我们考察了政府薪酬管制对管理层激励的调整速度和实际管理层激励偏离目标管理层激励程度的影响。为了对差异化薪酬管制的有效性进行系统检验，本章我们将重点考察政府薪酬管制程度对管理层激励结构以及不同激励方式之间替代性关系的影响。与以往研究不同的是，我们这里所说的管理层激励既包括了货币薪酬和在职消费，也包括了股权激励。同时，我们进一步研究了政府根据国有企业的功能定位、对国有企业的控制程度以及控制层级的差异化薪酬管制模式对国有企业管理层激励结构调整的影响。

7.1 理论分析与研究假设

长期以来，国有企业在中国国民经济中占有重要地位，国有企业管理层的激励问题一直是学术界关注的重点。陈信元等（2009）认为，当薪酬面临管制时，会被迫地形成多元化且不直接以货币为依归的报酬体系，其中既包括在职消费和政治晋升等隐形激励，也包括贪污、受贿、财产侵占等显性腐败。因此，大多数文献就管理层如何在货币薪酬、股权激励、在职消费等常见的激励手段中进行权衡和选择做了深入的分析。

陈冬华等（2005）用管理层的绝对薪酬替代薪酬管制，研究表明由于薪酬管制的存在，在职消费成为国有企业管理层的替代性选择。陈冬华等（2010）从契约成本的视角，探讨了货币薪酬与在职消费之间的关系，他们的研究发现当市场化程度较高时，虽然货币薪酬和在职消费的绝对额都会增加，但是相较于在职消费契约成本，货币薪酬契约成本下降的幅度更高，因而货币薪酬在契约组合中获得了更多的运用，表明货币薪酬契约更多的替代了在职消费契约，不过受保护行业会显著抑制这一替代关系。王新等（2015）发现管理层权力越大，则越倾向于使用更多的货币薪酬替代在职消费，并且在进一步研究薪酬结构对企业业绩的影响时发现，管理层权力较大时，在职消费能在一定程度上保持公司和管理层利益的一致，提升企业业绩，但当管理层权力越大并且货币薪酬对在职消费的替代作用更强时，管理层就可能滥用在职消费，降低企业业绩。王烨和孙慧倩（2014）研究了在职消费与股权激励之间的替代效应，发现在国有资产控股公司中，在职消费对股权激励计划的选择行为有显著的替代效应，即在职消费更高的企业，更不倾向于选择股权激励。并且股权制衡度低、董事会独立性差、所处地区市场化更低的企业，其在职消费对股权激励计划的替代性更高，这些因素导致股权激励的有效性在初始的选择环节就受到了一定程度的抑制。

2008 年金融危机的爆发，我国国有企业业绩普遍下滑，经济环境持续恶化，2009 年 2 月财政部下发了《金融类国有及国有控股企业负责人薪酬管理办法（征求意见稿）》，2009 年 9 月人力资源和社会保障部、中央组织部、监察部、财政部、审计署、国有资产监督管理委员会联合下发了《关于进一步规范中央企业负责人薪酬管理的指导意见》，2014 年 8 月中共中央政治局审议通过了《中央管理企业负责人薪酬制度改革方案》，这些薪酬管制政策的一个最重要的特点就是将管理层薪酬与普通员工之间的薪酬进行了挂钩，在这些政策的冲击下，国有企业管理层货币薪酬将受到直接的约束，其在管理层激励总额中的比例将降低。

2005 年 4 月中国证监会发布了《关于上市公司股权分置改革试点有关问题的通知》，《中华人民共和国公司法》和《中华人民共和国证券法》也对相关的股权激励条款进行了修订，2006 年国有资产监督管理委员会、财政部、证监会等相关部门颁布了《上市公司股权激励管理办法》和《国有控股上市公司（境内）实施股权激励试行办法》，这些政策的颁布和相关法律法规的修订为我国国有企业管理层股权激励方案的实施在法律环境和制度环境方面营造了良好的基础，同时也标志着我国上市公司的股权激励制度及其配套措施的规范和完善。但从长期的实际表现来看，我国国有企业管理层的股权激励水平并不高，这可能有两方面的原因：一是国有企业所承担的政策性负担削弱了管理层努力程度与公司利润和公司股价之间的关系，国有企业收益的不确定性降低了管理层股权激励的效果。二是国有企业管理层行政任命的方式也与股权激励制度存在矛盾。政府制定薪酬管制政策的另一个目标是希望国有企业管理层薪酬做到结构合理，那么作为中长期激励方式的股权激励是否会在国有企业管理层激励结构完善的过程中得到更多的运用，还是会因为其是国有企业管理层薪酬的一部分而被限制？这需要我们进行检验。

在中国制度背景下，国有企业不仅数量众多、规模庞大，而且在控制层级、竞争程度、控股比例和经营目标方面都呈现日益复杂的趋势，国有企业的这些特点都导致国有资产监管部门对管理层行为的监督处于信息劣势的地位，滞后并且刚性的薪酬管制使在职消费成为国有企业管理层显性薪酬激励的替代性选择（陈冬华等，2005），因而在政府薪酬管制程度增强时，管理层在职消费占其激励总额的比例会上升。

那么，政府的薪酬管制政策会对在职消费的边际效用产生怎样的影响呢？由于在职消费产权的不完整，管理层出于私人利益需求的在职消费并不能像货币薪酬一样完全归己所用，只能在完成公司商业交往的活动后，顺带实现自己的私人需求，这也就导致在职消费给管理层带来的效用低于同等数额的货币薪酬带来的效用。2004 年国有资产监督管理委员会颁布了《中央企业负责人薪酬管理暂行办法》，2009 年人力资源和社会保障部、中央组织部、监察部、财政部、审计署、国有资产监督管理委员会联合颁布了《关于进一步规范中央企业负责人薪酬管理的指导意见》，这些针对国有企业管理层的薪酬管理办法在规范中央国有企业管理层薪酬的同时，也对管理层的在职消费行为进行了专门的规定。因此，当政府出台薪酬管制政策时，管理层在职消费的使用权限也会受到一定程度上的约束，降低了其效用。具体的，在政府薪酬管制程度较低的情况下，管理层花费 2 元的在职消费即能带来 1 元货币薪酬的满足感，而在政府薪酬管制程度较高的情况下，管理层需要花费 4 元的在职消费才能带来 1 元货币薪酬的满足感，也即是说随着薪酬管制程度的增强，货币薪酬对在职消费的替代性减弱，在职消费的边际效用降低了。同理，随着薪酬管制程度的增强，股权激励对在职消费的替代性也会减弱，在职消费的边际效用同样会降低。我们这里的替代性是指在满足企业管理层同等效用的情况下，管理层的显性激励与隐性激励之间的替代关系，而这种替代性不局限于两种激励方式之间此消彼长的关系。

假设 1　政府薪酬管制程度增强，国有企业管理层激励总额将降低，其货币薪酬和股权激励在总激励中所占的比例也会降低。

假设 2　政府薪酬管制程度增强，国有企业管理层在职消费在总激励中所占的比例会提升，但管理层显性激励对隐性激励的替代性会减弱，即在职消费的边际效用下降。

2003 年 11 月，国有资产监督管理委员会颁布的《中央企业负责人经营业绩考核暂行办法》指出，对国有企业管理层的考核原则应为“依法考核、分类考核、约束和激励机制相结合”，对国有企业管理层分类考核的思想被提及。2014 年 8 月，中共中央政治局审议通过了《中央管理企业负责人薪酬制度改革方案》，其中的最核心的内容是明确了下一步中央国有企业负责人薪酬将采取差异化的薪酬管制模式。2015 年 12 月，国有资产监督管理委员会、国家发展和改革委员会、财政部联合颁布的《关于国有企业功能界定与分类的指导意见》也明确了应根据不同国有企业的功能定位，实施差异化的考核标准。那么，政府根据国有企业的功能定位、对国有企业的控制程度以及控制层级实施差异化的薪酬管制措施会对管理层激励结构调整产生怎样的影响呢？我们将进一步进行检验。

7.2 研究设计与样本选择

7.2.1 模型设计与变量定义

参照现有政府薪酬干预与管理层激励的文献（陈信元等，2009；辛清泉、谭伟强，2009；方军雄，2009、2011；罗宏，2014；Conyon and He，2011)，我们从激励比重和激励替代性两个方面对管理层激励结构进行衡量，设置如下政府薪酬管制与国有企业管理层激励结构调整的回归模型。

政府薪酬管制对国有企业管理层激励总额的影响：

$$Incentive_{i,t} = \alpha + \beta_1 Regulate_{i,t} + \beta_2 Roa_{i,t} + \beta_3 Size_{i,t} + \beta_4 Lev_{i,t} + \beta_5 Dual_{i,t} + \beta_6 Scale_{i,t} + \beta_7 Idd_{i,t} + \beta_8 Shrcr_{i,t} + \beta_9 East_{i,t} + \sum Ind + \sum Year + \varepsilon \quad (1)$$

政府薪酬管制对国有企业管理层激励结构的影响：

$$Pration_{i,t}/Sub_{i,t} = \alpha + \beta_1 Regulate_{i,t} + \beta_2 Roa_{i,t} + \beta_3 Size_{i,t} + \beta_4 Lev_{i,t} + \beta_5 Dual_{i,t} + \beta_6 Scale_{i,t} + \beta_7 Idd_{i,t} + \beta_8 Shrcr_{i,t} + \beta_9 East_{i,t} + \sum Ind + \sum Year + \varepsilon \quad (2)$$

其中，管理层激励总额 $Incentive_{it}$ 为管理层平均货币薪酬、平均在职消费与平均股权激励之和，$Pration_{it}$ 为不同激励方式在激励总额中的占比，Sub_{it} 为不同激励方式间的替换关系。在进行完一般性回归后，我们将按照国有企业的功能定位、政府对国有企业的控制程度以及控制层级分样本进行回归，检验政府薪酬管制的差异性对管理层激励结构调整的影响。

我们用“薪酬最高的前三位高级管理人员”的平均薪酬表示管理层的平均货币薪酬。参照 Bergstresser and Philippon（2006）、苏冬蔚和林大庞（2010）、胡国强和盖地（2014）的研究，管理层的股权激励强度由管理层持有的股票期权市值、限制性股票市值和管理层持股市值三者之和共同构成[①]，取其平均值，表示管理层的平均股权激励。管理层在职消费，参照夏东林（2004）、陈冬华等（2005）和罗宏（2008）对在职消费的计量方式，主要通过查阅上市公司年报附注中“支付的其他与经营活动相关的现金流量”这一明细项目，对其进行手工收集得到在职消费数据。年报中通常会对管理费用中数额较大的项目明细予以披露，而其中部分项目与管理层的在职消费相关，因此我们将与管理层在职消费相关的项目分为八类：办公费、差旅费、企业招待费、通信费、出国培训费、董事会费、交通费和会议费，这些项目最可能成为管理层谋取个人私利的途径，我们将这些明细项目数据进行加总即得到管理层的在职消费数据，取其平均值作为管理层的平均在职消费。

关于薪酬管制程度的衡量，与第四章的模型设计方法一样，首先，从企业业绩、资产规模、内外部治理效应、行业特征、年度特征五个方面对相对薪酬模型进行定义。其次，采用更接近于市场化水平的非国有企业样本估计管理层相对薪酬回归模型系数，之后带入国有企业样本，从而估计国有企业管理层相对薪酬的期望值，接着用国有企业管理层相对薪酬的期望值与实际值之间的差额来衡量薪酬管制程度。差值为正表示国有企业管理层薪酬受到管制，并且正值越大意味着其管理层所受到的薪酬管制越严重，差值为负表示国有企业管理层薪酬不受管制。采用上述差值方法对薪酬管制进行计量是因为影响管理层相对薪酬的因素不仅包含了政府薪酬管制因素，还包含了其他影响管理层相对薪酬的企业经济因素，那么将这些企业经济因素排除后，就可以合理地估计出政府薪酬管制对管理层相对薪酬的影响。

对主业处于非充分竞争性行业和充分竞争性行业的国有企业、政府直接持股和间接持股的国有企业、中央国有企业和地方国有企业的定义，详见第四章差异化因素定义部分。控制变量主要包括了盈利能力（*Roa*）、企业规模（*Size*）、偿债能力（*Lev*）、二职合一（*Dual*）、董事会规模（*Scale*）、董事会独立性（*Idd*）、第一大股东持股比例（*Shrcr*）、东部地区（*East*）。主要变量定义见表 7-1。

① 没有考虑股票增值权是因为由第三章的我国股权激励现状分析可知，我国股权激励方式主要以股票期权和限制性股票为主。

表 7-1 变量说明

1. 被解释变量	
$Incentive_{i,t}$	管理层激励总额，（管理层平均货币薪酬+管理层平均股权激励×0.01+管理层平均在职消费）的对数①
$Pration1_{i,t}$	管理层货币薪酬占比，管理层平均货币薪酬/管理层激励总额
$Pration2_{i,t}$	管理层股权激励占比，管理层平均股权激励×0.01/管理层激励总额
$Pration3_{i,t}$	管理层在职消费占比，管理层平均在职消费/管理层激励总额
$Sub1_{i,t}$	货币薪酬对在职消费的替代，管理层平均货币薪酬的对数-管理层平均在职消费的对数
$Sub2_{i,t}$	股权激励对在职消费的替代，（管理层平均股权激励×0.01）的对数-管理层平均在职消费的对数
2. 解释变量	
$Regulate_{i,t}$	政府薪酬管制程度，用（管理层相对薪酬期望值-管理层相对薪酬实际值）表示
$Monopoly_{i,t}$	非充分竞争性行业，企业处于非充分竞争性行业取 1，否则取 0
$Soe_{i,t}$	政府直接持股的国有企业，直接控股股东为政府的企业取 1，否则取 0
$Centra_{i,t}$	中央国有企业，最终控制人为中央政府的取 1，否则取 0
3. 控制变量	
$Roa_{i,t}$	盈利能力，企业净利润/企业总资产平均余额
$Size_{i,t}$	企业规模，企业资产总额的自然对数
$Lev_{i,t}$	偿债能力，负债总额/企业总资产
$Dual_{i,t}$	二职合一，若总经理兼任董事长取 1，否则取 0
$Scale_{i,t}$	董事会规模，董事会成员的人数
$Idd_{i,t}$	董事会独立性，独立董事占董事会总人数的比例
$Shrcr_{i,t}$	第一大股东持股比例，第一大股东持有的股份占总股本的比例
$East_{i,t}$	东部地区，如果上市公司总部位于北京市、天津市、上海市、河北省、山东省、江苏省、浙江省、福建省、广东省、海南省取 1，否则取 0

① 我们假设股价每年会增加 1%，管理层平均股权激励×0.01 则表示每年管理层获得的股权激励强度，主要参照 Bergstresser and Philippon（2006）、苏冬蔚和林大庞（2010）、胡国强和盖地（2014）的计算方法。

7.2.2 数据选取与数据来源

2003年11月，国有资产监督管理委员会颁布了《中央企业负责人经营业绩考核暂行办法》，标志着我国国有企业管理层薪酬制度正式步入规范化的轨道，为了能够清晰地呈现出国有企业管理层激励的整体现状，本书选取2003—2014年沪深两市A股上市公司作为研究样本，并进行如下筛选：①剔除金融类企业；②剔除ST、*ST、PT、S、S*ST、SST类样本；③剔除相关变量不全的样本；④为消除极端值的影响，将管理层激励变量在0~1%和99%~100%之间的样本进行Winsorize缩尾处理。本章管理层薪酬、公司财务和治理数据主要来源于CSMAR数据库，在职消费和股权激励计划①的相关数据通过手工收集和整理获得。

7.3 描述性统计分析

表7-2列示了主要研究变量的描述性统计，样本中国有企业管理层激励总额的均值为15.01，中位数为14.91，标准差为1.08。管理层货币薪酬占激励总额的均值为0.14，中位数为0.10，最小值为0.01，最大值为0.92，表明国有企业管理层货币薪酬激励水平在激励总额中的占比并不高，并且不同企业间的差异较大。管理层股权激励占激励总额的均值为0.01，中位数为0，表明国有企业较少采用股权激励的方式，即使有采用，股权激励占激励总额的比重也很低。管理层在职消费占激励总额的均值为0.84，中位数为0.89，最小值为0.08，最大值为0.99，表明国有企业管理层的主要激励方式为在职消费，其在管理层激励中的占比非常高。货币薪酬对在职消费的替代性的均值为-2.16，中位数为-2.15，股权激励对在职消费的替代性的均值为-2.93，中位数为-3.11。其余变量的描述性统计详见表7-2，这里不再赘述。

① 2006年我国政府颁布了关于股权激励的政策法规，在2006年之后限制性股票和股票期权的使用才逐渐增多。因此，2006年之前的股权激励强度的衡量主要为管理层持股市值，而2006年之后的股权激励强度的衡量才为管理层持股市值、限制性股票市值和股票期权市值三者之和。在稳健性检验部分，我们也将用管理层持股替代股权激励强度变量。

表 7-2　　主要变量的描述性统计分析

主要变量	均值	中位数	最小值	最大值	标准差
$Incentive_{i,t}$	15.01	14.91	12.54	18	1.08
$Pration1_{i,t}$	0.14	0.10	0.01	0.92	0.13
$Pration2_{i,t}$	0.01	0	0	0.82	0.08
$Pration3_{i,t}$	0.84	0.89	0.08	0.99	0.15
$Sub1_{i,t}$	-2.16	-2.15	-7.49	2.42	1.16
$Sub2_{i,t}$	-2.93	-3.11	-10.59	6.23	2.89
$Regulate_{i,t}$	2.15	3.09	-22.63	9.98	5.22
$Roa_{i,t}$	0.04	0.03	-0.25	0.29	0.07
$Size_{i,t}$	21.92	21.74	18.85	25.36	1.28
$Lev_{i,t}$	0.51	0.52	0.46	1.49	0.21
$Dual_{i,t}$	0.1	0	0	1	0.3
$Scale_{i,t}$	9.6	9	5	15	1.97
$Idd_{i,t}$	0.36	0.33	0.25	0.56	0.05
$Shrcr_{i,t}$	0.41	0.41	0.09	0.75	0.16
$East_{i,t}$	0.53	1	0	1	0.49

7.4　实证结果与分析

表 7-3 中（1）~（4）列分别就政府薪酬管制对国有企业管理层激励总额、货币薪酬占比、股权激励占比和在职消费占比的影响进行回归。第（1）列显示，政府薪酬管制程度 $Regulate_{i,t}$ 的系数显著为负，并在 5%水平上显著，表明政府薪酬管制程度越强时，国有企业管理层激励的总体水平会受到抑制。第（2）列显示，政府薪酬管制程度 $Regulate_{i,t}$ 的系数显著为负，并在 1%水平上显著，表明政府薪酬管制程度越强，国有企业管理层货币薪酬水平会受到直接约束，其在管理层激励中的占比会显著降低。第（3）列显示，政府薪酬管制程度 $Regulate_{i,t}$ 的系数显著为负，并在 10%水平上显著，表明政府薪酬管制的初衷虽然是希望能完善我国国有企业管理层激励的结构，让股权激励方式得到更多的运用，以发挥其长期激励的效应，但是由于股权激励也属于管理层显性激励方式的一种，并且由于种种

原因股权激励并不适合在国有企业中运用，因而股权激励在管理层激励总额中的占比会随着政府管制程度的增强而减弱。第（4）列显示，政府薪酬管制程度 $Regulate_{i,t}$ 的系数显著为正，并在1%水平上显著，表明在政府出台相关薪酬管制政策后，在职消费成为了管理层激励的主要方式，其在激励总额中的占比显著增加。

表 7-3　　薪酬管制与国有企业管理层激励占比的回归分析

自变量	(1) $Incentive_{i,t}$	(2) $Pration1_{i,t}$	(3) $Pration2_{i,t}$	(4) $Pration3_{i,t}$
$Regulate_{i,t}$	-0.011 6**	-0.007 27***	-0.000 633*	0.007 97***
	(-2.26)	(-9.75)	(-1.82)	(9.21)
$Roa_{i,t}$	3.556***	-0.149**	0.199***	-0.029 5
	(7.74)	(-2.24)	(6.42)	(-0.38)
$Size_{i,t}$	0.506***	-0.021 7***	-0.001 97	0.022 9***
	(19.15)	(-5.66)	(-1.11)	(5.16)
$Lev_{i,t}$	0.119	-0.043 0**	-0.017 8*	0.062 3**
	(0.80)	(-2.00)	(-1.78)	(2.50)
$Dual_{i,t}$	0.194**	-0.016 4	-0.001 39	0.018 2
	(2.31)	(-1.35)	(-0.25)	(1.29)
$Scale_{i,t}$	0.023 7	-0.000 069 3	-0.001 71*	0.001 85
	(1.64)	(-0.03)	(-1.76)	(0.76)
$Idd_{i,t}$	0.176	0.153**	-0.021 1	-0.152*
	(0.35)	(2.12)	(-0.63)	(-1.81)
$Shrcr_{i,t}$	-0.417**	0.090 7***	-0.036 5***	-0.057 2*
	(-2.35)	(3.53)	(-3.05)	(-1.92)
$East_{i,t}$	0.223***	0.003 35	0.002 23	-0.006 72
	(4.09)	(0.43)	(0.61)	(-0.73)
Cons	3.625***	0.522***	0.084 3**	0.416***
	(6.41)	(6.38)	(2.21)	(4.38)
Ind	控制	控制	控制	控制
Year	控制	控制	控制	控制
Adj. R^2	0.427 3	0.205 2	0.074	0.173 9
N	1 082	1 082	1 082	1 082

注：*、**、*** 分别表示统计显著水平 0.10、0.05、0.01。

表 7-4 是差异化薪酬管制对国有企业管理层货币薪酬与在职消费替代性影响的回归结果，第（1）列为全样本回归结果，薪酬管制变量 $Regulate_{i,t}$ 的系数显著为负，在 1%水平上显著，政府薪酬管制程度越强，国有企业管理层货币薪酬对在职消费的替代性越低，即表明当政府出台薪酬管制政策时，管理层在职消费的使用权限也会受到一定程度上的约束，管理层在职消费的边际效用降低了。第（2）~（7）列，是根据国有企业功能定位、政府对国有企业控制程度以及控制层级分样本的回归结果，在对薪酬管制变量 $Regulate_{i,t}$ 的系数进行比较后，可以发现：各列薪酬管制变量 $Regulate_{i,t}$ 的系数都为负值，并均在 1%水平上显著；主业处于非充分竞争性行业的国有企业 $Regulate_{i,t}$ 的系数小于主业处于充分竞争性行业的国有企业 $Regulate_{i,t}$ 的系数，不显著；政府直接持股的国有企业 $Regulate_{i,t}$ 的系数小于政府间接持股的国有企业 $Regulate_{i,t}$ 的系数，在 1%水平上显著；中央国有企业 $Regulate_{i,t}$ 的系数小于地方国有企业 $Regulate_{i,t}$ 的系数，在 1%水平上显著。以上结果表明，由于非充分竞争性行业的国有企业、政府直接持股的国有企业和中央国有企业的管理层受到了政府更严格的监督和管制，其管理层在职消费的使用权限也会受到更大程度上的约束，因此这些类别企业管理层的在职消费效用降低了，扩大了其与货币薪酬间的效用差异。

表 7-4　差异化薪酬管制对国有企业管理层替换性的影响 A①

自变量	因变量：$Sub1_{i,t}$						
	(1)全样本	(2)非充分竞争性行业	(3)充分竞争性行业	(4)政府直接持股	(5)政府间接持股	(6)中央国有企业	(7)地方国有企业
$Regulate_{i,t}$	-0.063 5***	-0.082 8***	-0.062 9***	-0.136***	-0.063 9***	-0.101***	-0.060 6***
	(-13.15)	(-5.95)	(-12.07)	(-4.64)	(-12.86)	(-3.64)	(-12.86)
$Roa_{i,t}$	-0.855**	-0.890	-0.620	1.687	-1.008**	-1.345	-0.401
	(-2.02)	(-0.90)	(-1.32)	(0.94)	(-2.29)	(-0.75)	(-0.94)
$Size_{i,t}$	-0.207***	-0.134***	-0.237***	-0.282**	-0.194***	0.074 7	-0.265***
	(-8.38)	(-2.72)	(-7.81)	(-2.49)	(-7.56)	(0.80)	(-10.13)
$Lev_{i,t}$	-0.544***	-0.443	-0.646***	0.521	-0.615***	-0.621	-0.442***
	(-3.98)	(-1.42)	(-4.21)	(0.95)	(-4.30)	(-1.01)	(-3.24)

① 按照国有企业的功能定位、政府对国有企业的控制程度和控制层级分样本回归中，薪酬管制变量（*Regulate*）组间系数比较的卡方值依次为 1.13、26.74、23.55。

表7-4(续)

自变量	因变量：$Sub1_{i,t}$						
	(1)全样本	(2)非充分竞争性行业	(3)充分竞争性行业	(4)政府直接持股	(5)政府间接持股	(6)中央国有企业	(7)地方国有企业
$Dual_{i,t}$	-0.236***	0.354	-0.286***	-0.019 5	-0.265***	0.444	-0.267***
	(-2.97)	(1.42)	(-3.45)	(-0.08)	(-3.15)	(1.28)	(-3.34)
$Scale_{i,t}$	-0.021 5	0.013 6	-0.026 3	-0.055 2	-0.019 6	0.022 8	-0.017 6
	(-1.58)	(0.52)	(-1.63)	(-0.90)	(-1.37)	(0.44)	(-1.28)
$Idd_{i,t}$	0.746	4.454***	0.316	-0.506	0.790	0.032 8	0.394
	(1.54)	(3.60)	(0.59)	(-0.24)	(1.58)	(0.02)	(0.75)
$Shrcr_{i,t}$	0.433**	-0.127	0.467**	0.416	0.426**	-1.308*	0.481***
	(2.56)	(-0.34)	(2.41)	(0.47)	(2.40)	(-1.76)	(2.81)
$East_{i,t}$	0.002 65	-0.060 9	0.020 6	-0.257	0.013 1	0.157	-0.002 75
	(0.05)	(-0.50)	(0.37)	(-1.22)	(0.25)	(0.86)	(-0.05)
Cons	2.407***	0.452	2.769**	5.100**	2.127**	-2.075	3.560***
	(2.74)	(0.31)	(2.44)	(2.04)	(2.39)	(-0.99)	(4.09)
Ind	控制	控制	控制	控制	控制	控制	控制
Year	控制	控制	控制	控制	控制	控制	控制
Adj. R^2	0.224 8	0.264 0	0.219 8	0.332 3	0.222 8	0.195 4	0.259 4
N	1 792	421	1 371	117	1 668	226	1 566

注：*、**、*** 分别表示统计显著水平 0.10、0.05、0.01。

表 7-5 是差异化薪酬管制对国有企业管理层股权激励与在职消费替代性影响的回归结果，第（1）列为全样本回归结果，薪酬管制变量 $Regulate_{i,t}$的系数显著为负，在 1%水平上显著，政府薪酬管制程度越强，国有企业管理层股权激励对在职消费的替代性越低，即表明当政府出台薪酬管制政策时，管理层在职消费的使用权限也会受到一定程度上的约束，管理层在职消费的边际效用降低了。第（2）~（7）列，是根据国有企业功能定位、政府对国有企业控制程度以及控制层级分样本的回归结果，可以发现：各列薪酬管制变量 $Regulate_{i,t}$的系数都为负值，主业处于非充分竞争性行业的国有企业、政府直接持股的国有企业、中央国有企业 $Regulate_{i,t}$的系数显著为负，并在 1%水平上显著，而主业处于充分竞争性行业的国有企业、政府间接持股的国有企业、地方国有企业 $Regulate_{i,t}$的系数虽为负，但并不显著，并且分样本回归中前者系数均显著小于后者

系数①。以上结果表明，由于非充分竞争性行业的国有企业、政府直接持股的国有企业和中央国有企业及其管理层受到了政府更严格的监督和管制，其管理层在职消费的使用权限也会受到更大程度上的约束，因此这些类别企业管理层的在职消费效用显著降低，扩大了其与股权激励间的效用差异。

表 7-5　　差异化薪酬管制对国有企业管理层替换性的影响 B

自变量	因变量：$Sub2_{i,t}$						
	(1)全样本	(2)非充分竞争性行业	(3)充分竞争性行业	(4)政府直接持股	(5)政府间接持股	(6)中央国有企业	(7)地方国有企业
$Regulate_{i,t}$	-0.062 3***	-0.059 3***	-0.008 1	-0.061 9***	-0.013 3	-0.075 0***	-0.011 4
	(-3.57)	(-3.03)	(-1.33)	(-3.45)	(-1.21)	(-3.09)	(-0.57)
$Roa_{i,t}$	7.477***	9.040***	-1.518	7.226***	4.460	8.391***	5.080
	(4.34)	(4.61)	(-0.39)	(3.98)	(0.70)	(4.59)	(0.88)
$Size_{i,t}$	-0.634***	-0.640***	-0.522***	-0.534***	-1.349***	-0.740***	-0.443
	(-6.26)	(-4.95)	(-3.07)	(-4.92)	(-3.43)	(-6.42)	(-1.61)
$Lev_{i,t}$	-1.256**	-1.616**	-0.811	-1.376**	-3.602*	-1.321**	-0.316
	(-2.05)	(-2.29)	(-0.66)	(-2.09)	(-2.00)	(-2.05)	(-0.14)
$Dual_{i,t}$	0.303	0.052 4	1.872**	0.453	-1.395	0.220	0.643
	(1.01)	(0.16)	(2.39)	(1.40)	(-1.54)	(0.69)	(0.54)
$Scale_{i,t}$	-0.013 8	0.002 21	0.019 1	-0.028 9	-0.130	-0.018 3	-0.036 0
	(-0.25)	(0.03)	(0.19)	(-0.49)	(-0.64)	(-0.31)	(-0.21)
$Idd_{i,t}$	-0.443	-1.544	7.596*	-0.435	-8.637	-2.031	6.683
	(-0.24)	(-0.75)	(1.78)	(-0.23)	(-1.31)	(-0.96)	(1.43)
$Shrcr_{i,t}$	-0.620	-0.344	-0.815	-0.927	0.251	-0.715	-2.405
	(-0.91)	(-0.43)	(-0.62)	(-1.30)	(0.08)	(-0.97)	(-1.06)
$East_{i,t}$	-0.265	-0.229	-0.851*	-0.073 6	-1.428*	-0.240	0.287
	(-1.29)	(-0.99)	(-1.76)	(-0.34)	(-1.83)	(-1.07)	(0.53)
Cons	10.71***	10.87***	5.081	8.660***	36.55***	13.69***	5.228
	(4.94)	(4.23)	(1.38)	(3.86)	(4.12)	(5.56)	(0.77)
Ind	控制	控制	控制	控制	控制	控制	控制
Year	控制	控制	控制	控制	控制	控制	控制
Adj. R^2	0.182 1	0.287 4	0.179 3	0.411 8	0.171 0	0.129 2	0.194 7
N	695	135	560	62	629	101	594

注：*、**、*** 分别表示统计显著水平 0.10、0.05、0.01。

① 按照国有企业的功能定位、政府对国有企业的控制程度以及控制层级分样本回归中薪酬管制变量（*Regulate*）组间系数比较的卡方值依次为 25.66、4.37、5.43，在统计上都显著。

7.5 稳健性检验

为了保证本书研究结论的稳定性，首先，由于我们的薪酬管制变量体现的是薪酬管制的结果，因此我们用 $t-1$ 期的政府薪酬管制程度替代 t 期的政府薪酬管制程度，重新进行了相关实证分析，结论保持不变。其次，2009 年 2 月财政部下发了《金融类国有及国有控股企业负责人薪酬管理办法（征求意见稿）》，该办法规定国有金融企业负责人的最高年薪不得超过 280 万元，以避免收入分配的不均。2009 年 9 月，人力资源和社会保障部、中央组织部、监察部、财政部、审计署、国有资产监督管理委员会联合下发了《关于进一步规范中央企业负责人薪酬管理的指导意见》，强调应坚持政府监管与市场调节相结合，主要从适用范围、薪酬规范管理的基本原则以及薪酬的结构和水平等多方面对中央国有企业负责人的薪酬管理做出规范，最终使国有企业负责人的薪酬做到结构合理、水平适当、管理规范，该指导意见规定中央国有企业管理层薪酬上限不得超过上年度中央国有企业在岗职工平均工资的 30 倍。因此，我们以 2009 年的“限薪令”颁布的时间为分界点，设置薪酬管制哑变量，“限薪令”实施后（即 2009—2014 年）为 1，限薪令实施前（即 2003—2008 年）为 0，对上述相关模型进行回归，结论保持不变。最后，我们用管理层平均持股市值替代管理层的股权激励强度变量，最终结论保持不变。

7.6 本章小结

本章利用 2003—2014 年沪深两地 A 股国有上市公司的相关数据，我们重点考察了政府薪酬管制程度对管理层激励结构以及不同激励方式之间替代性关系的影响，具体结论如下：

（1）在政府薪酬管制程度越强时，国有企业管理层激励的总体水平会受到抑制，其货币薪酬和股权激励在总激励中所占的比例也会显著降低。

（2）虽然作为替代性激励方式的在职消费在总激励中的占比会显著增

加，但由于薪酬管理办法在规范中央国有企业管理层薪酬的同时，也对管理层的在职消费行为进行了专门的规定，因而当政府出台薪酬管制政策时，管理层在职消费的使用权限也会受到一定程度上的约束，货币薪酬和股权激励对在职消费的替代性会减弱，导致在职消费的边际效用的降低。

（3）进一步研究表明，由于非充分竞争性行业的国有企业、政府直接持股的国有企业和中央国有企业及其管理层受到了政府更严格的监督和管制，因此这些类别的国有企业管理层在职消费的边际效用会更显著的下降，扩大了其与显性激励间的效用差异。

8 差异化薪酬管制有效性研究

本书的第五章至七章就差异化薪酬管制对国有企业管理层激励在方向、速度以及结构方面的调整做了系统、直观的考察，本章我们将重点研究差异化薪酬管制政策的相关经济后果。具体的，我们将从国有企业管理层薪酬业绩敏感性、薪酬粘性以及激励效果三个方面检验我国差异化薪酬管制政策的有效性。

8.1 理论分析与研究假设

8.1.1 薪酬管制与国有企业管理层薪酬业绩敏感性

现有的外文文献基本上都认同管理层薪酬与公司业绩之间存在显著正相关关系。而在中国各种经理人市场和管理层薪酬都面临管制的大背景下，学术界对中国企业管理层薪酬契约是否存在有效性存在争议。魏刚（2000）发现20世纪90年代末，我国上市公司管理层激励的总体水平较低，并且结构不合理、零持股现象普遍，管理层薪酬与企业业绩无显著关联。李增泉（2000）发现我国上市公司管理层的货币薪酬以及股权激励与企业业绩并无显著关系。Firth et al.（2006）指出国有企业管理层薪酬与企业业绩的敏感性很低。但随着中国市场化进程的推进，我国企业市场化特征逐步显现，管理层的薪酬激励体系逐步完善，管理层薪酬主要由基础薪酬、业绩薪酬和中长期激励多部分共同构成，激励手段更为丰富多元，管理层的薪酬业绩敏感性也被逐渐建立起来。方军雄（2009）发现随着我国薪酬制度市场化改革的深入，我国上市公司管理层薪酬的业绩敏感性已被显著建立起来。辛清泉和谭伟强（2009）认为随着市场化改革进程的推进，显著提升了我国国有企业管理层薪酬业绩敏感性，不过受保护行业的管理层薪酬业绩敏感性显著低于竞争型行业，中央国有企业管理层薪酬业绩敏感性显著低于地方国有企业。姜付秀等（2014）认为由于国有企业管理层具有更高的显性业绩要求、会受到更强的社会监督、具有更弱的掏空动机、非国有企业管理层身份特殊，致使相较于非国有企业，国有企业的管理层更为重视企业的业绩，国有企业具有更高的薪酬业绩敏感性。

那么，薪酬管制政策会对企业管理层的激励契约产生怎样的影响呢？Perry and Zimmer（2001）发现1992—1993年实施的税法改革和信息披露准则要求提高了管理层的薪酬业绩敏感性。John et al.（2006）也认为管制者的外部监督提升了管理层的业绩敏感性。但多数学者持不同的观点，Kole et al.（1992）发现1978年航空业管制取消后，管理层薪酬业绩敏感性获得了增加。Hubbard and Palia（1995）发现解除对洲际银行的管制后，其管理层的薪酬业绩敏感性增强了。Rose and Wolfram（2002）认为“百万美元税收法案”并不能增强薪酬业绩之间的敏感性。Fahlenbrach and Stulz（2009）发现金融危机后，不论公司是否接受政府的救助计划，其总经理薪酬与企业业绩之间并无显著差异，表明薪酬管制可能误导了市场，降低了管理层薪酬业绩的敏感性。Verret（2009）也认为管理层薪酬可能并不是导致金融危机的原因。Gu and Wang（2010）则认为政府管制会导致国有企业管理层薪酬业绩敏感性显著下降。蔡地和王迪昉（2012）发现，地方政府的干预行为降低了地方国有企业管理层薪酬业绩的敏感性，但对中央国有企业管理层的薪酬业绩敏感性无显著的影响。刘星和徐光伟（2012）、罗宏（2014）也认为管制政策显著降低了管理层薪酬业绩敏感性。

虽然我国的薪酬管制政策的初衷是希望国有企业管理层的薪酬与企业业绩更加匹配，从而保证管理层激励水平适当，发挥相应的激励效果。但“不患寡而患不均”的思想使得相关薪酬管制政策在国有企业收入分配过程中也关注平均主义，以保证国有企业管理层收入与社会平均职工收入的差距不能太大，避免引发社会公众的不满。正如我们前面章节所得到的结论，政府的薪酬管制政策会降低管理层货币薪酬在激励总额中的比重，行政干预了货币薪酬与企业业绩之间的关联，同时也抑制了管理层货币薪酬向最优水平调整的速度和程度，这些结果意味着政府的薪酬管制可能阻碍了国有企业管理层激励契约的有效性。基于此，我们提出如下假设：

假设1　国有企业管理层薪酬与业绩之间正相关，但薪酬管制政策会降低国有企业管理层薪酬业绩的敏感性。

8.1.2　薪酬管制与国有企业管理层薪酬粘性

就中国国有企业的制度背景来看，随着市场化改革的推进，国有企业逐渐获得了包括生产经营、投资、融资和人事方面的自主权（Tenve et al.，2002），所有者缺位的产权特征使得国有企业内部人控制问题严重，加之董事会谈判能力有限、经理人声誉机制不健全，国有企业的管理层权力不断膨胀，权利强大的国有企业管理层并不需要满足董事会对业绩的特定要求，可以自设薪酬契约（权小锋等，2010）。方军雄（2009）发现，随着薪酬制度改革的深化，我国上市公司管理层薪酬业绩敏感性被逐步建立，但管理层权力使得管理层薪酬随业绩的变动呈现非对称的特征，企业业绩上升时管理层薪酬增加的幅度要远远高于业绩下降时管理层薪酬减少的幅度，这种现象被称为薪酬粘性。进一步，方军雄（2011）提出疑问，为什么我国国有企业管理层薪酬管制政策实施，但现实中管理层与普通员工的薪酬差距却不降反升呢？对此，方军雄（2011）提出了薪酬尺蠖效应的概念，由于管理层权力的存在，当业绩上升时，相较于普通员工，公司管理层获得了更高的薪酬增幅，当业绩下降时，管理层薪酬的增幅也没有显著低于普通员工。而从薪酬业绩敏感性的视角来看，当业绩上升时，管理层的薪酬业绩敏感性显著高于普通员工，当业绩下降时，管理层薪酬业绩敏感性下降的幅度又显著高于普通员工薪酬业绩敏感性减少的幅度，这表明我国上市公司高管薪酬存在显著的向下刚性，即管理层薪酬只增不减。刘星和徐光伟（2012）也发现管理层会利用手中的权力影响薪酬的制定，致使管理层薪酬具有向下的刚性和向上的弹性。

从前面章节的结论可以看出，政府的薪酬管制政策能够降低国有企业管理层的激励总额以及货币薪酬的比重，因此，我们认为政府薪酬管制程度增加后，政府将更为关注国有企业管理层薪酬与企业业绩的匹配性。当企业业绩上升时，政府会监督国有企业管理层薪酬上升的幅度，控制管理层薪酬的边际增幅，而当企业业绩下降时，政府也会加强对国有企业管理层的经济惩罚力度，保证管理层薪酬的减少幅度与企业业绩下降的幅度相一致，从而缩小了管理层对薪酬进行自我裁定的空间，降低了管理层薪酬因业绩变动而产生的不对称性。基于此，我们提出如下假设：

假设 2　国有企业管理层薪酬存在粘性，但政府薪酬管制政策能够降低国有企业管理层薪酬粘性程度。

8.1.3　薪酬管制与国有企业管理层激励效果

辛清泉等（2007）发现薪酬管制导致管理层的显性激励不足，地方国有企业存在由于薪酬契约失效而产生的过度投资现象。王新（2009）认为国有企业管理层会通过盈余管理行为来影响上级主管部门对其的业绩评价和薪酬设定，并且中央国有企业的管理层更易通过盈余平滑的方式，减弱利润在不同年间的波动。陈信元（2009）认为薪酬管制会导致管理层发生腐败概率的增加。徐细雄和刘星（2013）认为政府的薪酬管制措施恶化了企业管理层的腐败行为。从上面的文献可以看到，政府的薪酬管制导致管理层的行为并非是出于企业价值最大化的目的，而是为了满足其自身利益的需要，从而损害了企业价值。从第七章的结果可以看到，政府的薪酬管制政策会导致国有企业管理层激励总体水平的下降，同时货币薪酬和股权激励在激励总额中的比例也会降低。显性激励的不足会促使隐性激励的增加，在职消费在激励总额中的比例上升，但此时在职消费对管理层的边际效用却在降低，况且我国国有企业管理层在职消费的目的往往是为了满足管理层自身利益的需求，而非企业价值的创造，这就造成我国现有的国有企业管理层激励制度很难满足管理层对激励的需求。同时，从第六章的结果也可以看到，我国的薪酬管制政策抑制了管理层货币薪酬向最优水平调整的速度，扩大了管理层货币薪酬最优水平与实际水平之间的差距，从而导致管理层货币薪酬并不能最大程度上激励管理层为企业价值服务。基于此，我们提出如下假设：

假设 3　国有企业管理层薪酬与企业下一期企业业绩正相关，但政府薪酬管制政策会削弱国有企业管理层激励的效果。

8.1.4　差异化薪酬管制特征与相关经济后果

2003 年 11 月，国有资产监督管理委员会颁布的《中央企业负责人经营业绩考核暂行办法》指出，对国有企业管理层的考核原则应为“依法考核、分类考核、约束和激励机制相结合”，对国有企业管理层分类考核的思想被提及。2014 年 8 月，中共中央政治局审议通过了《中央管理企业负责人薪酬制度改革方案》，其中最核心的内容是明确了下一步中央国有企业负责人薪酬将采取差异化的薪酬管制模式。2015 年 12 月，国有资产监督管理委员会、国家发展和改革委员会、财政部联合颁布的《关于国有企业功能界定与分类的指导意见》也明确了应根据不同国有企业的功能定位，实施差异化的考核标准。那么，政府根据国有企业的功能定位、对国有企业的控制程度以及控制层级实施差异化的薪酬管制措施会对管理层激励的有效性产生怎样的影响呢？从前面章节的结论可以看出，在差异化薪酬管制的背景下，主业处于非充分竞争性行业的国有企业、政府直接持股的国有企业以及中央国有企业会受到更强程度上的薪酬管制，同时其管理层激励变动的非对称性更低、管理层激励调整的速度和程度都更接近于最优水平，表明薪酬管制政策对于这些类别的国有企业更加有效。基于此，我们提出如下假设：

假设4 主业处于非充分竞争性行业的国有企业、政府直接持股的国有企业以及中央国有企业，其薪酬业绩敏感性更高、企业未来业绩更好。

8.2 研究设计与样本选择

8.2.1 模型设计与变量定义

（1）薪酬管制与管理层薪酬业绩敏感性

为了检验薪酬管制程度对国有企业管理层薪酬业绩敏感性的影响，我们采用如下模型进行检验：

$$Pay_{i,t} = \alpha_0 + \alpha_1 Perf_{i,t} + \alpha_2 \mathrm{Regulate}_{i,t} + \alpha_3 Perf_{i,t} \times \mathrm{Regulate}_{i,t} + \beta Control + \varepsilon \quad (1)$$

其中，被解释变量 *Pay* 为管理层薪酬，以企业前三名高级管理人员薪酬平均值的对数表示；*Perf* 为企业业绩指标，我们分别采用企业的会计业绩指标（*Roa*：资产利润率）和市场业绩指标（*Ret*：考虑现金红利再投资的年个股回报率）来表示。*Regulate* 为政府薪酬管制的哑变量，当政府薪酬管制程度大于 0 时取 1，当政府薪酬管制程度小于或等于 0 时取 0。*Perf×Regulate* 是企业业绩与薪酬管制的交乘项，为这里考察的关键变量，如果该项系数显著为负，则表明政府薪酬管制显著降低了管理层薪酬业绩敏感性。*Control* 为一组控制变量。

（2）薪酬管制与管理层薪酬粘性

为了检验薪酬管制程度对国有企业管理层薪酬粘性的影响，我们采用如下模型进行检验：

$$Pay_{i,t} = \alpha_0 + \alpha_1 NI_{i,t} + \alpha_2 D_{i,t} + \alpha_3 NI_{i,t} \times D_{i,t} + \beta Control + \varepsilon \quad (2)$$

这里，我们会根据政府薪酬管制的哑变量分样本对模型（2）进行回归，以检验薪酬管制对国有企业管理层薪酬粘性的影响。其中，被解释变量 *Pay* 为管理层薪酬，以企业前三名高级管理人员薪酬平均值的对数表示；*NI* 为净利润的自然对数；*D* 表示企业业绩相较上期有所下降，企业业绩下降时取 1，否则取 0。*NI×D* 为企业净利润与企业业绩下降的交乘项，是我们重点考察的变量，α_1 表示企业业绩上升 1%，管理层薪酬上升的幅度，（$\alpha_1+\alpha_3$）表示企业业绩下降1%，管理层薪酬下降的幅度，如果α_3显著为负，则表明企业管理层薪酬粘性存在，其粘性值等于α_1/（$\alpha_1+\alpha_3$）。*Control* 为一组控制变量。

（3）薪酬管制与企业未来业绩

为了检验薪酬管制程度对国有企业未来业绩的影响，我们采用如下模型进行检验：

$$Roa_{i,t+1} = \alpha_0 + \alpha_1 Regulate_{i,t} + \beta Control + \varepsilon \tag{3}$$

其中，被解释变量$Roa_{i,t+1}$为下一期企业的资产利润率，代表企业未来业绩；*Regulate* 为政府薪酬管制的哑变量，当政府薪酬管制程度大于0时取1，当政府薪酬管制程度小于或等于0时取0。如果 *Regulate* 系数显著为负，则表示薪酬的激励效果在薪酬管制程度较高时被削弱了。

关于薪酬管制程度的衡量，与第四章的模型设计方法一样，首先，从企业业绩、资产规模、内外部治理效应、行业特征、年度特征五个方面对相对薪酬模型进行定义。其次，采用更接近于市场化水平的非国有企业样本估计管理层相对薪酬回归模型系数，之后带入国有企业样本，从而估计国有企业管理层相对薪酬的期望值，接着用国有企业管理层相对薪酬的期望值与实际值之间的差额来衡量薪酬管制程度。采用上述差值方法对薪酬管制进行计量是因为影响管理层相对薪酬的因素不仅包含了政府薪酬管制因素，还包含了其他影响管理层相对薪酬的企业经济因素，那么将这些企业经济因素排除后，就可以合理地估计出政府薪酬管制对管理层相对薪酬的影响。在本部分，我们用哑变量表示薪酬管制，差值为正表示国有企业管理层薪酬受到管制，并且正值越大意味着其管理层所受到的薪酬管制越强，差值为负表示国有企业管理层薪酬不受管制。

对主业处于非充分竞争性行业和充分竞争性行业的国有企业、政府直接持股和间接持股的国有企业、中央国有企业和地方国有企业的定义，详见第四章差异化因素定义部分。控制变量 *Control* 主要包括了企业规模（*Size*）、偿债能力（*Lev*）、二职合一（*Dual*）、董事会规模（*Scale*）、董事会独立性（*Idd*）、第一大股东持股比例（*Shrcr*）、东部地区（*East*）。主要变量定义见表8-1。

表 8-1 变量说明

1. 主要研究变量	
$Pay_{i,t}$	管理层薪酬，以企业前三名高级管理人员薪酬平均值的对数表示
$Roa_{i,t}$	会计业绩指标，企业净利润/企业总资产平均余额
$Ret_{i,t}$	市场业绩指标，考虑现金红利再投资的年个股回报率
$Regulate_{i,t}$	政府薪酬管制，当政府薪酬管制程度大于0时取1，当政府薪酬管制程度小于0时取0，其中薪酬管制程度为（管理层相对薪酬期望值-管理层相对薪酬实际值）
$NI_{i,t}$	盈利能力，企业净利润的自然对数
$D_{i,t}$	企业业绩下降，企业业绩下降时取1，否则取0
$Monopoly_{i,t}$	非充分竞争性行业，企业处于非充分竞争性行业取1，否则取0
$Soe_{i,t}$	政府直接持股的国有企业，直接控股股东为政府的企业取1，否则取0
$Centra_{i,t}$	中央国有企业，最终控制人为中央政府的取1，否则取0
2. 控制变量	
$Size_{i,t}$	企业规模，企业资产总额的自然对数
$Lev_{i,t}$	偿债能力，负债总额/企业总资产
$Dual_{i,t}$	二职合一，若总经理兼任董事长取1，否则取0
$Scale_{i,t}$	董事会规模，董事会成员的人数
$Idd_{i,t}$	董事会独立性，独立董事占董事会总人数的比例
$Shrcr_{i,t}$	第一大股东持股比例，第一大股东持有的股份占总股本的比例
$East_{i,t}$	东部地区，如果上市公司总部位于北京市、天津市、上海市、河北省、山东省、江苏省、浙江省、福建省、广东省、海南省取1，否则取0

8.2.2 数据选取与数据来源

2003 年 11 月，国有资产监督管理委员会颁布了《中央企业负责人经营业绩考核暂行办法》，标志着我国国有企业管理层薪酬制度正式步入规范化的轨道，为了能够清晰地呈现出国有企业管理层激励的整体现状，本书选取 2003—2014 年沪深两市 A 股上市公司作为研究样本，并进行如下筛选：①剔除金融类企业；②剔除 ST、*ST、PT、S、S*ST、SST 类样本；③剔除相关变量不全的样本；④为消除极端值的影响，将管理层激励变量在 0~1%和 99%~100%之间的样本进行 Winsorize 缩尾处理。本章管理层薪酬、公司财务和治理数据主要来源于 CSMAR 数据库。

8.3 描述性统计分析

表 8-2 列示了主要研究变量的描述性统计，样本中国有企业管理层薪酬的均值为 12.48，中位数为 12.56，标准差为 0.89。国有企业会计业绩指标的均值为 0.04，中位数为 0.03，最小值为-0.25，最大值为 0.29。国有企业市场业绩指标的均值为 0.001，中位数为 0.002，最小值为-0.059，最大值为 0.08。政府薪酬管制的均值为 0.76，中位数为 1，表明大部分国有企业都会受到政府薪酬干预的影响。企业净利润的均值为 18.42，中位数为 18.36，最小值为 14.42，最大值为 22.37。企业业绩下降的均值为 0.39，中位数为 0，表明多数企业本期业绩相较于上期业绩都更好。其余变量的描述性统计详见表 8-2，这里不再赘述。

表 8-2 主要变量的描述性统计分析

主要变量	均值	中位数	最小值	最大值	标准差
$Pay_{i,t}$	12.48	12.56	10.34	14.61	0.89
$Roa_{i,t}$	0.04	0.03	-0.25	0.29	0.07
$Ret_{i,t}$	0.001	0.002	-0.059	0.08	0.023
$Regulate_{i,t}$	0.76	1	0	1	0.42
$NI_{i,t}$	18.42	18.36	14.42	22.37	1.69
$D_{i,t}$	0.39	0	0	1	0.49
$Size_{i,t}$	21.92	21.74	18.85	25.36	1.28
$Lev_{i,t}$	0.51	0.52	0.46	1.49	0.21
$Dual_{i,t}$	0.1	0	0	1	0.3
$Scale_{i,t}$	9.6	9	5	15	1.97
$Idd_{i,t}$	0.36	0.33	0.25	0.56	0.05
$Shrcr_{i,t}$	0.41	0.41	0.09	0.75	0.16
$East_{i,t}$	0.53	1	0	1	0.49

此处我们仅给出了主要变量之间的相关性分析，具体见表 8-3。可以发现，与管理层薪酬正相关的变量有：当期会计业绩、下一期会计业绩、当期市场业绩、当期企业净利润；与管理层薪酬负相关的变量有：政府薪

酬管制指标、企业业绩下降指标。并且以上变量的相关关系均在1%水平上显著。政府薪酬管制变量与当期会计业绩正相关，但不显著；政府薪酬管制变量与企业下一期会计业绩显著负相关，政府薪酬管制变量与企业当期市场业绩显著负相关。当然，变量之间的真正相关关系需要加入控制变量进行回归后才能准确得出，不过相关性分析可以让我们简单了解各个主要变量之间的关系。

表 8-3　　主要变量的相关性分析

	$Pay_{i,t}$	$Roa_{i,t}$	$Roa_{i,t+1}$	$Ret_{i,t}$	$Regulate_{i,t}$	$NI_{i,t}$	$D_{i,t}$
$Pay_{i,t}$	1						
$Roa_{i,t}$	0. 262 9***	1					
$Roa_{i,t+1}$	0. 231 5***	0. 487 6***	1				
$Ret_{i,t}$	0. 206 3***	0. 128 9***	0. 126 0***	1			
$Regulate_{i,t}$	-0. 344 1***	0. 006 9	-0. 049 5***	-0. 022 8**	1		
$NI_{i,t}$	0. 517 0***	0. 446 0***	0. 392 3***	0. 157 6***	-0. 003 7	1	
$D_{i,t}$	-0. 086 6***	-0. 404 1***	-0. 250 2***	-0. 109 2***	0. 020 2**	-0. 209 0***	1

注：下对角线是 *Pearson* 相关系数；*、**、*** 分别表示统计显著水平 0. 10、0. 05、0. 01。

8.4　实证结果与分析

8.4.1　差异化薪酬管制与国有企业管理层薪酬业绩敏感性

表 8-4 是薪酬管制对国有企业管理层薪酬业绩敏感性影响的回归结果。第（1）和（3）列结果显示，无论是用会计业绩指标替代企业业绩，还是用市场业绩指标替代企业业绩，我国国有企业管理层薪酬业绩敏感性都是显著存在的，并且在1%水平上显著，表明我国国有企业管理层基于企业业绩的薪酬激励机制已经形成。第（2）列显示了薪酬管制对国有企业管理层薪酬会计业绩敏感性的影响，其薪酬业绩敏感性为 3. 204，而当政府实施薪酬管制以后，薪酬业绩敏感性为 2. 495（3. 204-0. 709），削弱效果达 22%，以上结果均在1%水平上显著。第（4）列显示了薪酬管制对国有企业管理层薪酬市场业绩敏感性的影响，其薪酬业绩敏感性为 1. 613，

在5%水平上显著，而当政府实施薪酬管制以后，薪酬业绩敏感性为1.113（1.613-0.5），但统计上不显著。

表8-4　　薪酬管制对国有企业管理层薪酬业绩敏感性的影响

自变量	因变量：$Pay_{i,t}$			
	（1）$Roa_{i,t}$	（2）$Roa_{i,t}$	（3）$Ret_{i,t}$	（4）$Ret_{i,t}$
$Perf_{i,t}$	2.784***	3.204***	1.396***	1.613**
	(22.78)	(16.05)	(3.09)	(2.15)
$Regulate_{i,t}$		-0.587***		-0.624***
		(-35.05)		(-31.13)
$Perf_{i,t} \times Regulate_{i,t}$		-0.709***		-0.500
		(-3.14)		(-0.61)
$Size_{i,t}$	0.257***	0.278***	0.278***	0.297***
	(38.60)	(43.76)	(32.34)	(36.80)
$Lev_{i,t}$	-0.253***	-0.303***	-0.683***	-0.680***
	(-6.49)	(-8.34)	(-14.55)	(-15.34)
$Dual_{i,t}$	0.040 4*	0.055 7***	0.046 3	0.067 9**
	(1.81)	(2.67)	(1.59)	(2.50)
$Scale_{i,t}$	0.017 9***	0.018 4***	0.020 8***	0.017 4***
	(4.73)	(5.17)	(4.15)	(3.68)
$Idd_{i,t}$	0.118	0.203	0.023 0	0.124
	(0.84)	(1.54)	(0.13)	(0.75)
$Shrcr_{i,t}$	-0.553***	-0.325***	-0.399***	-0.184***
	(-11.96)	(-7.45)	(-6.60)	(-3.25)
$East_{i,t}$	0.299***	0.271***	0.302***	0.262***
	(21.05)	(20.39)	(16.23)	(15.07)
Cons	5.780***	5.875***	5.563***	5.719***
	(40.88)	(43.48)	(31.26)	(34.02)
Ind	控制	控制	控制	控制
Year	控制	控制	控制	控制
$Adj.R^2$	0.536 0	0.630 3	0.502 8	0.603 9
N	7 341	6 650	4 370	3 953

注：*、**、*** 分别表示统计显著水平0.10、0.05、0.01。

由于薪酬管制对国有企业管理层薪酬市场业绩敏感性的影响不显著，所以接下来我们只检验政府差异化薪酬管制策略对国有企业管理层薪酬会计业绩敏感性的影响，表 8-5 的第（1）~（6）列是根据国有企业的功能定位、政府对国有企业的控制程度以及控制层级分样本的回归结果。我们可以看到：主业处于非充分竞争性行业的国有企业交叉项的系数为-0.212，只在10%水平上显著，而主业处于充分竞争性行业的国有企业交叉项的系数为-0.829，在5%水平上显著，并且两者系数存在显著差异，可见主业处于充分竞争性行业的国有企业管理层薪酬业绩敏感性受到的削弱程度更大；政府直接持股的国有企业交叉项的系数为0.019 4，薪酬业绩敏感性反而有一定的提升，但并不显著，而政府间接持股的国有企业交叉项的系数为-0.765，在1%水平上显著，并且两者系数存在显著差异，表明政府间接持股的国有企业管理层薪酬业绩敏感性受到显著的削弱；中央国有企业交叉项的系数为-0.172，并不显著，地方国有企业交叉项的系数为-0.677，在1%水平上显著，并且两者系数存在显著差异，可见地方国有企业管理层薪酬业绩敏感性受到的削弱程度更大。以上结果表明，由于非充分竞争性行业的国有企业、政府直接持股的国有企业和中央国有企业的管理层受到了政府更严格的监督和管制，相应的管理层薪酬也更加规范合理，因此这些类别的国有企业管理层薪酬与业绩的匹配度更高。

表 8-5　差异化薪酬管制对国有企业管理层薪酬会计业绩敏感性的影响①

自变量	因变量：$Pay_{i,t}$					
	(1)非充分竞争性行业	(2)充分竞争性行业	(3)政府直接持股	(4)政府间接持股	(5)中央国有企业	(6)地方国有企业
$Roa_{i,t}$	2.301***	3.291***	3.778***	3.171***	3.007***	3.229***
	(5.26)	(14.75)	(5.27)	(15.22)	(4.67)	(15.30)
$Regulate_{i,t}$	-0.516***	-0.600***	-0.630***	-0.588***	-0.486***	-0.603***
	(-13.00)	(-32.43)	(-10.80)	(-33.45)	(-9.56)	(-33.87)
$Roa_{i,t}\times$ $Regulate_{i,t}$	-0.212*	-0.829**	0.019 4	-0.765***	-0.172	-0.677***
	(-1.75)	(-2.40)	(0.03)	(-3.23)	(-0.83)	(-2.82)
$Size_{i,t}$	0.284***	0.293***	0.278***	0.279***	0.274***	0.275***
	(25.54)	(37.34)	(10.92)	(42.24)	(15.22)	(38.77)

① 按照国有企业的功能定位、政府对国有企业的控制程度以及控制层级分样本回归中，交叉项（$Roa_{i,t}\times Regulate_{i,t}$）系数组间比较的卡方值依次为4.59，60.72，5.36，统计上都显著。

表8-5(续)

自变量	因变量：$Pay_{i,t}$					
	(1)非充分竞争性行业	(2)充分竞争性行业	(3)政府直接持股	(4)政府间接持股	(5)中央国有企业	(6)地方国有企业
$Lev_{i,t}$	-0.453***	-0.289***	-0.066 9	-0.313***	-0.144	-0.309***
	(-6.00)	(-7.00)	(-0.47)	(-8.26)	(-1.28)	(-7.97)
$Dual_{i,t}$	0.008 52	0.070 0***	0.140**	0.046 1**	0.231***	0.048 0**
	(0.18)	(3.04)	(2.23)	(2.08)	(3.28)	(2.18)
$Scale_{i,t}$	0.032 4***	0.015 4***	-0.007 97	0.020 8***	0.020 7**	0.018 3***
	(5.26)	(3.59)	(-0.60)	(5.55)	(2.02)	(4.77)
$Idd_{i,t}$	0.651**	0.059 8	1.607***	0.125	0.165	0.173
	(2.42)	(0.40)	(3.26)	(0.91)	(0.51)	(1.18)
$Shrcr_{i,t}$	-0.444***	-0.224***	-0.292	-0.337***	-0.416***	-0.305***
	(-5.06)	(-4.40)	(-1.62)	(-7.35)	(-2.99)	(-6.52)
$East_{i,t}$	0.142***	0.286***	0.245***	0.273***	0.254***	0.266***
	(5.34)	(18.73)	(5.09)	(19.65)	(6.70)	(18.46)
Cons	5.588***	5.618***	5.464***	5.881***	6.421***	5.907***
	(24.84)	(34.35)	(9.85)	(41.72)	(16.69)	(38.61)
Ind	控制	控制	控制	控制	控制	控制
Year	控制	控制	控制	控制	控制	控制
Adj. R^2	0.644 0	0.637 4	0.711 9	0.625 7	0.602 4	0.628 9
N	1 459	5 191	488	6 143	843	5 807

注：*、**、*** 分别表示统计显著水平 0.10、0.05、0.01。

8.4.2 薪酬管制与国有企业管理层薪酬粘性

表 8-6 是薪酬管制对国有企业管理层薪酬粘性影响的回归结果。表中第（1）列为全样本的回归结果，可以看到，当企业业绩上升 1%时，国有企业管理层薪酬增加的幅度为 0.19，在 1%水平上显著；当企业业绩下降 1%时，国有企业管理层薪酬减少的幅度为 0.164（0.19-0.026），交乘项系数在 1%水平上显著，表明国有企业管理层薪酬粘性存在。表中第（2）列为薪酬管制存在时的回归结果，可以看到，当企业业绩上升 1%时，国有企业管理层薪酬增加的幅度为 0.147，在 1%水平上显著；当企业业绩下降 1%时，国有企业管理层薪酬减少的幅度为 0.181（0.19-0.009），交乘

项系数统计上不显著，表明当国有企业管理层薪酬面临管制时，其管理层薪酬粘性消失。表中第（3）列为薪酬管制不存在时的回归结果，可以看到，当企业业绩上升1%时，国有企业管理层薪酬增加的幅度为0.213，在1%水平上显著；当企业业绩下降1%时，国有企业管理层薪酬减少的幅度为0.176 1（0.213-0.036 9），交乘项系数在1%水平上显著，表明当国有企业的薪酬管制消失时，其管理层薪酬粘性又出现了。并且对 $NI_{i,t}$ 系数进行比较，我们可以发现，企业业绩上升1%，薪酬管制存在时国有企业管理层薪酬上升的幅度小于薪酬管制不存在时国有企业管理层薪酬上升的幅度。

表 8-6　　　　薪酬管制对国有企业管理层薪酬粘性的影响

自变量	因变量：$Roa_{i,t}$		
	（1）全样本	（2）$Regulate_{i,t}=1$	（3）$Regulate_{i,t}=0$
$NI_{i,t}$	0.190***	0.147***	0.213***
	(22.28)	(12.58)	(20.11)
$D_{i,t}$	0.524***	0.223	0.734***
	(3.19)	(0.99)	(3.53)
$NI_{i,t}\times D_{i,t}$	-0.026 0***	-0.009 00	-0.036 9***
	(-2.93)	(-0.76)	(-3.20)
$Size_{i,t}$	0.079 2***	0.142***	0.158***
	(7.10)	(9.15)	(11.14)
$Lev_{i,t}$	-0.167***	-0.214***	-0.176***
	(-3.78)	(-3.35)	(-3.50)
$Dual_{i,t}$	0.050 8**	-0.026 7	0.121***
	(2.12)	(-0.81)	(4.23)
$Scale_{i,t}$	0.018 3***	0.018 4***	0.030 3***
	(4.53)	(3.56)	(5.81)
$Idd_{i,t}$	0.099 9	0.391**	-0.136
	(0.67)	(1.98)	(-0.73)
$Shrcr_{i,t}$	-0.546***	-0.294***	-0.252***
	(-11.05)	(-4.28)	(-4.18)

表8-6(续)

自变量	因变量：$Roa_{i,t}$		
	(1) 全样本	(2) $Regulate_{i,t}=1$	(3) $Regulate_{i,t}=0$
$East_{i,t}$	0.275***	0.254***	0.257***
	(18.11)	(12.36)	(13.98)
$Cons$	6.669***	5.726***	5.176***
	(40.56)	(24.02)	(24.35)
Ind	控制	控制	控制
$Year$	控制	控制	控制
$Adj.\ R^2$	0.516 0	0.546 1	0.677 6
N	6 175	2 970	2 825

注：*、**、*** 分别表示统计显著水平 0.10、0.05、0.01。

8.4.3 差异化薪酬管制与国有企业未来业绩

表 8-7 是差异化薪酬管制对国有企业未来业绩影响的回归结果。表中第（1）列为全样本的回归结果，$Regulate_{i,t}$的系数显著为负，且在 1%水平上显著，表明政府的薪酬管制导致管理层的行为并非是出于企业价值最大化的目的，而是为了满足其自身利益的需要，从而损害了企业的价值。表第（2）~（7）列是根据国有企业的功能定位、政府对国有企业的控制程度以及控制层级分样本的回归结果。我们可以看到，主业处于非充分竞争性行业的国有企业、政府直接持股的国有企业、中央国有企业 $Regulate_{i,t}$的系数虽为负，但在统计上并不显著，而主业处于充分竞争性行业的国有企业、政府间接持股的国有企业、地方国有企业 $Regulate_{i,t}$的系数显著为负，且在 1%水平上显著，同时在分样本回归中前者的系数都显著小于后者的系数①。以上结果表明，由于非充分竞争性行业的国有企业、政府直接持股的国有企业和中央国有企业的管理层受到了政府更严格的监督和管制，其企业管理层激励制度安排更为合理，因此薪酬管制对这些类别的国有企业管理层激励效果的负向影响显著减弱。

① 按照国有企业的功能定位、政府对国有企业的控制程度以及控制层级分样本回归中，薪酬管制变量（*Regulate*）组间系数比较的卡方值依次为 4.82、5.33、44.97，统计上都显著。

表 8-7　　差异化薪酬管制对国有企业未来业绩的影响

自变量	因变量：$Roa_{i,t+1}$						
	(1)全样本	(2)非充分竞争性行业	(3)充分竞争性行业	(4)政府直接持股	(5)政府间接持股	(6)中央国有企业	(7)地方国有企业
$Regulate_{i,t}$	-0.000 521***	-0.000 339	-0.000 980***	-0.001 16	-0.008 49***	0.000 029 5	-0.000 535***
	(-3.46)	(-1.56)	(-2.78)	(-1.65)	(-3.12)	(0.06)	(-3.39)
$Size_{i,t}$	0.005 39***	0.006 43***	0.006 07***	0.011 7***	0.004 99***	0.005 79**	0.006 04***
	(7.10)	(4.28)	(6.61)	(3.68)	(6.34)	(2.47)	(7.21)
$Lev_{i,t}$	-0.073 1***	-0.095 1***	-0.064 4***	-0.083 1***	-0.071 3***	-0.078 2***	-0.072 2***
	(-18.60)	(-11.10)	(-14.47)	(-5.35)	(-17.40)	(-6.05)	(-17.33)
$Dual_{i,t}$	0.002 93	-0.003 20	0.003 70	-0.013 1	0.004 09	0.001 73	0.003 27
	(1.15)	(-0.50)	(1.34)	(-1.60)	(1.52)	(0.19)	(1.23)
$Scale_{i,t}$	0.000 349	0.000 063 3	0.000 484	0.000 107	0.000 333	-0.000 261	0.000 368
	(0.81)	(0.08)	(0.95)	(0.06)	(0.74)	(-0.20)	(0.80)
$Idd_{i,t}$	-0.010 7	0.061 3*	-0.034 4*	0.076 3	-0.015 9	-0.088 6**	0.012 9
	(-0.67)	(1.74)	(-1.91)	(1.18)	(-0.95)	(-2.15)	(0.73)
$Shrcr_{i,t}$	0.029 4***	0.053 6***	0.028 6***	0.073 1***	0.028 4***	-0.006 01	0.033 4***
	(5.51)	(4.62)	(4.70)	(3.10)	(5.10)	(-0.32)	(5.89)
$East_{i,t}$	0.002 26	-0.001 06	0.002 15	-0.001 76	0.002 91*	0.001 15	0.002 47
	(1.40)	(-0.30)	(1.17)	(-0.28)	(1.73)	(0.23)	(1.42)
Cons	-0.090 9***	-0.095 6***	-0.101***	-0.321***	-0.076 1***	-0.057 9	-0.114***
	(-5.55)	(-3.00)	(-5.22)	(-4.61)	(-4.46)	(-1.15)	(-6.23)
Ind	控制	控制	控制	控制	控制	控制	控制
Year	控制	控制	控制	控制	控制	控制	控制
Adj. R^2	0.100 5	0.210 4	0.081 3	0.177 1	0.097 9	0.089 4	0.103 1
N	6 008	1 307	4 701	445	5 547	749	5 259

注：*、**、*** 分别表示统计显著水平 0.10、0.05、0.01。

8.5 稳健性检验

为了保证本书研究结论的稳定性，我们采用 CHANGE 模型作为稳健性检验，对管理层薪酬粘性模型中的 $Pay_{i,t}$ 和 $NI_{i,t}$ 分别采用 $\Delta Pay_{i,t}$ 和 $\Delta NI_{i,t}$ 进行衡量，薪酬管制对国有企业管理层薪酬粘性影响的结果保持不变。同时，我们按照政府对国有企业的功能定位、对国有企业的控制程度以及控制层级分样本对管理层薪酬粘性模型进行回归，发现主业处于非充分竞争性行业的国有企业、政府直接持股的国有企业、中央国有企业管理层薪酬粘性现象并不明显，而主业处于充分竞争性行业的国有企业、政府间接持股的国有企业、地方国有企业管理层薪酬粘性现象显著存在。表明由于非充分竞争性行业的国有企业、政府直接持股的国有企业和中央国有企业的管理层受到了政府更严格的监督和管制，因此这些类别的国有企业管理层薪酬粘性下降的程度更为显著。另外，我们用市场业绩托宾 Q 值替代会计业绩，对差异化薪酬管制与企业未来业绩研究的相关模型进行再回归，上述结论仍然保持不变。

8.6 本章小结

本章利用 2003—2014 年沪深两市 A 股国有上市公司的相关数据，从国有企业管理层薪酬业绩敏感性、薪酬粘性以及激励效果三个方面对我国差异化薪酬管制政策的有效性进行了实证检验，具体结论如下：

（1）无论是用会计业绩指标替代企业业绩，还是用市场业绩指标替代企业业绩，我国国有企业管理层薪酬业绩敏感性都显著存在，但政府的薪酬管制行为会显著削弱薪酬业绩的敏感性。由于非充分竞争性行业的国有企业、政府直接持股的国有企业和中央国有企业及其管理层受到了政府更严格的监督和管制，因此这些类别的国有企业管理层薪酬业绩敏感性被削弱的程度不明显。

（2）无论业绩上升还是下降，政府的薪酬管制行为都能在一定程度上缩小管理层对薪酬进行自我裁定的空间，从而降低了国有企业管理层薪酬变动因业绩变动而产生的不对称性。

（3）政府的薪酬管制导致管理层的行为并非是出于企业价值最大化的目的，而是为了满足其自身利益的需要，从而损害了企业未来业绩，但由于非充分竞争性行业的国有企业、政府直接持股的国有企业和中央国有企业的管理层受到了政府更严格的监督和管制，其企业管理层激励制度安排更为合理，因此薪酬管制对这些类别的国有企业管理层激励效果的负向影响减弱了。

9 研究结论与建议

9.1 主要研究结论

本书研究发现，政府的薪酬管制程度会随着国有企业负责人薪酬管理相关政策的出台而发生变动，并且政府会根据国有企业的功能定位、对国有企业的控制程度以及控制层级实施差异化的薪酬管制措施，政府实施薪酬管制的动因主要包括地方市场化程度、财政收入、就业水平、贫富差距、经济增长等因素。从国有企业管理层激励的调整方面来看，政府的薪酬管制政策并没有促使国有企业管理层激励在水平、方向、速度和结构等方面进行预期的调整。从薪酬管制的相关经济后果来看，虽然政府的薪酬管制行为能在一定程度上缩小管理层对薪酬进行自我裁定的空间，降低了管理层薪酬粘性，但政府的薪酬管制同时也导致了管理层薪酬业绩敏感性的下降和企业未来业绩的下降，以上结果表明，我国政府目前的薪酬管制政策整体效率不高，效果有限。2014 年 8 月中共中央政治局审议通过的《中央管理企业负责人薪酬制度改革方案》和 2016 年 12 月国有资产监督管理委员会颁布的《中央企业负责人经营业绩考核办法》明确了下一步将对国有企业负责人薪酬采取差异化的薪酬管制模式。我们进一步研究发现，对于主业处于非充分竞争性行业的国有企业、政府直接持股的国有企业、中央国有企业，政府薪酬管制的上述负向效应显著减弱或消失。

因此，我国政府应根据国有企业的功能定位、对国有企业的控制程度以及控制层级对国有企业管理层薪酬实施差异化的管制模式，针对主业处于非充分竞争性行业的国有企业、政府直接持股的国有企业、中央国有企业的管理层薪酬，政府应加强管制，而对于主业处于充分竞争性行业的国有企业、政府间接持股的国有企业、地方国有企业的管理层薪酬，政府应放松管制，这种差异化的薪酬管制模式将有利于国有企业目标和价值的实现。本书的研究结论将进一步拓展学术界对于政府干预的认识，促进国有企业管理层激励制度的改革。以下是各部分的主要研究发现：

第一，利用 2003—2014 年沪深两市 A 股国有上市公司的相关数据，结合我国自身的制度背景和特点，对我国国有企业的薪酬管制程度进行了衡量，并对政府薪酬管制的差异化管制特征进行了描述性统计分析，同时，我们从区域层面和企业层面两个角度实证检验了政府干预因素对薪酬管制效果的影响。我们发现：①薪酬管制程度随着国有企业负责人薪酬管理相关政策的出台而发生相应的变动，如2009年颁布的《关于进一步规范中央企业负责人薪酬管理的指导意见》、2014年颁布的《中央管理企业负责人薪酬制度改革方案》都会导致对应年度国有企业管理层薪酬管制程度的增强。②通过进一步的统计性描述分析，我们发现政府会根据国有企业的功能定位、对国有企业的控制程度以及控制层级实施差异化的薪酬管制措施。主业处于非充分竞争性行业的国有企业管理层所受到的薪酬管制程度强于主业处于充分竞争性行业的国有企业，政府直接持股的国有企业管理层所受到的薪酬管制程度强于政府间接持股的国有企业，中央国有企业管理层所受到的薪酬管制程度强于地方国有企业。③从区域层面的政府干预因素来看，市场化程度越高、贫富差距越大的地区，薪酬管制的效果越差；财政赤字率越高、失业率越高、GDP增长率越高的地区，薪酬管制的效果越好。④从企业层面的政府干预因素来看，对地方的财政贡献程度越大的国有企业，其所受到的薪酬管制程度越强；对地方的就业贡献程度越大的国有企业，其所受到的薪酬管制程度越弱。

第二，利用2003—2014年沪深两市A股国有上市公司的相关数据，研究了政府薪酬管制政策对管理层激励水平和方向的调整，具体考察了当政府薪酬管制程度增强或减弱时，包括货币薪酬、在职消费、股权激励在内的三种管理层激励方式的变动情况。我们发现：①政府对国有企业管理层薪酬时而增强管制、时而减弱管制的动态干预，会引发管理层激励的非对称性调整，具体体现在管理层货币薪酬和在职消费的非对称性变动。我们发现，政府薪酬管制程度增强时管理层货币薪酬下降的幅度会显著小于薪酬管制程度减弱时管理层货币薪酬上升的幅度，政府薪酬管制程度增强时管理层在职消费程度上升的幅度会显著大于薪酬管制程度减弱时管理层在职消费程度上升的幅度。表明在薪酬管制强度上升时，管理层货币薪酬虽然降低了，但其调整幅度并没有达到政策的预期，作为隐性替代激励的在职消费此时会大幅增加。但并没有显著的证据表明国有企业管理层股权激励随政府薪酬管制程度的变动进行了非对称性的调整。②政府根据国有企业的功能定位、对国有企业的控制程度以及控制层级对国有企业及其管理层实施分类管理和干预时，主业处于非充分竞争性行业的国有企业、政府直接持股的国有企业、中央国有企业的管理层激励变动的非对称性程度会更低，管制效果更好。

第三，利用2003—2014年沪深两市A股国有上市公司的相关数据，研究了政府薪酬管制政策对管理层激励动态调整的影响。我国历年来颁布的相关薪酬管制政策的最终目的都是为了促使国有企业管理层薪酬制度做到水平适当、结构合理、管理规范，从而最大程度上激励国有企业实现经济效益和社会效益的统一。那么，政府的薪酬管制是否能够促使国有企业管理层激励向最优水平不断调整呢？我们从过程和结果两个方面考察了政府薪酬管制程度对管理层激励的调整速度和实际管理层激励偏离目标管理层激励程度的影响，发现：①在调整速度方面，政府薪酬管制程度的增强，会降低国有企业管理层货币薪酬向最优水平的调整速度，此时在职消费作为替代性激励方式，其调整速度提升了，另外仅有微弱的证据表明政府薪酬管制程度的上升降低了国有企业管理层股权激励向最优水平调整的速度。②在调整结果方面，政府薪酬管制的增加，扩大了管理层实际货币薪酬偏离其最优水平的程度，同时缩小了管理层实际在职消费偏离其最优水平的程度。③进一步研究表明，由于非充分竞争性行业的国有企业、政府直接持股的国有企业和中央国有企业的管理层受到了政府更严格的监督和管制，因此这些类别的国有企业管理层实际货币薪酬、实际在职消费偏离它们最优水平的程度都更低。

第四，利用2003—2014年沪深两市A股国有上市公司的相关数据，我们重点考察了政府薪酬管制程度对管理层激励结构以及不同激励方式之间替代性关系的影响，发现：①在政府薪酬管制程度越强时，国有企业管理层激励的总体水平会受到抑制，其货币薪酬和股权激励在总激励中所占的比例也会显著降低。②虽然作为替代性激励方式的在职消费在总激励中的占比会显著增加，但由于薪酬管理办法在规范中央国有企业管理层薪酬的同时，也对管理层的在职消费行为进行了专门的规定，因而当政府出台薪酬管制政策时，管理层在职消费的使用权限也会受到一定程度的约束，货币薪酬和股权激励对在职消费的替代性会减弱，导致在职消费的边际效用降低。③进一步研究表明，由于非充分竞争性行业的国有企业、政府直接持股的国有企业和中央国有企业的管理层受到了政府更严格的监督和管制，因此这些类别的国有企业管理层在职消费的边际效用会更显著地下降，扩大了其与显性激励间的效用差异。

第五，利用2003—2014年沪深两市A股国有上市公司的相关数据，我们从国有企业管理层薪酬业绩敏感性、薪酬粘性以及激励效果三个方面对我国差异化薪酬管制政策的有效性进行了实证检验，发现：①无论是用会计业绩指标替代企业业绩，还是用市场业绩指标替代企业业绩，我国国有企业管理层薪酬业绩敏感性都显著存在，但政府的薪酬管制行为会显著削弱薪酬业绩的敏感性。由于非充分竞争性行业的国有企业、政府直接持股的国有企业和中央国有企业的管理层受到了政府更严格的监督和管制，因此这些类别的国有企业管理层薪酬业绩敏感性被削弱的程度不明显。②无论业绩上升还是下降，政府的薪酬管制行为都能在一定程度上缩小管理层对薪酬进行自我裁定的空间，从而降低了国有企业管理层薪酬变动因业绩变动而产生的不对称性。③政府的薪酬管制导致管理层的行为并非是出于企业价值最大化的目的，而是为了满足其自身利益的需要，从而损害了企业未来业绩，但由于非充分竞争性行业的国有企业、政府直接持股的国有企业和中央国有企业的管理层受到了政府更严格的监督和管制，其企业管理层激励制度安排更为合理，因此薪酬管制对这些类别的国有企业管理层激励效果的负向影响减弱了。

9.2 相关政策建议

党的十八届三中全会通过的《中共中央关于全面深化改革若干重大问题的决定》指出，全面深化改革的重点在经济体制改革，而其核心问题是处理好政府与市场间的关系，使市场在资源配置中起到决定性作用并更好地发挥政府的作用，着力解决政府干预过多和监管不到位的问题。由本书的论述和实证结果可知，目前我国政府的薪酬管制政策并没有促使国有企业管理层激励在水平、方向、速度和结构等方面进行预期的调整，虽然政府的薪酬管制行为能在一定程度上缩小管理层对薪酬进行自我裁定的空间，降低了管理层薪酬粘性，但政府的薪酬管制同时也导致了管理层薪酬业绩敏感性的下降和企业未来业绩的下降，这表明我国政府目前的薪酬管制政策整体效率不高、效果有限，政府的管制行为干预了企业的市场化运营，政府并没有处理好与市场间的关系。本书进一步研究发现，对于主业处于非充分竞争性行业的国有企业、政府直接持股的国有企业以及中央国有企业，政府薪酬管制的负向效应显著减弱或消失，表明政府应根据国有企业的功能定位、对国有企业的控制程度以及控制层级对国有企业管理层实施差异化的薪酬管制模式，这将有利于国有企业目标和价值的实现。结合本书的研究结论，我们将从国有企业分类管理与国有企业管理层激励制度、国有企业管理层分类选拔任用机制与国有企业管理层激励制度、完善国有企业管理层激励监管机制三个方面提出相关建议。

（1）国有企业分类管理与国有企业管理层激励制度

我国国有企业数量众多，业务多元，企业业绩的好坏不能一概而论。有些企业承担了政府交予的较重的政策性任务，或是因经营业务处于关系国家安全、国民经济命脉的重要行业和关键领域，亦或是处于自然垄断的行业，具备这些特征的国有企业应与处于完全竞争性行业的国有企业相区分。以前缺乏多样性的薪酬管理体制严重影响了国有企业管理层工作的积极性和国有企业的发展，因而亟需对我国国有企业进行更加细致的研究和划分，实行差异化的管制。

2014 年 8 月，中共中央政治局审议通过了《中央管理企业负责人薪酬制度改革方案》，该项改革方案要求“中央国有企业应坚持分级管理，建立与中央企业负责人选任方式相匹配、与企业功能性质相适应的差异化薪酬分配办法，严格规范中央管理企业负责人薪酬分配”，该项方案的核心内容是明确了下一步中央国有企业负责人薪酬将采取差异化的薪酬管制模式。2016 年 12 月，国有资产监督管理委员会颁布的《中央企业负责人经营业绩考核办法》也明确指出应基于企业功能定位实行分类考核，提高中央企业负责人业绩考核的科学性和针对性，以贯彻党中央、国务院关于深化国有企业改革和中央企业负责人薪酬制度改革的重大部署。这两项关于国有企业管理层薪酬差异化管制的政策的推出有利于我国国有企业的进一步深化改革，但这仅仅是起步阶段，仍有许多具体的实施细节需要细化和完善。

在对国有企业管理层激励的具体管理方式上，政府可以根据国有企业的功能定位、对国有企业的控制程度以及控制层级实施差异化的薪酬管制模式。例如对于水利、电力、铁路、邮政、港口等公益类国有企业，以及亏损或经营困难的国有企业，往往由国家全资持股或控股，重点是考核成本控制、产品质量、服务水平、营运效率和保障能力，因此其管理层的薪酬水平也应参照公务员工资标准；又如对于主业处于关系国家安全、国民经济命脉的重要行业和关键领域、主要承担重大专项任务的商业类国有企业，应合理确定经营业绩和国有资产保值增值指标的考核权重，加强对服务国家战略、保障国家安全和国民经济运行、发展前瞻性战略性产业以及完成特殊任务情况的考核，这类企业往往由国家控股，允许非国有资本的参与，其管理层薪酬水平应高于公务员工资标准的数倍，或接近于市场化水平；再如处于充分竞争性行业的国有企业或者具有较强盈利能力的国有企业，应重点考核该类国有企业的经营业绩指标、国有资产保值增值和市场竞争能力，国有资本多为相对控股和参股，其管理层薪酬水平多参考市场化水平进行确定。

（2）国有企业管理层分类选拔任用机制与国有企业管理层激励制度

除了对国有企业依据其功能定位、政府控制程度和控制层级的不同实施差异化的薪酬管制模式，政府还应根据管理层不同的选拔任用机制实施差异化的薪酬管制模式。具体的，可以将国有企业管理层分为“行政类管理层”和“市场类管理层”。“行政类管理层”是指通过组织部任命、上级委派或调任等行政任命方式选拔的管理层，而“市场类管理层”是指通过市场化应聘的职业经理人，相应的，“行政类管理层”的薪酬应参照公务员的薪酬模式，而“市场类管理层”应享有市场化的待遇。

由于“行政类管理层”具有政府官员的特征，因此应赋予相应的行政级别，并参照公务员同一级别的工资作为这类管理层基础薪酬的组成部分，基础薪酬应占其据薪酬总额的绝大部分。对“行政类管理层”的薪酬考核标准不能仅限于企业的经营业绩指标，应全面考核其在德、能、勤、绩、廉等方面的对应指标。在对“行政类管理层”进行长期激励时，应注重精神奖励和物质奖励的结合，并以精神奖励为主，政治晋升应作为其最显著的激励方式。在参照公务员工资的时候，我们也应关注“行政类管理层”的薪酬公平性问题，在外部公平性方面，应注意与其他国有企业“行政类管理层”以及政府部门公务员的薪酬水平相对比，不能太高也不能太低，避免导致官员之间薪酬差距的拉大和不公平情绪的蔓延；在内部公平性方面，应注意与企业内部“市场类管理层”的薪酬差距，以及与普通员工的薪酬差距。

对于“市场类管理层”，政府应该首先确定哪些行业、哪些企业应该聘用职业经理人。其次应完善我国职业经理人制度，根据管理层的从业经历，合理界定国有企业中“市场类管理层”的身份，本着公平、公正、公开的原则从市场中选拔职业经理人，其对应的薪酬模式也应按照市场化的标准，如政府可以邀请第三方机构对国内同行业、相似规模的民营企业进行薪酬调查和分析，对于市场紧缺性管理人才，采用高于市场价格的薪酬水平，对于竞争能力一般且可被替代的管理人员，采用等于或低于市场水平的价格。再次，应合理安排好国有企业管理层基础薪酬与绩效薪酬，短期激励与长期激励的结构，提升管理层持股和股票期权在管理层激励中的比例，优化国有企业管理层激励结构，提升国有企业激励效果。最后，应完善我国国有企业的公司治理结构，解决国有企业长期以来产权不清晰、内部人控制严重的问题，合理安排和明确国有企业股东大会、董事会、监事会、管理层的相应权利和责任，实现企业内不同治理部门的相互制衡，从而为职业经理人的发展提供良好的企业制度环境基础。

(3) 完善国有企业管理层激励监管机制

对国有企业管理层薪酬的详细披露既能满足公众作为国有资产所有人的相关知情权需求，又能作为一种有效防范国有资产流失和约束管理层行为的手段。然而，与西方发达国家相比，无论是我国的国有企业还是民营企业，其管理层薪酬信息的披露还存在着较多的缺陷。针对这些缺陷，政府应在如下几方面进行改进：

一是对于国有企业管理层薪酬无监管主体的问题，政府应根据国有企业的功能定位、对国有企业的控制程度以及控制层级明确对应的监管部门和机构，实施差异化的薪酬管制模式，建立具有整体性和差异性的国有企业管理层薪酬监管体制。

二是对于国有企业管理层薪酬监管不到位的问题，应加强相应监管机构工作人员的监管意识，提升其业务能力，严格执行国家颁布的关于国有企业管理层薪酬监督和管理的各项政策。

三是对于国有企业管理层薪酬监管尺度不一的问题，虽然允许不同类别的国有企业在管制程度上根据企业的实际情况实施差异化的管制，但对各企业在监管的尺度上应保持一致。

四是不同监管主体间的统筹协调问题，无论是中央政府还是地方政府，在对其所属国有企业管理层薪酬实施监管时，不应各自为政，而应在大的原则上具有一定的统一性，各监管主体之间应该统筹协调好对应的政策安排。

五是推行我国国有企业管理层的薪酬披露制度，对于未上市的国有企业，应通过官方网站和公司年报等方式对管理层薪酬定期向社会披露，同时还应在年报中披露管理层职务消费、国有企业关联股东或关联方管理层的薪酬信息。对于国有上市公司管理层薪酬的决定程序也应进行相关的披露，诸如公司对管理层达到预期目标的期望水平、业绩的考核指标，以及达到目标后的薪酬水平和具体支付形式等内容。

9.3 研究局限与不足

虽然本书从选题、数据的收集、统计、整理到最后的成文历时了较长的时间，并且在整个研究过程中尽量系统、深入地分析和考察政府差异化薪酬管制模式对我国国有企业管理层激励的相应调整机制及其经济后果的影响。但是碍于笔者学术水平、科研能力、研究方法、研究精力等方面的限制，以及相关研究领域的快速更新，本书还存在着诸多的问题需要完善和改进，本书的研究至少还存在着以下局限：

首先，在样本和数据的选择方面。对于国有企业样本的选择，由于很难获取到非上市国有企业的相关财务数据，因此本书的研究样本为国有控股的上市企业，其相应的信息披露机制较为完善，因此能够获取相关的财务数据，但我们的研究样本也因此存在一定的局限。对于在职消费数据的选取，我们参照夏东林（2004）、陈冬华等（2005）和罗宏（2008）对在职消费的计量方式，主要通过查阅上市公司年报附注中“支付的其他与经营活动相关的现金流量”这一明细项目，对其进行手工收集得到在职消费数据。但是，在职消费作为一种隐性福利，由于其产权的不确定性，很难将其与企业正常的经营支出进行分离，我们使用的相关在职消费的计量方法仍不可避免地会产生少计或多计的现象，在职消费指标的准确性存在问题。同时，并不是每家上市公司都披露了管理层在职消费八项费用的具体数额，这就导致我们可获得的在职消费样本公司数量较少。以上两点都会在一定程度上影响本书研究结论的说服力。对于股权激励数据的选取，虽然自 2006 年颁布《上市公司股权激励管理办法》和《国有控股上市公司（境内）实施股权激励试行办法》起，各年宣布股权激励方案的上市公司数量逐年增多，占上市公司的比重也逐年增加，但由于受国有企业相关行政因素的影响，股权激励计划在国有企业中的运用并不多见，国有企业管理层股权激励仍停留在管理层持股阶段，这也在一定程度上削弱了本研究结论的有效性。

其次，在薪酬管制的计量方面，虽然我们的薪酬管制变量通过采用相对薪酬、估计衡量模型、采取差值计量等方法最大程度的体现了政府薪酬管制的程度和意愿，尽量避免了薪酬管制变量与薪酬变量之间的难以割裂的关系，并且通过各章的稳健性检验也从多个角度验证了研究结论的可靠性，但不可否认的是在我们相关研究模型的设计上，仍存在一定的内生性问题。虽然利用政府颁布的相关配合国家反腐的国有企业治理措施作为外生事件，能够很好地解决内生性问题，但是我国国有企业管理层薪酬的规范政策颁布的频率较高，导致无法确认某项薪酬管制政策具体的影响时间和区间。另外，中央国有企业与地方国有企业都会受到薪酬管制，国有企业与非国有企业在经营业绩和企业规模上也存在显著的差异，导致两者并不能很好的配对，因此处理组和控制组也无法较好的设定，以上问题致使本书没有运用双重差分法评估我国薪酬管制政策对国有企业管理层激励调整的影响。

最后，在研究内容方面，本书只研究了政府依据国有企业的功能定位、对国有企业的控制程度以及控制层级所实施的差异化管制模式在管理层激励调整过程中发挥的作用，未研究政府根据国有企业管理层的选拔方式所实施的差异化管制模式对管理层激励调整的影响。这主要是碍于相关数据的可获得性，因为我们并不能依据年报中公布的管理层背景资料就区分出哪些属于“行政类管理层”，哪些属于“市场类管理层”，具体的相关资料还需要政府相关部门的披露。因此，我们没有进行该方面的研究，只提出了相关的政策建议。

参考文献

[1] 白俊，连立帅. 国企过度投资溯因：政府干预抑或管理层自利？[J]. 会计研究，2004（2）：41-48.

[2] 步丹璐，蔡春，叶建明. 高管薪酬公平性问题研究——基于综合理论分析的量化方法思考［J］. 会计研究，2010（5）：39-46.

[3] 步丹璐，王晓艳. 政府补助、软约束与薪酬差距［J］. 南开管理评论，2014（2）：23-33.

[4] 步丹璐，张晨宇. 产权性质、风险业绩和薪酬粘性［J］. 中国会计评论，2012（3）：325-346.

[5] 蔡地，万迪防. 政府干预、管理层权力与国企高管薪酬——业绩敏感性［J］. 软科学，2011（9）：94-98.

[6] 陈冬华. 地方政府、公司治理与补贴收入：来自我国证券市场的经验证据［J］. 财经研究，2003（9）：15-21.

[7] 陈冬华，陈富生，沈永建，尤海峰. 高管继任、职工薪酬与隐性契约——基于中国上市公司的经验证据［J］. 经济研究，2011（2）：100-111.

[8] 陈冬华，陈信元，万华林. 国有企业中的薪酬管制与在职消费［J］. 经济研究，2005（2）：92-101.

[9] 陈冬华，范从来，沈永建，周亚虹. 职工激励、工资刚性与企业绩效——基于国有非上市公司的经验证据［J］. 经济研究，2010（7）：

116-128.

[10] 陈冬华，范从来，沈永建. 高管与员工：激励有效性之比较与互动 [J]. 管理世界，2015 (5)：160-171.

[11] 陈冬华，梁上坤，蒋德权. 不同市场化进程下高管激励契约的成本与选择：货币薪酬与在职消费 [J]. 会计研究，2010 (11)：56-64.

[12] 陈冬华，章铁生，李翔. 法律环境、政府管制与隐性契约 [J]. 经济研究，2008 (3)：60-72.

[13] 陈菊花，隋姗姗，王建将. 薪酬管制降低了经理人的激励效率吗？——基于迎合效应的薪酬结构模型分析 [J]. 南方经济，2011 (10)：38-46.

[14] 陈磊，宋乐，施丹. 企业的成本粘性被高估了吗？基于中国上市公司的实证研究 [J]. 南开管理评论，2012 (1)：3-16.

[15] 陈信元，陈冬华，万华林，梁上坤. 地区差异、薪酬管制与高管腐败 [J]. 管理世界，2009 (11)：130-143.

[16] 陈信元，黄俊. 政府干预、多元化经营与公司业绩 [J]. 管理世界，2007 (1)：92-97.

[17] 程仲鸣，夏新平，余明桂. 政府干预、金字塔结构与地方国有上市公司投资 [J]. 管理世界，2008 (9)：37-46.

[18] 崔学刚，徐金亮. 境外上市、绑定机制与公司费用粘性 [J]. 会计研究，2013 (12)：33-39.

[19] 邓建平，陈爱华. 金融关联能否影响民营企业的薪酬契约？[J]. 会计研究，2015 (9)：52-58.

[20] 方军雄. 中国上市公司高管的薪酬存在粘性吗？[J]. 经济研究，2009 (3)：110-124.

[21] 方军雄. 高管权力与企业薪酬变动的非对称性 [J]. 经济研究，2011 (4)：107-120.

[22] 方军雄. 高管超额薪酬与公司治理决策 [J]. 管理世界，2012 (11)：144-155.

[23] 傅颀，汪祥耀，路军. 管理层权力、高管薪酬变动与公司并购行为分析 [J]. 会计研究，2014 (11)：31-37.

[24] 龚启辉，刘慧龙，申慧慧. 地区要素市场发育、国有控股与成本和费用粘性 [J]. 中国会计评论，2010 (4)：431-446.

[25] 顾乃康，邓剑兰，王贵银. 中国企业资本结构动态调整的估计方

法与蒙特卡洛模拟 [J]. 数量经济技术经济研究, 2013 (1): 71-87.

[26] 郭淑娟. 上市公司高管薪酬激励机制研究——基于中国证券市场的理论与实践 [M]. 北京: 企业管理出版社, 2013: 9-14.

[27] 胡国强, 盖地. 高管股权激励与银行信贷决策——基于我国民营上市公司的经验证据 [J]. 会计研究, 2014 (4): 58-65.

[28] 黄继承, 姜付秀. 产品市场竞争与资本结构调整速度 [J]. 世界经济, 2015 (7): 99-119.

[29] 黄继承, 朱冰, 向东. 法律环境与资本结构动态调整 [J]. 管理世界, 2014 (5): 142-156.

[30] 黄再胜, 王玉. 公平偏好、薪酬管制与国企高管激励——一种基于行为合约理论的分析 [J]. 财经研究, 2009 (1): 16-27.

[31] 吉利, 邓博夫, 毛洪涛. 预算约束、政府干预与工程项目成本——来自中国国有大型施工企业的经验证据 [J]. 南开管理评论, 2014 (3): 94-102.

[32] 姜付秀, 黄继承. 经理激励、负债与企业价值 [J]. 经济研究, 2011 (5): 46-60.

[33] 姜付秀, 黄继承. 市场化进程与资本结构动态调整 [J]. 管理世界, 2011 (3): 124-134.

[34] 姜付秀, 屈耀辉, 陆正飞, 李焰. 产品市场竞争与资本结构动态调整 [J]. 经济研究, 2008 (4): 99-110.

[35] 姜付秀, 朱冰, 王运通. 国有企业的经理激励契约更不看重绩效吗? [J]. 管理世界, 2014 (9): 143-159.

[36] 江伟, 胡玉明. 企业成本费用粘性: 文献回顾与展望 [J]. 会计研究, 2011 (9): 74-79.

[37] 冀志罡. 走出危机, 正本清源 [J]. 新财经, 2009 (5): 46-48.

[38] 孔东民, 刘莎莎, 王亚男. 市场竞争、产权与政府补贴 [J]. 经济研究, 2013 (2): 55-67.

[39] 孔玉生, 朱乃平, 孔庆根. 成本粘性研究: 来自中国上市公司的经验证据 [J]. 会计研究, 2007 (11): 58-65.

[40] 黎凯, 叶建芳. 财政分权下政府干预对债务融资的影响——基于转轨经济制度背景的实证分析 [J]. 管理世界, 2007 (8): 23-34.

[41] 李绍龙, 龙立荣, 贺伟. 高管团队薪酬差异与企业绩效关系研究: 行业特征的跨层调节作用 [J]. 南开管理评论, 2012 (4): 55-65.

[42] 李维安，刘绪光，陈靖涵. 经理才能、公司治理与契约参照点——中国上市公司高管薪酬决定因素的理论与实证分析 [J]. 南开管理评论，2010 (2)：4-15.

[43] 李维安，张国萍. 经理层治理评价指数与相关绩效的实证研究——基于中国上市公司治理评价的研究 [J]. 经济研究，2005 (11)：87-98.

[44] 黎文靖，岑永嗣，胡玉明. 外部薪酬差距激励了高管吗——基于中国上市公司经理人市场与产权性质的经验研究 [J]. 南开管理评论，2014 (4)：24-35.

[45] 黎文靖，胡玉明. 国企内部薪酬差距激励了谁？[J]. 经济研究，2012 (12)：125-136.

[46] 李小荣，张瑞君. 股权激励影响风险承担：代理成本还是风险规避？[J]. 会计研究，2014 (1)：57-63.

[47] 李增泉. 激励机制与企业绩效——一项基于上市公司的实证研究 [J]. 会计研究，2000 (1)：24-30.

[48] 梁上坤，李真，陈冬华，陈世敏. 级别、激励与绩效 [D]. 北京：中央财经大学，2013.

[49] 廖歆欣，刘运国. 企业避税、信息不对称与管理层在职消费 [J]. 南开管理评论，2016 (2)：87-79.

[50] 林浚清，黄祖辉，孙永祥. 高管团队内薪酬差距、公司绩效和治理结构 [J]. 经济研究，2003 (4)：31-40.

[51] 刘春，孙亮. 薪酬差距与企业绩效：来自国企上市公司的经验证据 [J]. 南开管理评论，2010 (2)：20-39.

[52] 刘凤委，李琦. 市场竞争、EVA 评价与企业过度投资 [J]. 会计研究，2013 (2)：54-61.

[53] 刘凤委，孙铮，李增泉. 政府干预、行业竞争与薪酬契约——来自国有上市公司的经验证据 [J]. 管理世界，2007 (9)：76-84.

[54] 刘小玄. 中国企业发展报告：1990—2000 [M]. 北京：社会科学文献出版社，2001：30-35.

[55] 刘星，徐光伟. 政府管制、管理层权力与国企高管薪酬刚性 [J]. 经济科学，2012 (1)：86-102.

[56] 刘媛媛，刘斌. 劳动保护、成本粘性与企业应对 [J]. 经济研究，2014 (5)：63-76.

[57] 刘运国，蒋涛，胡玉明. 谁能免予薪酬惩罚？——基于 ST 公司的研究 [J]. 会计研究，2011 (12)：46-51.

[58] 逯东，王运陈，付鹏. CEO 激励提高了内部控制有效性吗？——来自国有上市公司的经验证据 [J]. 会计研究，2014 (6)：66-72.

[59] 陆正飞，王雄元，张鹏. 国有企业支付了更高的职工工资吗？[J]. 经济研究，2012 (3)：28-39.

[60] 卢锐. 管理层权力、薪酬激励与绩效——基于中国证券市场的理论与实证研究 [M]. 北京：经济科学出版社，2008：22-31.

[61] 卢锐，魏明海，黎文靖. 管理层权力、在职消费与产权效率——自中国上市公司的证据 [J]. 南开管理评论，2008 (5)：85-92.

[62] 卢锐. 企业创新投资与高管薪酬业绩敏感性 [J]. 会计研究，2014 (10)：36-42.

[63] 罗宏. 我国垄断企业高管薪酬机制研究——薪酬管制的视角 [M]. 上海：立信会计出版社，2014：16-34.

[64] 罗宏，黄敏，周大伟，刘宝华. 政府补助、超额薪酬与薪酬辩护 [J]. 会计研究，2014 (1)：42-48.

[65] 罗宏，黄文华. 国企分红、在职消费与公司业绩 [J]. 管理世界，2008 (9)：139-148.

[66] 吕长江，张海平，股权激励计划对公司投资行为的影响 [J]. 管理世界，2011 (11)：118-126.

[67] 吕长江，张海平. 上市公司股权激励计划对股利分配政策的影响 [J]. 管理世界，2012 (11)：113-143.

[68] 吕长江，赵宇恒. 国有企业管理者激励效应研究——基于管理者权力的解释 [J]. 管理世界，2008 (11)：99-109.

[69] 马连福，曹春方. 制度环境、地方政府干预、公司治理与 IPO 募集资金投向变更 [J]. 管理世界，2011 (5)：127-148.

[70] 马连福，王元芳，沈小秀. 国有企业党组织治理、冗余雇员与高管薪酬契约 [J]. 管理世界，2013 (5)：100-130.

[71] 马永强，向杨. 政府干预下的企业过度投资：一个理论框架 [C]. 2011 年中国管理学年会，2011：192-202.

[72] 马永强，张泽南，金融危机冲击、管理者盈余动机与成本费用粘性研究 [J]. 南开管理评论，2013 (6)：70-80.

[73] 缪毅，胡奕明. 产权性质、薪酬差距与晋升激励 [J]. 南开管理

评论，2014（4）：4-12.

[74] 倪鹏飞，刘伟，黄斯赫. 证券市场、资本空间配置与区域经济协调发展——基于空间经济学的研究视角 [J]. 经济研究，2014（5）：121-132.

[75] 潘红波，夏新平，余明桂. 政府干预、政治关联与地方国有企业并购 [J]. 经济研究，2008（4）：41-52.

[76] 祁怀锦，邹燕. 高管薪酬外部公平性对代理人行为激励效应的实证研究 [J]. 会计研究，2014（3）：26-32.

[77] 屈文洲，许年行，关家雄，吴世农. 市场化、政府干预与股票流动性溢价的分配 [J]. 经济研究，2007（4）：132-146.

[78] 权小锋，吴世农，文芳. 管理层权力、私有收益与薪酬操纵，[J]. 经济研究，2010（11）：73-87.

[79] 邵帅，周涛，吕长江. 产权性质与股权激励设计动机——上海家化案例分析 [J]. 会计研究，2014（10）：43-50.

[80] 盛明泉，张敏，马黎珺，李昊. 国有产权、预算软约束与资本结构动态调整 [J]. 管理世界，2012（3）：151-157.

[81] 沈艺峰，李培功. 政府限薪令与国有企业高管薪酬、业绩和运气关系的研究 [J]. 中国工业经济，2010（11）：130-139.

[82] 树友林. 高管权力、货币报酬与在职消费关系实证研究 [J]. 经济学动态，2011（5）：86-89.

[83] 宋晶. 国企高管薪酬制度改革路径与模式研究 [M]. 北京：经济科学出版社，2013：45-54.

[84] 苏冬蔚，林大庞. 股权激励、盈余管理与公司治理 [J]. 经济研究，2010（11）：88-100.

[85] 孙铮，刘凤委，李增泉. 市场化程度、政府干预与企业债务期限结构——来自我国上市公司的经验证据 [J]. 经济研究，2005（5）：52-63.

[86] 孙铮，刘浩. 中国上市公司费用“粘性”行为研究 [J]. 经济研究，2004（12）：26-34.

[87] 唐松，孙铮. 政治关联、高管薪酬与企业未来经营绩效 [J]. 管理世界，2014（5）：93-105.

[88] 唐雪松，周晓苏，马如静. 政府干预、GDP 增长与地方国企过度投资 [J]. 金融研究，2010（8）：33-48.

[89] 王凤荣，高飞. 政府干预、企业生命周期与并购绩效——基于我国地方国有上市公司的经验数据 [J]. 金融研究，2012 (12)：137-150.

[90] 王琨，徐艳萍. 家族企业高管性质与薪酬研究 [J]. 南开管理评论，2015 (4)：15-25.

[91] 王晓文，魏建. 中国国企高管薪酬管制的原因及其对绩效的影响——基于委托人“不平等厌恶”模型 [J]. 北京工商大学学报（社会科学版），2014 (1)：69-75.

[92] 王新，毛慧贞，李彦霖. 经理人权力、薪酬结构与企业业绩 [J]. 南开管理评论，2015 (1)：130-140.

[93] 王新. 国有企业高管薪酬管制与会计信息透明度的关系研究 [D]. 成都：西南财经大学，2009.

[94] 王新，李彦霖，毛洪涛. 企业国际化经营、股价信息含量与股权激励有效性 [J]. 会计研究，2014 (11)：46-53.

[95] 王雄元，何捷. 行政垄断、公司规模与 CEO 权力薪酬 [J]. 会计研究，2012 (11)：33-38.

[96] 王雄元，何捷，彭旋，王鹏. 权力型国有企业高管支付了更高的职工薪酬吗？[J]. 会计研究，2014 (1)：49-56.

[97] 王烨，孙慧倩. 国资控股公司股权激励选择中在职消费替代效应研究 [M]. 北京：经济科学出版社，2014：205-321.

[98] 王曾，符国群，黄丹阳，汪剑锋. 国有企业 CEO“政治晋升”与“在职消费”关系研究 [J]. 管理世界，2014 (5)：157-171.

[99] 魏刚. 高级管理层激励与上市公司经营绩效 [J]. 经济研究，2000 (3)：32-39.

[100] 吴联生，林景艺，王亚平. 薪酬外部公平性、股权性质与公司业绩 [J]. 管理世界，2010 (3)：117-125.

[101] 吴育辉，吴世农. 高管薪酬：激励还是自利——来自中国上市公司的证据 [J]. 会计研究，2010 (11)：40-48.

[102] 夏冬林，李晓强. 在职消费与公司治理机制 [C]. 中国会计学会理事会会议暨学术年会论文集，2004：361-369.

[103] 夏宁，董艳，高管薪酬、员工薪酬与公司的成长性——基于中国中小上市公司的经验数据 [J]. 会计研究，2014 (9)：89-95.

[104] 肖明，吴慧香，张群，颜瑞. 基于宏观经济视角的我国上市公司现金持有量研究 [J]. 中国管理科学，2013 (3)：28-34.

[105] 肖淑芳，喻梦颖. 股权激励与股利分配——来自中国上市公司的经验证据 [J]. 会计研究，2012 (8)：49-57.

[106] 肖婷婷. 国外国有企业高管薪酬 [M]. 北京：社会科学文献出版社，2015：45-49.

[107] 肖星，陈婵. 激励水平、约束机制与上市公司股权激励计划 [J]. 南开管理评论，2013 (1)：24-32.

[108] 谢军. 股利政策、第一大股东和公司成长性：自由现金流理论还是掏空理论 [J]. 会计研究，2006 (4)：51-57.

[109] 谢睿，刘银国. 金融行业上市公司高管薪酬与公司绩效相关性的实证研究 [J]. 吉林工商学院学报，2011 (4)：59-63.

[110] 辛清泉，林斌，王彦超. 政府控制、经理薪酬与资本投资 [J]. 经济研究，2007 (8)：110-122.

[111] 辛清泉，谭伟强. 市场化改革、企业业绩与国有企业经理薪酬 [J]. 经济研究，2009 (11)：68-81.

[112] 辛宇，吕长江. 国有企业股权激励的定位困境——基于泸州老窖的案例分析 [J]. 会计研究，2012 (6)：67-75.

[113] 徐浩萍，吕长江. 政府角色、所有权性质与权益资本成本 [J]. 会计研究，2007 (6)：61-67.

[114] 许海晏，曹键. 关于国有金融企业高管薪酬制定的思考 [J]. 商业时代，2010 (3)：72-73.

[115] 徐倩. 不确定性、股权激励与非效率投资 [J]. 会计研究，2014 (3)：41-48.

[116] 徐细雄，刘星. 放权改革、薪酬管制与企业高管腐败 [J]. 管理世界，2013 (3)：119-132.

[117] 徐细雄，谭瑾. 高管薪酬契约、参照点效应及其治理效果：基于行为经济学的理论解释与经验证据 [J]. 南开管理评论，2014 (4)：36-45.

[118] 杨德明，赵璨. 媒体监督、媒体治理与高管薪酬 [J]. 经济研究，2012 (6)：116-126.

[119] 杨瑞龙，王元，聂辉华. “准官员”的晋升机制：来自中国央企的证据 [J]. 管理世界，2013 (3)：23-33.

[120] 姚颐，刘志远，冯程. 央企负责人、货币性薪酬与公司业绩 [J]. 南开管理评论，2013 (6)：123-135.

[121] 易定红. 中美“限薪令”：同样的效果 [J]. 世界知识，2010 (3)：13.

[122] 余明桂，潘红波. 政府干预、法治、金融发展与国有企业银行贷款 [J]. 金融研究，2008 (9)：1-22.

[123] 曾庆生，陈信元. 国家控股、超额雇员与劳动力成本 [J]. 经济研究，2006 (6)：74-86.

[124] 翟胜宝，徐亚琴，杨德明. 媒体能监督国有企业高管在职消费么? [J]. 会计研究，2015 (5)：57-63.

[125] 詹雷，王瑶瑶. 管理层激励、过度投资与企业价值 [J]. 南开管理评论，2013 (3)：16-36.

[126] 张洪辉，王宗军. 政府干预、政府目标与国有上市公司的过度投资 [J]. 南开管理评论，2010 (3)：101-108.

[127] 张敏，王成方，刘慧龙. 冗员负担与国有企业的高管激励 [J]. 金融研究，2013 (5)：140-151.

[128] 张铁铸，沙曼. 管理层能力、权力与在职消费研究 [J]. 南开管理评论，2014 (5)：63-72.

[129] 章卫东，张洪辉，邹斌. 政府干预、大股东资产注入：支持抑或掏空 [J]. 会计研究，2012 (8)：34-40.

[130] 张永冀，炎晓阳，张瑞君. 产品市场竞争与关联方交易——基于战略转移定价理论的实证分析 [J]. 会计研究，2014 (12)：79-85.

[131] 张泽南. 管理层权力、高管薪酬与上市公司盈余管理研究——兼论政府限薪令的治理效果 [D]. 成都：西南财经大学，2014.

[132] 张正堂. 高层管理团队协作需求、薪酬差距和企业绩效：竞赛理论的视角 [J]. 南开管理评论，2007 (2)：4-11.

[133] 张正堂. 企业内部薪酬差距对组织未来绩效影响的实证研究 [J]. 会计研究，2008 (9)：81-87.

[134] 赵纯祥，张敦力. 市场竞争视角下的管理者权力和企业投资关系研究 [J]. 会计研究，2013 (10)：67-74.

[135] 郑志刚，梁昕雯，吴新春. 经理人产生来源与企业未来绩效改善 [J]. 经济研究，2014 (4)：157-171.

[136] 郑志刚，孙娟娟，Rui Oliver. 任人唯亲的董事会文化和经理人超额薪酬问题 [J]. 经济研究，2012 (12)：111-124.

[137] 钟海燕，冉茂盛，文守逊. 政府干预、内部人控制与公司投资

[J]. 管理世界, 2010 (7): 98-108.

[138] 周黎安. 中国地方官员的晋升锦标赛模式研究 [J]. 经济研究, 2007 (7): 36-50.

[139] 朱敏, 张宏敏, 屈增龙. 中国上市公司高管股票期权激励有效性研究 [M]. 成都: 西南财经大学出版社, 2014: 8-13.

[140] A. ARYA, B. MITTENDORF. Offering Stock Options to Gauge Managerial Talent [J]. Journal of Accounting and Economics, 2005, 40 (1): 189-210.

[141] ADITHIPYANGKUL P, ILANALON T Y, ZHANG. Executive Perks: Compensation and Corporate Performance in China [J]. Asia Pacific Journal of Management, 2011, 28 (2): 401-425.

[142] AGGARWAL R K, A A SAMWICK. Executive Compensation, Strategic Competition, and Relative Performance Evaluation: Theory and Evidence [J]. Journal of Finance, 1999, 54 (6): 1999-2043.

[143] AI J. Guanxi Networks in China: Its Importance and Future trends [J]. China and World Economy, 2006, 14 (5): 105-118.

[144] ALCHIAN A, DEMSETZ H. Production, Information Costs and Economic Organization [J]. American Economic Review, 197 (22): 780-781.

[145] ALISSA, WALID. Boards Response to Shareholders Dissatisfaction: The Case of Shareholders Say on Pay in the UK [D]. Working Paper, 2009.

[146] ALMAZAN A, J. HARTZELL, L. STARKS. Active Institutional Shareholders and Costs of Monitoring: Evidence from Executive Compensation [J]. Financial Management, 2005, 34 (4): 5-34.

[147] Ang J S, Cole R A, et al. Ageney Costs and Ownership Structure [J]. Journal of Finanee, 2000, 55 (1): 81-106.

[148] BALSAM S, W. JIANG, B. LU. Equity Incentivesand Internal Control Weaknesses [J]. Contemporary Accounting Research, 2014, 31 (1): 178-201.

[149] BEBCHUK L, J. FRIED, D. WALKER. Managerial Power and Rent Extraction in the Design of Executive Compensation [J]. The University of Chicago Law Review, 2002, 69 (3): 751-846.

[150] BEBCHUK L, J. FRIED. Executive Compensation as an Agency Problem [J]. Journal of Economic Perspectives, 2006, 17 (3): 71-92.

[151] BEBCHUK L, J. FRIED. Pay without Performance: The Unfulfilled Promise of Executive Compensation [D]. Boalt Working Papers in Public Law, 2004.

[152] BENEISH M, M. VARGUS. Insider Trading , Earnings Quality , and Accrual Mispricing [J]. Accounting Review, 2002, 77 (4): 755-791.

[153] BERGSTRESSER D, T. PHILIPPON. CEO Incentives and Earnings Management [J]. Journal of Financial Economics, 2006, 80 (3): 511-529.

[154] BERLE A, MEANS G C. The Modern Corporation and Private Property [M]. New York: Harvourt, Brace and World Inc, Revised Edition 1932.

[155] BRICK I E, O. PALMON, K. WALD. CEO Compensation, Director Compensation, and Firm Performance: Evidence of Cronyism? [J]. Journal of Corporate Finance, 2006, 12 (3): 403-423.

[156] BRIAN J. HALL , JEFFREY B. LIEBMAN. Are CEOs Really Paid Like Bureaucrats [J]. Quarterly Journal of Economics, 1998, 113 (3): 653-691.

[157] BRIAN J. HALL, JEFFREY B. LIEBMAN. The Taxation of Executive Compensation [J]. Tax Policy and the Economy, 2000, 14 (14): 1-44.

[158] BYOUN S. How and When Do Firms Adjust Their Capital Structures toward Targets? [J]. Journal of Finance, 2008, 63 (6): 3069-3096.

[159] CAI H B, H. M. FANG, L. X. XU. Eat, Drink, Firms and Governments: An Investigation of Corruption from Entertainment Expenditures in Chinese Firms [J]. Journal of Law and Economics, 2011, 54 (1): 55-78.

[160] CHAUVIN K, C. SHENOY. Stock Price Decreases Prior to Executive Stock Option Grants [J]. Journal of Corporate Finance, 2001, 7 (1): 53-76.

[161] CHEN D H, LI O. ZHEN, LIANG S K. Do Managers Perform for Perks? Working paper Nanjing University, 2010.

[162] CHENG Q, T. D. WARFIELD. Equity Incentives and Earnings Management [J]. Accounting Review, 2005, 80 (2): 441-476.

[163] CONYON M J, L. HE. Executive Compensation and Corporate Governance in China [J]. Journal of Corporate Finance, 2011, 17 (4): 1158-1175.

[164] COOK D, T. TANG. Macroeconomic Conditions and Capital Structure Adjustment Speed [J]. Journal of Corporate Finance, 2010, 16 (1): 73-87.

[165] CORE J E, GUAY W R. The Use of Equity Grants to Manage Optimal Equity Incentive Levels [J]. Journal of Accounting and Economics, 1999, 28 (2): 151-184.

[166] CORE J E, R. W. HOLTIIAUSEN. D. F. LARCKER. Corporate Governance, Chief Executive Officer Compensation, and Firm Performance [J]. Journal of Financial Economics, 1999, 51 (51): 371-406.

[167] FABRIZI M, C. MALLIN, G. MICHELON. The Role of CEO's Personal Incentives in Driving Corporate Social Responsibility [J]. Journal of Business Ethics, 2014, 124 (2): 311-326.

[168] FAHLENBRACH R, STULZ R M. Bank CEO Incentives and the Credit Crisis [J]. Journal of Financial Economics, 2011, 99 (1): 11-26.

[169] FAMA E. Agency Problems and the Theory of the Firm [J]. Journal of Political Economy, 1980, 88 (2): 288-307.

[170] FAMA E, M. JENSEN. Separation of Ownership and Control [J]. Journal of Law and Economics, 1983, 26 (2): 301-325.

[171] FIRTH M, P. M. Y. FUNG, O. M. RUI. Corporate Performance and CEO Compensation in China [J]. Journal of Corporate Finance, 2006, 12 (4): 693-714.

[172] FIRTH M, P. M. Y. FUNG, O. M. RUI. How Ownership and Corporate Governance Influence Chief Executive Pay in China's Listed Firms [J]. Journal of Business Research, 2007, 60 (7): 776-785.

[173] FLANNERY M, K. RANGAN. Partial Adjustment toward Target Capital Structures [J]. Journal of Financial Economics, 2006, 79 (3): 469-506.

[174] GABAIX, LANDIER. A Multiplicative Model of Optimal CEO Incentives in Market Equilibrium [J]. Social Science Electronic Publishing, 2008, 22 (12): 4881-4917.

[175] GONG J J, S. LI. CEO Incentives and Earnings Prediction [J]. Review of Quantitative Finance and Accounting, 2013, 40 (4): 647-674.

[176] GU, WANG K, et al. Government Control and Executive Compensation: Evidence from China [D]. Working paper, 2010.

[177] GUL F, CHENG L, LEUNG T. Perks and the Informativeness of Stock Prices in the Chinese Market [J]. Journal of Corporate Finance, 2011, 17 (5): 1410-1429.

[178] GUNEY Y, OZKAN A, OZKAN N. International Evidence on the Non-linear Impact of Leverage on Corporate Cash Holdings [J]. Journal of Multinational Financial Management, 2006, 17 (1): 45-60.

[179] HART, OLIVER. Financial Contracting [J]. Journal of Economic Literature, 2001, 39 (4): 1079-1100.

[180] HEALY P. The Effect of Bonus Schemes on Accounting Decisions [J]. Journal of Accounting and Economics, 1985, 7 (1): 85-107.

[181] HENRY L. TOSI, STEVE WERNER, JEFFREY P. KATZ, LUIS R. How Much Does Performance Matter? A Meta-Analysis of CEO Pay Studies [J]. Journal of management, 2000, 26 (2): 301-339.

[182] HOLLAND, DANIEL M, WILBUR G. LEWELLEN. Probing the Record of Stock Options [J]. Harvard Business Review, 1962 (40): 132-150.

[183] HOLMSTROM B. Moral Hazard and Observability [J]. The Bell Journal of Economics, 1979, 10 (1): 74-91.

[184] HOLMSTROM BENGT, JOAN RICART OSTA. Managerial Incentives and Capital Management [J]. Quarterly Journal of Economics, 1986, 101 (4): 835-860.

[185] HOLMSTROM B, L. WEISS. Managerial Incentives , Investment and Aggregate Implications [J]. Review of Economic Studies, 1985, 52 (3): 403-426.

[186] HOLMSTROM B, MILGROM P. Aggregation and Linearity in the Provision of Intertemporal Incentives [J]. Econometrica, 1987, 55 (2): 303-328.

[187] LEFEBVRE M, F. VIEIDER. Reining in Excessive Risk Taking by Executives: Experimental Evidence [D]. SSRN Working Paper, 2010.

[188] LÖÖF H. Dynamic Optimal Capital Structure and Technical Change [J]. Structural Change and Economic Dynamics, 2004, 15 (4): 449-468.

[189] HUBBARD R G, PALIA D. Executive Pay and Performance Evidence from the U. S. banking industry [J]. Journal of Financial Eeonomies, 1995, 39 (1): 105-130.

[190] JACKSON, S. T. LOPEZ, A. REITENGA. Accounting Fundamental and CEO Bonus Compensation [J]. Journal of Accounting and Public Policy, 2008, 27 (27): 374-393.

[191] JENSEN M C, MECKLING W H. Theory of the Firm: Managerial Behavior, Agency Costs and Ownership Structure [J]. Journal of Financial Economics, 1976, 3 (4): 305-360.

[192] JENSEN M C. Agency Costs of Free Cash Flow, Corporate Finance and Takeovers [J]. The American Economic Review, 1986, 76 (2): 323-329.

[193] JENSEN M C, K. MURPHY. Performance Pay and Top-Management Incentives [J]. Journal of Political Economy, 1990a, 98 (4): 225-264.

[194] JENSEN M C, K. MURPHY. CEO Incentives—It's Not How Much You Pay, But How [J]. Journal of Applied Corporate Finance, 1990b, 3 (3): 36-49.

[195] JENSEN M C, MURPHY, E. WRUCK. Where We've Been, How We Got to Here, What Are the Problems, and How to Fix Them [D]. CEGI working paper, 2004.

[196] JOHNSON. Behavior of the Firm Under Regulatory Constraint [J]. American Economic Review, 1962, 52 (5): 1052-1069.

[197] KAPLAN S, B. A. MINTON. How Has CEO Turnover Changed? Increasingly Performance Sensitive Boards and Increasingly Uneasy CEOs [D]. NBER Working Paper, 2006.

[198] KATO T, C. LONG. Executive Turnover and Firm Performance in China [J]. The American Economic Review, 2006, 96 (2): 363-367.

[199] LAMBERT R, D. LARCKER. An Analysis of the Use of Accounting and Market Measures of Performance in Executive Compensation Contracts [J]. Journal of Accounting Research, 1987, 25 (3): 85-125.

[200] LELAND H, D. PYLE. Information Asymmetry, Financial Structure, and Financial Intermediation [J]. The Journal of Finance, 1977, 32 (2): 371-388.

[201] LEONE A, J. WU, J. ZIMMERMAN. Asymmetric Sensitivity of CEO Cash Compensation to Stock Industry-adjusted Stock Returns [J]. Journal

of Accounting and Economics, 2006, 42 (1): 167-192.

[202] LIN, JUSTIN YIFLI, FANG CAI, ZHOU LI. Competition, Policy Burdens and State-owned Enterprise Reform [J]. American Economic Review, 1998, 88 (2): 422-427.

[203] LIN C, LIN P, SONG F M, LI C. Managerial Incentives, CEO Characteristics and Corporate Innovation in China's Private Sector [J]. Journal of Comparative Economics, 2011, 39 (2): 176-190.

[204] LOCKLIN D. The Literature on Railway Rate Theory [J]. Quarterly Journal of Economics, 1933, 47 (2): 167-230.

[205] MARTIN CONYON, GRAHAM SADLER. Shareholder Voting and Directors' Remuneration Report Legislation: Say on Pay in the UK [J]. Corporate Governance: An International Review, 2010, 18 (4): 296-312.

[206] MEHRAN H. Executive Compensation Structure, Ownership, and Firm Performance [J]. Journal of Financial Economics, 1995, 38 (2): 163-184.

[207] MICHAEL F, JUN Y. Inside the Black Box: The Role and Composition of Compensation Peer Groups [J]. Journal of Financial Economics, 2010, 96 (2): 257-270.

[208] MIRRLEES J A. Optimal Tax Theory: A Synthesis [J]. Journal of Public Economics, 1976, 6 (4): 327-358.

[209] MURPHY, KEVIN J, JEROLD L. Zimmerman. Financial Performance Surrounding CEO Turnover [J]. Journal of Accounting and Economics, 1993, 16 (1): 273-315.

[210] NANCY L. ROSE, CATHERINE WOLFRAM. Regulating Executive Pay: Using the Tax Code to Influence Chief Executive Officer Compensation [J]. Journal of Labor Economics, 2002, 20 (2): 138-175.

[211] OZKAN A, OZKAN N. Corporate cash holdings: An empirical investigation of UK companies [J]. Journal of Banking and Finance, 2004, 28 (9): 2103-2134.

[212] PAUL JOSKOW, NANCY ROSE, ANDREA SHEPARD. Regulatory Constraints on CEO Compensation [J]. Brookings Papers on Economic Activity, 1993, 22 (1): 1-72.

[213] PENG L, A. RÖELL. Executive Pay and Shareholder Litigation [J]. Review of Finance, 2008, 12 (1): 141-184.

[214] RAJAN R, J. WULF. Are Perks Purely Managerial Excess? [J]. Journal of Financial Economics, 2006, 79 (1): 1-33.

[215] PANOUSI V, D. PAPANIKOLAOU. Investment, Idiosyncratic Risk, and Ownership [J]. Journal of Finance, 2012, 67 (3) : 1113-1148.

[216] ROSS S. The Economic Theory of Agency: The Principal Problem [J]. American Economic Review, 1973, 63 (2): 134-139.

[217] RÜDIGER FAHLENBRACH, RENÉ M. STULZ. Managerial ownership dynamics and firm value [J]. Journal of Financial Economics, 2009, 93 (3): 342-361.

[218] SCHOLES, MYRON, MARK A. WOLFSON. Taxes and Business Strategy: A Planning Approach [J]. National Tax Association, 1992, 45 (4): 451-455.

[219] STIGLER GEORGE J. The Theory of Economic Regulation [J]. Bell Journal of Economics and Management Science, 1971, 2 (1): 3-21.

[220] TENEV S, C. ZHANG, L. BREFORT. Corporate Governance and Enterprise Reform in China: Building the Institutions of Modern Markets [R]. Washington DC: World Bank and International Finance Corporation, 2002.

[221] TITMAN S, S. TSYPLAKOV. A Dynamic Model of Optimal Capital Structure [J]. Review of Finance, 2007, 11 (3): 401-451.

[222] VERRET J W. Unintended Consequences of Executive Compensation Regulation Threatens to worsen the Financial Crisis [J]. George Mason Law and Economies Research paper, 2009 (20): 9-34.

[223] YERMACK D. Flights of Fancy: Corporate Jets, CEO Perquisites, and Inferior Shareholder Returns [D]. Working Paper, 2005.

致　谢

在本书撰写过程中，多年的求学生涯经历时时浮现眼前。2007 年秋，懵懂的我来到温江的柳林河畔求学，未曾想过在这美丽的校园里一待就是 9 年，这也许就是我和西南财经大学的缘份，我将青春中最美丽、最灿烂的时光留在了这里，母校也教授了我丰富的知识和做人的道理，值得我一生记忆。除了感叹时光匆匆，还要感谢许多在学习、生活上帮助、支持、鼓励过我的老师、朋友和亲人们。

首先，特别感谢我的硕士研究生和博士研究生导师——西南财经大学会计学院马永强教授。在与恩师最初的接触中，马老师严谨的治学态度和独特的人格魅力深深地吸引了我。在课上，马老师悉心传授我们专业领域的知识，耐心解答我们遇到的困惑和难题，并与我们展开热烈的学术讨论；在课下，马老师如父亲般带给我们家一般的温暖，教会我们为人处世的道理，鼓励我们不惧艰难、相信自己。正是在马老师这样悉心的引导和满满的正能量影响下，我才坚定了自己读博的决心，踏入了财务与会计领域的学术之门。马老师在学术上敏锐的嗅觉和无私的经验传授为我本书的选题提供了莫大的帮助——正是受到马老师多项国家项目的影响以及多篇学术论文的启发，我才有了本书的选题。在本书撰写的各个环节，马老师都亲力亲为，悉心指导，无论是本书的选题、框架的构建、资料数据的收集和整理还是初稿的形成、内容的无数次修改、最终的定稿，无不凝结着恩师的智慧和汗水。马老师谦逊和善的为人品格、无私奉献的精神，以及对学术的执着追求值得我一生去学习。这里，还要真诚地感谢我的师母阳丹老师。阳老师性格开朗、才思敏捷，与阳老师交流总能让人备感温暖、亲切和开心。愿恩师和师母能永远健康幸福。

感谢罗宏教授、步丹璐教授和金智副教授的悉心指导和宝贵意见，使我能够尽快明确选题、展开研究，特别是罗宏教授对本书框架方面的建议使我受用匪浅。感谢西南财经大学杨记军教授、余海宗教授、步丹璐教授，上海财经大学靳庆鲁教授，华中科技大学刘启亮教授对本书提出的详细且具体的修改意见，使我能够尽快完成本书的修改和完善。

感谢在我九年求学期间给予我指导和帮助的会计学院老师们，他们是：郭复初教授、赵德武教授、林万祥教授、樊行健教授、蔡春教授、彭韶兵教授、杨丹教授、向显湖教授、冯建教授、毛洪涛教授、傅代国教授、吕先锫教授、陈旭东教授、唐雪松教授、谭洪涛教授、吉利教授、逯东教授、曹春芳教授、李江涛教授、曾建光副教授、彭俊伟老师、黎春副教授等，诸位老师深厚的学术功底和对学术的执着追求是我一生取之不尽、用之不竭的宝贵财富。感谢学院党支部书记方萍副教授、博士班班主任杨长虹老师、硕士班班主任刘砚琛老师、本科班班主任宋晋老师，感谢你们在我多年学习生活中给予的帮助和支持。

感谢我博士阶段可爱的朋友们：刘宝华博士、温晓博士、钟翰博士、叶飞洋博士、李莹博士、王浩博士、尹飘扬博士、谢璇博士、吴萌博士、孙鹏阁博士、傅超博士、周微博士、袁晓星博士、林雁博士、漆婉霞博士、夏晓兰博士、韩梅芳博士、李春水博士、程蕾博士、赖周静博士、刘光军博士、高扬博士、贾凡胜博士，非常开心与你们在西南财经大学结缘，让我的学术之路并不孤单。同时，也要特别感谢与我一同奋战的刘宝华博士在我写作本书过程中提供的极大帮助和支持。感谢同门的兄弟姐妹们：赖黎博士、陈堃博士、方巧玲博士、陈露兰博士、徐慧博士、张泽南博士、赫然博士、张欢博士、向杨博士、王帅博士、路媛媛博士、唐诗硕士、孙聪硕士、朱梓菡硕士、章珏琦硕士、陈思涵硕士、徐佩玉硕士、代六师硕士、巩亚林硕士等，融洽的关系和良好的学习氛围促进我们共同成长。感谢我的硕士好友张然、祝媛园、王隆隆、孙惠、任意、康光文、王超华等，感谢我的本科室友陈迪、徐明礼、梁传义、赵骞，感谢好友魏维、康达、吕元、江山、李龙、吴杨、廖潇屿、陈奕等，有你们做伴，让我的大学生活丰富多彩。

最后，深深地感谢我的父母，感谢你们对我学业的无限支持，感谢你们对我生活的体贴照顾，感谢你们不计付出的陪伴，感谢你们为柴米油盐的不辞辛劳，感谢你们对我各种决定的支持，感谢你们对我任性的包容，感谢你们在我最困难、最迷茫时给予的鼓励、帮助、支持，但太多的感谢仍不足以表达我此时的感激之情。感谢我的妻子田惠子。也是因为西南财经大学，我和你结下缘份。感谢你多年来对我学业的鼓励、生活的照顾、选择的支持。希望我能早日像父亲一样承担起对家的责任，为父母、为惠子提供可以依靠的臂膀，为我们的家尽上自己的一份力量。

再次感谢所有帮助过我、支持过我、鼓励过我的老师、朋友、亲人们，我会心存感激，不负众望，乘风破浪，努力前行！

汪 瑞

2017 年 7 月于四川师范大学成龙校区